Studies in Talmudic Logic

Volume 3

Talmudic Deontic Logic

In this book we study the Deontic Logic of the Talmud. We find the system is different from the formal deontic logical system currently used in the general scientific community, both in its ethical aspects as well as in its legal aspects. We show that the Talmudic distinctions between Obligations and Prohibitions are not based on the manner of execution of actions (positive action or lack of action) and offer a suitable model for such distinctions.

Our model distinguishes between the normative and practical aspects of the Talmudic legal and ethical argumentation and discusses several applications and clarifications to current so called paradoxes of Deontic Logic as related to Contrary to Duties and to legal and ethical practical decision making.

Volume 1
Non-Deductive Inferences in the Talmud
Michael Abraham, Dov Gabbay and Uri Schild

Volume 2
The Textual Inference Rules Klal uPrat. How the Talmud Defines Sets
Michael Abraham, Dov Gabbay, Gabriel Hazut, Yosef E. Maruvka, and Uri Schild

Volume 3
Talmudic Deontic Logic
Michael Abraham, Dov Gabbay and Uri Schild

Studies in Talmudic Logic
Series Editors
Michael Abraham, Dov Gabbay, and Uri Schild

dov.gabbay@kcl.ac.uk

Talmudic Deontic Logic

Michael Abraham

Dov Gabbay

and

Uri J. Schild*

Bar Ilan University

*and Ashkelon Academic College

ISBN 978-1-84890-018-9

College Publications
Scientific Director: Dov Gabbay
Managing Director: Jane Spurr
Department of Computer Science
King's College London, Strand, London WC2R 2LS, UK

http://www.collegepublications.co.uk

Printed by Lightning Source, Milton Keynes, UK

Obligations and Prohibitions in Talmudic Deontic Logic

M. Abraham
D. M. Gabbay
and
U. Schild
Bar Ilan University Israel

Abstract

This paper examines the deontic logic of the Talmud. We shall find, by looking at examples, that at first approximation we need deontic logic with several connectives:

$O_T A$ Talmudic obligation

$F_T A$ Talmudic prohibition

$F_D A$ Standard deontic prohibition

$O_D A$ Standard deontic obligation.

In classical logic one would have expected that deontic obligation O_D is definable by

- $O_D A \equiv F_D \neg A$

and that O_T and F_T are connected by

- $O_T A \equiv F_T \neg A$

This is not the case in the Talmud for the T (Talmudic) operators, though it does hold for the D operators. We must change our underlying logic. We have to regard $\{O_T, F_T\}$ and $\{O_D, F_D\}$ as two sets of operators , where O_T and F_T are independent of one another and where we have some connections between the two sets.

We shall list the types of obligation patterns appearing in the Talmud and develop an intuitionistic deontic logic to accommodate them. We shall compare Talmudic deontic logic with modern deontic logic.

1 Motivating Talmudic deontic logic TDL

This paper is written for researchers in Deontic Logic and Contrary to Duties who would like to know how things stand in Talmudic logic. It is an expanded version of [12]. To set the scene for our paper, we give some short background material.

The simplest and historically first logical system offered for dealing with obligation is Standard Deontic Logic **SDL**, which is the modal logic **KD** for an operator $O_D A$ reading 'A is obligatory'. The semantics for O are models of the form (S, R, h), where $R \subseteq S^2, h$ is the assignment to the atoms, assigning each atom q of the language a subset $h(q) \subseteq S$, and R satisfies $\forall x \exists y x R y$.

This system was too simple and researchers in the community offered systems with dyadic modalities $O_D(A/C)$, reading 'A is obligatory in the context C'. This was a response to contrary to duty examples which could not be properly modelled by the unary O_D.

One such famous example is the Chisholm set:[1]

1. It ought to be that a certain man goes to assist his neighbour.

2. It ought to be that if he does go he tells him he is coming.

3. If he does not go he ought not to tell him he is coming.

4. He does not go.

If we use H for 'help' and T for 'tell', we have two options to formalise this set, either with $O_D X$ (unary) or with $O_D(X/Y)$ dyadic.

clause	monadic	dyadic
1.	$O_D H$	$O_D(H/\top)$
2.	$H \to O_D T$	$H \to O_D(T/H)$
3.	$\neg H \to O_D \neg T$	$\neg H \to O_D(\neg T/\neg H)$
4.	$\neg H$	$\neg H$

The following sums up the spirit of the research of the deontic community.

1. Find reasonable logical systems involving various monadic or dyadic modal operators with possible world or preferential semantics in which various linguistic deontic sets can be consistently and adequately formalised.

2. Emphasise the CTD examples and calibrate your logics to deal with various problems associated with them.

The community lays stress on the theory of CTDs as distinctly characteristic to deontic logic, which sets it apart from being a secondary applied branch of modal logic. It is also felt that the essence of the deontic area is the possibility of violations and hence the core of deontic logic as a discipline distinct from modal logic is its theory of CTD.

For our purpose a contrary to duty system is a set Δ of formulas of the form $\{\delta_1, \ldots, \delta_n\}$ where

$$\delta_i = O(X_i / Y_1 \wedge \ldots \wedge Y_{k(i)}).$$

[1]The translation of (1)–(4) must give four consistent and logically independent sentences adequately representing the linguistic text.

Given a consistent set

$$\theta = (E_1, \ldots, E_k)$$

we consider the set

$$\Delta_\theta = \{X_i | \delta_i(X_i / Y_1 \wedge \ldots Y_{k(i)}) \in \Delta \text{ and } \theta \vdash Y_j, j = 1, \ldots, k(i)\}$$

Δ_θ is the set of obligations triggered by the context θ. Δ_θ may be an inconsistent set and part of any CTD logic is to "recommend" a consistent subset $\Delta_\theta^{\text{con}} \subseteq \Delta_\theta$. The "logic" has to deal coherently and in a compatible manner with common sense with the relationship between pairs of the form $(\theta, \Delta_\theta^{\text{con}})$ and $(\theta', \Delta_{\theta'}^{\text{con}})$. As far as we know, no comprehensive theory of this form exists. See references [1; 2; 3; 4; 9; 10].

In contrast with the above, The Talmud, being a religious code of law, given to us by God in the Bible, has two types of deontic rules: action obligations and action prohibitions. Both types represent the will of God for us to obey. This is why at a first logical approximation we need two independent deontic operations O_T and F_T (the subscript 'T' stands for 'Talmudic') as well as the standard deontic Obligation O_D and prohibition F_D.

There are some points we need to make clear. The variables X that go into the connectives $O_T X$, $F_T X$, $O_D X$ and $F_D X$ denote actions like work, lift, steal, wear Tefilin (Tefilin is something men wear when they offer morning prayers during week days), etc. and not lack of action like resting, not stealing, etc. When we negate them and write $\neg X$, we denote lack of action.

We are not going to discuss in this paper how to determine what is considered action and what is to be considered inaction. This is a separate issue. We assume it is always clear, for any candidate formulas A and $\neg A$, which is the action formula and which is the inaction formula.

One might think that we can model obligations and prohibitions using only one deontic operator O, letting OX represent obligations and $O\neg X$ represent prohibitions. However this is not correct. Our obligations and prohibitions can apply either to X or to $\neg X$. See examples below under the heading "Type 3: Strong obligation/prohibition'. So $O_T X$ is a Biblical obligation to take action X. $O_T \neg X$ is a Biblical obligation not to take action X. $F_T X$ is a Biblical prohibition to take action X and $F_T \neg X$ is a Biblical prohibition not to take action X (i.e. we are prohibited from choosing not to take action X). So $O_T X$ is not equivalent to $F_T \neg X$. So if X = wear Tefilin, then having an obligation to wear it is not the same as being prohibited from not wearing it. So in some cases God requires us to obey both i.e. $O_T X \wedge F_T \neg X$. The reader should recall intuitionistic logic where $\neg\neg A$ is weaker than A, so the negation used in these commands have intuitionistic flavour. (In fact, the Talmudic system will be modelled in intuitionistic modal logic.)

If we look at this situation as logicians, we can say we have here three pairs of modal operators, each pair being of the form (Necessity of the form NX and Possibility of the form $PX = \neg N \neg X$). The pairs are (N_i, P_i), $i = 1, 2, 3$ as follows.

1. $O_T X$ and $\neg O_T \neg X$

2. $F_T \neg X$ and $\neg F_T X$

3. $O_D X$ and $\neg F_D X = \neg O_D \neg X$.

Since the Talmud gives no connections between O_T and F_T, we have to represent them as two pairs $\{N_1 X = O_T X, P_1 X = \neg O_T \neg X\}$, and $\{N_2 X = F_T \neg X, P_2 X = \neg F_T X\}$.

This can be made clearer when we consider the operational differences between $O_T A$ and $F_T A$ and $F_D A$.

1. If you obey $O_T A$ then God rewards you. You are also obliged to spend 20% of your income to enable yourself to fulfil your obligation.

2. If you violate $F_T A$, and actually do the forbidden A, then you will be punished (by God and or by law/society). Also you should devote 100% of your income to enable yourself to avoid doing A.

Therefore for the same X, if the Bible says $O_T X$ then 1. applies and if the Bible says $F_T \neg X$, which in practice means the same to us, then 2. applies.

$F_D A$ says it is forbidden to have A for whatever reason, without going into the fine tuning of why this is so. It may arise from a Biblical $O_T \neg A$, or from $F_T A$ or from some related $F_T Y$ or whatever.

For example, in Type 1A: Obligation with deontic prohibition below we have O_T (wear Tefilin during prayer). From this it follows that F_D (pray without wearing Tefilin).

However we do not have a direct Biblical prohibition F_T (pray without Tefilin), and therefore if one actually does pray without wearing Tefilin, there is no punishment from God.

Note that we do not necessarily have any connections like

$$O_T X \rightarrow \neg F_D X$$

and

$$F_T X \rightarrow F_D X.$$

If we had them we could have derived

$$O_T X \rightarrow \neg F_T X.$$

However we know that there is no such axiomatic connection in Talmudic logic. The reason for that is as we mentioned earlier, O_T and F_T are in general generic and possibly conflicting, and it is the Rabbis who decide day-to-day how to apply the commands in any given situation.

It is possible also to have both $F_T X$ and $O_T X$ for the same X (even though on the surface this seems contradictory) because X may be a generic kind of predicate and it is expected that the Rabbis will decide for each situation **s** which obligation/prohibition applies. In fact, in many cases the Bible gives recipes (more precisely there are indirect hints in the Biblical text but the main derivation of recipes is done in the Talmud) for making such decisions. In our model these recipes are part of the (nonmonotonic) mechanisms of conflict resolution.

It is the job of the Rabbis to make decisions (according to some principles) how to resolve conflicts between obligations and prohibitions when applied to any particular situations.

The emphasis of Talmudic Deontic Logic is therefore on

1. Deciding what are the Biblical $O_T X, F_T X$. (This has been done: there are 613 master ones, though opinions differ as to which are included among these 613.)
2. Deciding which Biblical $O_T X, F_T Y$ apply to any new arising situation **s**.
3. Resolving possible conflicts between applicable rules for any **s**.

The role of CTDs is not central to the Talmudic system, nor is the theoretical maintainance of consistency. The Biblical rules are known to cause conflict and established procedures and recommendations and institutions for conflict resolution and practical day-to-day decision making are also given by the Bible.

Note that there are differences between this decision making process and precedents and legislation in law. We shall not go into that here.

The following table, Table 1, compares Talmudic Deontic ideas with their modern counterparts.

To compare CTDs, let us look at some examples from the Bible.[2]

Example 1.1 (Chisholm variant 1)

1. *You ought to have a ceremonial meal during the Passover festival.*
2. *If you have your meal you ought to say prayer (blessing, grace).*
3. *If you do not have the meal you ought not say the prayer (blessing).*
4. *You do not have the meal.*

(1)–(3) are Biblical obligations. We formalise them using dyadic modalities.

1. $O_T M$ *(or* $O_T(M/\top)$*)*
2. $M \to O_T B$ *(or* $M \to O_T(B/M)$*)*
3. $\neg M \to F_T(B/\neg M)$
4. $\neg M$.

Note that the Bible is explicit about $F_T(B/\neg M)$ and does not say $O_T(\neg B/\neg M)$. The Bible says generally "Do not use the name of God in vain", which applies to this case as well!

> *Exodus 20:7*
> *You shall not take the name of the LORD your God in vain, for the LORD will not leave him unpunished who takes His name in vain.*

We do not *have the equivalence* $O_T(\neg x/z) \equiv F_T(x/z)$.

Compare the above with the following.

Example 1.2 (Chisholm variant 2)

[2]The Talmud interprets the Bible. So when we say Talmudic logic, this includes Biblical logic.

	Deontic community	Talmud	Comments
Sources of obligations and prohibitions	common sense, law, moral code	Bible/God	It took hundreds of years to study and summarise the Talmudic obligations and prohibitions. 613 major types were finally agreed upon by the end of the middle ages, though as we already mentioned, opinions differ as to which are included among these 613.
Formalisation	Monadic or dyadic operators, preference or possible world models.	Two levels O_T, F_T, and O_D, F_D. The handling meta-logic is some kind of time action logic	Modern deontic logic is a well developed area. This paper is a first attempt in formalising Talmudic deontic logic
Status of CTD	central	marginal	The Talmud views CTD as just more conditional obligations
Conflict resolution	Recognised but not central yet. The community is beginning to address the problem.	central	Deontic community recognises the problem of inherited conflicting CTDs. They emphasise consistency. Talmud expects inconsistency even of original obligations. Emphasises methods of resolving conflicts.
Status of violations	Violations are expected, that is why CTDs are central, but there is no reward for obeying a CTD.	Obeyance is expected	Talmud emphasises punishment for violations and reward for obeyance.

Table 1:

1. *We are obliged to eat meat from sheep at passover.*

   Exodus 12:21
   Then Moses called for all the elders of Israel and said to them, Go and take for yourselves lambs according to your families, and slay the Passover lamb.

2. *If we eat meat we should slaughter the sheep humanely.*

3. *If we do not eat meat we should not slaughter the sheep.*

4. *We do not eat meat.*

The translation is as follows (E is Eat and H is sheep):

1. $O_T(E/\top)$.

2. $E \rightarrow O_T(H/E)$.

3. $\neg E \rightarrow F_D(H/\neg E)$

4. $\neg E$

Note that in (3) we used F_D because the Bible is not explicitly prohibiting killing animals for no reason but the prohibition follows from Rabbinical practical rulings.

Thus the reward from God for obeyance is different in the two cases. Note that it is easier to avoid the Chisholm paradox for examples 1.1 and 1.2 since our logic language is more refined.

The rest of this section will give examples of the major existing types of Talmudic obligations and prohibitions and formalise the examples in terms of O_T, F_T and F_D. The reader should note that we may have less or different paradoxes for the Talmudic system, which has more operators and so more fine distinctions can be made. Furthermore if in ordinary deontic logic we allow more operators to stand for strong moral (parallel to Talmudic) obligations and prohibitions, then we might find that some paradoxes disappear. Although we have not given yet to the reader the axiom system and semantics for these operators, we have given enough of their intuitive meaning and this should suffice for our initial formalisation.

Let us now briefly describe the eight types of obligations and prohibitions available in the Talmud.

We shall also give a preliminary intuitive formalisation in terms of O_T, F_T and F_D (note that O_D is definable from F_D, so we do not need it). In the sequel, we distinguish Types 1A, 1B and 1C. They all arise from the same Biblical Talmudic obligation O_T. The differences between them is practical implementations, as summarised in Table 2.

Type 1A. Obligation with deontic prohibition

As an example, we have to respect and honour our parents (this is one of the Ten Commandments), so we have O_T (Respect Parents). If we do not respect our parents, there is a violation. See Table 2 item 1A. The Bible says respect your parents so that you will live long and prosper. It does not threaten punishment if you do not.

> Deuteronomy 20:8
> Honor thy father and thy mother, that thy days may be long upon the land which the LORD thy God giveth thee.

Perhaps a modern example will help. We all read some Harry Potter books. The newspapers reported that the author J. K. Rowling gave her father copies of the first edition of her books, signed and dedicated by her. The idea was that he was supposed to keep them. The father needed money and so he sold them. We formalise the intention/convention by $O_T$keep $\wedge F_D\neg$keep.

He is not supposed to sell them because he is expected to keep them.

Type 1B. Weak obligation

There is an obligation to live in the land of Israel. The question is whether from this obligation there is a deontic prohibition on living outside Israel. The answer is no, according to a minority opinion. Now if you do not live in Israel, there is no violation. See Table 2, item 1B. This is a unique case where the weak obligation is some sort of recommendation. You get a reward if you do it but there is no violation if you do not do it.

Type 1C. Prohibition arising from positive obligation

We need to let the land rest every seven years. As part of this the fruits of trees on the seventh year are allowed to be eaten by anyone, not just the owners of the tree, but are not allowed to be sold or traded with. This is to stop the temptation for farmers to work the land and trade the produce.

We write this as

$$F_D(\text{trade fruit of tree})$$

We *do* want you to eat the fruit and not to sell them. We do not require in practice to eat the fruit. The Talmudic O_T eat is not enforced. I.e. you have no actual obligation to eat the fruit only not to sell them.

> Leviticus 25:1-7
> God spoke to Moses at Mount Sinai, telling him to speak to the Israelites and say to them: When you come to the land that I am giving you, the land must be given a rest period, a sabbath to God. For **six years you may plant your fields, prune your vineyards, and harvest your crops, but the seventh year is a sabbath of Sabbaths for the land**. It is God's sabbath during which you may not plant your fields, nor prune your vineyards. Do not harvest crops that grow on their own and do not gather the grapes on your unpruned vines, since it is a year of rest for the land. [What grows while] the land is resting may be eaten by you, by your male and female

slaves, and by the employees and resident hands who live with you. All the crop shall be eaten by the domestic and wild animals that are in your land.

> Leviticus 25:20-22
> And if ye shall say: 'What shall we eat the seventh year?' behold, we may not sow nor gather in our increase'; then I will command My blessing upon you in the sixth year, and it shall bring forth produce for the three years. And ye shall sow the eighth year, and eat of the produce, the old store; until the ninth year, until her produce come in, ye shall eat the old store.

To sharpen and clarify the distinctions between Type 1A and Type 1C, note that during Sukkot, the feast of Tabernacles, we must eat our meals inside the Sukkah, a temporary hut you build in your garden. However if you do eat outside the Sukkah, no punishment is due. It is not clear how to formalise it. Opinions differ, it is either of Type 1A or of Type 1C. The book *Minhat Hinuch* says that if we adopt Type 1A, then if one uses a stolen Sukkah one has not fulfilled his obligation, since he committed a violation in the process, however, if we adopt the view that the Type is 1C, then he has fulfilled his obligation.

Compare with Type 2. For a prohibition of Type 2, of the form $F_T X$, if we violate it and do perform X we get punished! We do not get punished if we violate Type 1A or Type 1C.

Type 2. Full prohibition

The Bible forbids the eating of pork.

$$F_T \text{ (eating pork), and we do not have } O_T(\neg \text{ eat pork}).$$

> Leviticus 11:7-8
> And the pig, because it is parts the hoof and is cloven-footed but does not chew the cud, is unclean to you. You shall not eat any of their flesh, and you shall not touch their carcasses; they are unclean to you.

Type 3. Strong obligation/prohibition

This has the structure

$$O_T \neg X \wedge F_T X$$

An example of this is the Biblical obligation/prohibition about work on the Sabbath (seventh day). We have, for X = doing work, an obligation not to do work and also a prohibition on working. So this is a very strong demand from God!

Another example, if you have a house with accessible roof you must install a railing to the roof to prevent people falling off the roof. This can be interpreted as a typical safety rule. Its status is that of a weak obligation introduced for good practice. If you

Table 2:

$O_T X$	If you do X	If you do $\neg X$
Type 1A, in this case we also have $F_D \neg X$ and consequently $O_D X$	You obeyed the will of God. God rewards you in Heaven	You committed violation. You will have to face the consequences in Heaven.
Type 1B, in this case we do not have $F_D \neg X$.	as above	The incident is not recorded in Heaven
Type 1C, in this case we only have $F_D \neg X$ without having $O_T X$	Your obeyance is not recorded in Heaven	You committed violation. You will have to face the consequences in Heaven.
Comment	If you obey 1A by committing a violation which harms other people, then obligation of type 1A is not fulfilled (you are still considered as having committed violation of 1A) but even under these circumstances an obligation of type 1C is fulfilled. See the book *Minhat Hinuch*.	

obey it, you will earn the good will of God. There is also prohibition on being without a railing. So if you do not obey it, there is no punishment. We formalise this by writing

$$O_T \text{ Rail and } F_T \neg \text{ Rail}.$$

To quote the Bible:

> Deuteronomy 22:8
> When you build a new house, you must build a railing around the edge of its flat roof. That way you will not be considered guilty of murder if someone falls from the roof.
>
> Note that in the Sabbath example the Obligation is on lack of action and the prohibition is on action and in the roof example the obligation is on action and the prohibition is on lack of action.

2 Contrary to Duties

Type CTD I. Obligation with positive contrary to duty

You should not steal and if you steal you should return what is stolen. We can write:

1. $F_T S$

2. $(S \to O_T R)$

or maybe the dyadic formalisation:

2a. $S \to O_T(R/S)$

Type CTD II. Temporal chain of CTDs

This example is from the Bible.

1. You should not rape a woman.
2. If you do rape a woman you must marry her.[3]
3. If you marry the woman you raped you can never divorce her.

We write this as

$$F_T R \wedge (R \to O_T(M/R)) \wedge (R \wedge M \to F_T(D/R \wedge M))$$

To quote the Bible:

> Deuteronomy 22:28-29
> If a man happens to meet a virgin who is not pledged to be married *and rapes her* and they are discovered, *he shall pay the girl's father fifty shekels of silver. He must marry the girl, for he has violated her. He can never divorce her as long as he lives.*

Type CTD III. Fine tuning required

Let us give some more examples of Contrary to Duties from the Talmud. These examples require further fine tuning and their delicate formalisation is postponed.

1. This is the mainstream example we mentioned before, which we recall here for comparison, that we should not steal but if we do steal we have an obligation to return the stolen property to its rightful owner. (This is a 'repairing' CTD.)

[3]Assuming she is not married. If she is married, the guy is in really serious trouble! If she is not married but does not want to marry the guy, he has to pay compensation only.

2. We have an obligation to pray three times a day. A morning prayer, an afternoon prayer and an evening prayer. The time for the afternoon prayer is from noon to sunset. The evening prayer should be done after sunset but before sunrise. The rules governing this are as follows:

   (a) It is obligatory to pray the afternoon prayer between noon and sunset.

   (b) If one was not able, due to circumstances beyond his control, to offer the afternoon prayer before sunset one can still fulfill the obligation by offering the afternoon prayer 13 minutes after sunset. (This is called 'make up'.)

   (c) If time has passed and no afternoon prayer was offered then one can offer the evening prayer twice, to make up for the afternoon prayer.

3. Another example is the Yevama example. If a woman becomes a widow without children and her deceased husband has an unmarried brother, then the brother has a duty to marry the widow to continue the family line. If the brother does not want to do that, he has the duty to give the widow a special 'divorce' document to enable her to be free to marry. (This is a 'way out', it is not a CTD or a 'making up'.)

4. A fourth example is the reading of the Book of Esther during the Purim festival. The obligation is to read it standing, not sitting. This is the a priori obligation. But if the reading was done sitting down, it does a posteriori discharge the reader from his obligation. The Talmud makes a distinction between our obligations before the event ('*Lechatchila*') and what is required after the event ('*Bede'eved*').

5. There are many more cases, for example where the same action violates several prohibitions and obligations, some of them contradictory. These are solved in practice (see Section 3).

Remark 2.1 *The prayer examples and the Yevama example, are very interesting. They hint to a type of contrary to duties which fulfill the original obligation and are not necessarily just secondary obligations, which kick into action when the original obligation is violated. The CTD can actually cancel the original violation. It is not a disjunction. We do not have the disjunctive option of either reading the Book of Esther standing or sitting. We should a priori try to read it standing but if we read it sitting the original obligation to read it sitting is discharged. In comparison, if I steal a book and then return it, I am still in violation of the 'do not steal' obligation. The difference is whether the obligation relates to the process or to the resulting state (after the process).*

Let us further remark about the logic involved is the nature of the CTDs in the Talmud. There should be more emphasis on resolving conflicting obligations and prohibitions. The system is built for people to use and live by day-by-day. So the most important feature of the logic is to resolve conflicting obligations and prohibitions arising from a multitude of CTD all triggered by past actions. For this again we need a labelled system. Let us give a modern example to show what we mean and thus realise that ordinary deontic logic has not fully addressed such problems.

Example 2.2 *Suppose our starting point is that we have the following:*

1. *There should be no fence.*

2. *There should be no dog*

3. *If there is a dog there should be a fence*

4. *If there is a fence it should be white*

5. *If there is a dog and a fence it should be high*

6. *If there is a fence and it is not white it should be low*

Some stubborn rebellious landlord does the following sequence of actions

(*s1*) *get a dog*

(*s2*) *build a fence*

(*s3*) *paint the fence green.*

He now decides to be a good boy and asks for our recommendation. Should he make the fence high or low? How do we proceed?

First let us label his actions by the violations he performed, and ask at each stage what our recommendation would have been. Then we ask if there is a simple case of reverse actions (e.g. get rid of the dog) which will restore consistency. Then we decide what to recommend.

So this is a special case of controlled revision see [7; 8].[4]

In anticipation of formulating a formal system for Talmudic logic, let us say that we probably need to extend **SDL** by allowing labelled formula and include a revision operator $*A$ (A revised) in the object language.

The reader should be aware that the Talmudic way of resolving conflict is different and new to the traditional methods. So there is novelty in that.

Note that Talmudic CTDs have special features as discussed in Remark 2.1. We can write OX and the contrary to duty saying that if in practice you have done X' then we consider OX as having been obeyed. So we can write OX and $\neg X \rightarrow OX'$ and if X' then there is no violation of OX.

---

[4]The following is the labelled history of actions violations. "+" means obeyance, "−" means violation.

(s1) label $[(-b)]$

(s2) label $[(-b), (+c), (-a)]$

(s3) label $[(-b), (+c), (-a), (-d)]$.

If he makes the fence low we will get also $(+f)$ and $(-e)$, and if he makes the fence high we will also have $(-f)$ and $(+e)$.

On the basis of the above history of labels we make a decision.

Controlled revision applies when we start with a theory Δ_0 and have a series of inputs $A_1, A_2, A_3 \ldots$. At stage n we have Δ_n, and when we revise to accommodate A_{n+1} we must remember the entire history of revisions and revise accordingly.

So, for example, if $\Delta_0 = \{A, A \rightarrow B\}$ and we get $\neg B$, we revise and get $\Delta_1 = \{\neg B, A \rightarrow B\}$. If we now get input B, we ordinarily may revise and get $\Delta_2 = \{B, A \rightarrow B\}$. But in controlled revision we remember the history, so we know that we took out A and hence we bring it back and revise to $\Delta_2^{\text{controlled}} = \{A, A \rightarrow B\}$.

Example 2.3 *To give you a glimpse of Talmudic style conflict resolution consider the following two obligations*

1. *you should always be seen wearing a black suit at official receptions*
2. *you must always wear a dark blue dinner suit at evening formal dinners.*

You get a conflict when invited to an evening do with Her Majesty The Queen. What to wear black or dark blue? Modern non monotonic logic will say rule 2 is more specific, so it has priority. Talmudic reasoning also accepts that the more specific norm may have priority, but in this case we have another simple option: Talmudic style conflict resolution will say that in the evening in electric light dark blue looks black. So there is no conflict! Note that this is not a logical solution but a practical one.

Note that we can give a practical solution to Example 2.2 by recommending a low fence. Since the fence is painted green, it blends with the grass and plants and can be considered as not violating the obligation that there should be no fence, but only in this case!

3 Discussion: Talmudic deontic logic?

The perceptive reader might wonder what kind of (Talmudic) logic we have here. We possibly have the ordinary deontic logic **SDL** for the operators $\{O_D, F_D\}$ and we have two new completely unrelated Talmudic modalities O_T and F_T. We also have lots of examples for them. So where is the logic?

Our answer to this is twofold:

1. Consider a modal, possibly intuitionistic, logic with three separate **KD** modalities generated by O_T, F_T and O_D and study the correct axioms governing them.
2. We can equivalently regard $O_T X$ and $F_T X$ not as modalities but as labels. So each wff X will have several possible labels.
   (a) neither $O_T X$ nor $F_T \neg X$
   (b) $O_T X$ only
   (c) $F_T \neg X$ only
   (d) both $O_T X$ and $F_T \neg X$

   So the logic would be standard deontic logic applied to labelled formulas. This approach also goes well with the fact that O_T and F_T obligation and prohibition carry reward or punishment for obeyance and violations respectively. So the labels can be used to indicate that information as well. Modal systems with labels exist in the literature primarily as Gentzen or tableaux systems and there is work by D. Gabbay and others in this direction [5; 6]. So it should not be difficult to tailor a suitable Talmudic labelled variant of **SDL**. Our guess is that the system should also be intuitionistic, as we have already mentioned earlier.

We now address the problem of formulating an axiom system and semantics for Talmudic deontic logic.

Our first task is to understand the data better. We say that various prohibitions and obligations come in the Talmud from a divine Biblical source (annotated by O_T and F_T). We also know that we may have conflicting obligations and prohibitions emanating possibly directly from the divine source or because of a history of violations and the triggering of contrary to duties. We need to understand how to move from the T operators to the D operators. Once we understand how the Talmud does this, we can construct a logic.

So, before we offer a logic, we need to record and understand this body of data, and the way the Talmud handles conflict resolution.

To focus our thoughts, let us consider an artificial, but familiar example. (Compare with Example 2.2 and Footnote 4.)

Example 3.1

1. *There should not be a fence.*
2. *There should not be a dog*
3. *If there is a dog there should be a fence*
4. *There is a dog*

Let us pretend that the above are Talmudic obligations and prohibitions, given to us as follows:

1. F_T *(fence)*
2. F_T *(dog)*
3. *dog* $\rightarrow O_T$ *(fence)*
4. *dog.*

Notice that in whatever Talmudic logic we are going to formulate, we may not get the traditional paradox because although we can derive O_T *(fence)* $\wedge$ F_T *(fence), we have two different independent operators involved.*

The Talmud is practical and so it needs to tell us what to do in this case.

Imagine a man comes to the Rabbi with a dog and says "Advise me; fence or no fence?".

The data is

1. F_T *(fence) — a direct prohibition.*
2. O_T *(fence) — an obligation arising after a violation of an* F_T *prohibition.*

A decision needs to be made.

We use O_D *to indicate practical obligations, the ones which are the results of the Talmudic rules for conflict resolution which enable us to move from the* T *operators to the* D *operators and thus equip us with the tools of making day to day practical* *decisions. This answer is independent of A, as there is a general rule that $O_T(A)$ is stronger than $F_T(A)$ for any A.*

Let us say the Rabbi tells our man to do a fence, (i.e. O_D (fence)), then we have the following decision table, Table 3.

Table 3:

	$F_T A$
$O_T A$	$O_D A$

Here we ignored the fact that $O_T A$ is a result of a CTD violation. Table 3 says simply that if there is a conflict between $F_T A$ and $O_T A$, then you do A, i.e. $O_D A$ is the answer.

Let us make this example more complicated. Let us add another obligation to maintain a well kept garden and the contrary to duty that if we do not do so, then we have to have a fence.

So we add to our example

5. O_T *(well kept garden)*

6. $\neg$ *well kept garden* $\rightarrow O_T$ *(fence)*

7. $\neg$ *well kept garden.*

Now the conflict is between two cases of O_T (fence) (later in the formal system we shall add an index to the T operators to enable us to represent several different uses of them) and one case of F_T (fence).

It is important to note that the Talmud regards contrary to duties as context dependent obligations and prohibitions and gives them equal standing as any other obligations and prohibitions. This is compatible with the dyadic view of contrary to duties, where we write $O_T(X/Y)$ and $F_T(X/Y)$. The Talmud even numbered all existing obligations and prohibitions; there are 248 generic obligations and 365 generic prohibitions, some of them are CTDs and some are not. So really we should write $O_{(1,T)}, \ldots, O_{(248,T)}$ and $F_{(1,T)}, \ldots, F_{(365,T)}$. So any single specific situation may potentially fall under 613 conflicting obligations and prohibitions. In our example for the single question of having a fence the number is 3.

In fact, we shall find that the correct modelling of all obligations and prohibitions in the Talmud is by dyadic operators, $O_T(X/Y)$ and $F_T(X/Y)$, where Y is a context. The contrary to duties are cases where there is a violation and therefore the context changes to include the violation details. This also explains why the Talmud does not pay special attention to contrary to duties. All obligations and prohibitions are context dependent anyway!

The next step for us is to document a full conflict resolution table as practiced by the Talmud. If we take the dyadic view of the Obligations and prohibitions

$$O_{(1,T)}(X_1/Y_1), \ldots, O_{(248,T)}(X_{248}/Y_{248})$$

and

$$F_{(1,T)}(U_1/V_1), \ldots, F_{(365,T)}(U_{365}/V_{365}),$$

we get conflict between several obligations and prohibitions in contexts Z common to several Y_i and V_j. It is in such cases that the Talmud offers conflict resolution. The interesting aspect of the Talmudic conflict resolution is that it does not depend on the context Z or on how many previous violations were committed in the way to the context Z but it depends purely on the form $O_T(A)$, or $O_T(\neg A)$ or $F_T(A)$ or $F_T(\neg A)$ of the conflicting participants where A denotes the action discussed.

A close inspection of the Talmud reveals that the underlying logic should be intuitionistic based possibly on decided atomic facts. So doing this for our dog example, we have, (we are simplifying and not counting multiple instances of O_T and F_T, for example $O_{(i,T)}$, as above.).

Fact in question: A = dog.
We want to decide

$$\text{fence} \vee \neg \text{fence}$$

In our dog example, the Rabbi can tell the man one of the following options:

1. O_D (fence): you must have a fence
2. O_D ($\neg$ fence): you must not have a fence
3. $\neg\neg O_D$ (fence): I can only recommend that the decent thing to do is not to have a fence
4. $\neg\neg O_D(\neg$ fence): I recommend the decent thing to do is to have a fence
5. $\varnothing$: no decision, no comment, do whatever you want.

Considering the general case, there are twelve options and these options are listed in Table 4. This table is intuitionistic. Note that A itself, being a fact, is classical, i.e. $\neg\neg A \equiv A$ holds. Note that A is the action of having a fence.

We now form two 12×12 tables indicating how to resolve conflicts between the elements of Table 4. Table 5 indicates the conflict resolution in terms of the T operators, and Table 6 indicates, on the basis of Table 5, what should be done in practice. We use the intuitionistic operator $O_D A$ in Table 6. Thus Table 5 and Table 6 together give the Talmudic conflict resolution strategy. For example entry $(1,3)$ of Table 5 is $F_T(A)$ pitted against $F_T(\neg A)$, and by *P*6 (b) below, $F_T(A)$ wins, and so in Table 5 we put "1" in box $(1,3)$, namely we put "$F_T(A)$" in box $(1,3)$. Then in Table 6 we put in $O_D(\neg A)$, to indicate what we do in practice.

We now describe the Talmudic principles behind the construction of Table 5 and Table 6.

(P0): The entries in Table 6 uses "$O_D(A)$", "$O_D(\neg A)$", "$\neg O_D(A)$", "$\neg O_D(\neg A)$", "$\neg\neg O_D(A)$" and "$\neg\neg O_D(\neg A)$". When we write "$\neg O_D(A), \neg O_D(\neg A)$" as a single entry , we mean that no decision is made, no comment . The table is symmetrical, so we give only the entries above the diagonal.

Table 4: List of 12 possibilities for Talmudic obligations and or prohibitions for A

1.	$F_T(A)$	A is prohibited
2.	$\neg F_T(A)$	A is not prohibited
3.	$F_T(\neg A)$	Not doing A is prohibited
4.	$\neg F_T(\neg A)$	There is no prohibition on not doing A
5.	$\neg\neg F_T(A)$	A is not prohibited but the right mode of behaviour is not to do A, i.e. weak prohibition of A
6.	$\neg\neg F_T(\neg A)$	$\neg A$ is not prohibited but the right mode of behaviour is not to do A, i.e. weak prohibition of $\neg A$
7.	$O_T(A)$	A is obligatory
8.	$\neg O_T(A)$	A is not obligatory
9.	$O_T(\neg A)$	$\neg A$ is obligatory
10.	$\neg O_T(\neg A)$	$\neg A$ is not obligatory
11.	$\neg\neg O_T(A)$	A is not obligatory but good mode of behaviour is to do A
12.	$\neg\neg O_T(\neg A)$	$\neg A$ is not obligatory but good mode of behaviour is not to do A

(P1): Items $1, 3, 7$ and 9 are ordinary Biblical norms.

(P2): Items 5, 6, 11 and 12 are not demands (norms) from God, but it would please God if we adopt them. In many practical cases the Rabbis and the courts force people (legislate) to adopt them.[5]

(P3): Items 2, 4, 8 and 10 mean that there is no relevant normative obligation or prohibition regarding A.

(P4): In any conflict between items in (P1) and items in (P2) and (P3), (P1) should win.

(P5): In any conflict between items in (P3) with items in (P1) or (P2), (P3) should *not* win.

(P6): In conflict between items in (P1) itself, the following are the rules:

[5]To give an example, suppose I find a lost item in the street, say a handkerchief. There are two possibilities to consider.

1. The owner does not bother to come back looking for it.
2. The owner will not give up and come back for it (monogrammed handkerchief).

Legally in case 1 my obligation to seek the owner does not exist since the owner has given up. In comparison in the second case I must pick up the handkerchief and find the owner or give it to the police.

However, even in the first case, it is recommended and even legislated that I try and find the owner (e.g. give it to the police), even though the owner has abandoned the handkerchief , i. e. there is no O_T obligation to return the handkerchief, but nevertheless the Talmud recommends that I return the handkerchief. Our notation for this is $\neg\neg O_T$.

Table 5: Conflict resolution table for the T operators of Table 4

	1	**2**	**3**	**4**	**5**	**6**	**7**	**8**	**9**	**10**	**11**	**12**
1	1	1	1	1	1,5	1	7	1	1,9	1	1	1,12
1		2	3	2,4	5	6	7	2,8	9	2,10	11	12
3			3	3	3	36	3,7	3	9	3,10	3,11	3
4				4	5	6	7	4,8	9	4,10	11	12
5					5	5	7	5	5,9	5	11	5,12
6						6	6,7	6	9	6	6,11	12
7							7	7	9	7	7,11	7
8								8	9	8,10	11	12
9									9	9	9	9,12
10										10	11	12
11											11	12
12												12

Table 6: Conflict resolution table for T operators of Table 4 and their D operator result

	1	2	3	4	5	6
1.	$O_D(\neg A)$	$O_D(\neg A)$	$O_D(\neg A)$	$O_D(\neg A)$	$O_D(\neg A)$	$O_D(\neg A)$
2.		$\neg O_D(A), \neg O_D(\neg A)$	$O_D(A)$	$\neg O_D(A), \neg O_D(\neg A)$	$\neg\neg O_D(\neg A)$	$\neg\neg O_D(A)$
3.			$O_D(A)$	$O_D(A)$	$O_D(\neg A)$	$O_D(A)$
4.				$\neg O_D(A), \neg O_D(\neg A)$	$\neg\neg O_D(\neg A)$	$\neg\neg O_D(A)$
5.					$\neg\neg O_D(\neg A)$	$\neg\neg O_D(\neg A)$
6.						$\neg\neg O_D(A)$
7.						
8.						
9.						
10.						
11.						
12.						

	7	8	9	10	11	12
1.	$O_D(A)$	$O_D(\neg A)$	$O_D(\neg A)$	$O_D(\neg A)$	$O_D(\neg A)$	$O_D(\neg A)$
2.	$O_D(A)$	$\neg O_D(A), \neg O_D(\neg A)$	$O_D(\neg A)$	$\neg O_D(A), \neg O_D(\neg A)$	$\neg\neg O_D(A)$	$\neg\neg O_D(\neg A)$
3.	$O_D(A)$	$O_D(A)$	$O_D(\neg A)$	$O_D(A)$	$O_D(A)$	$O_D(A)$
4.	$O_D(A)$	$\neg O_D(A), \neg O_D(\neg A)$	$O_D(\neg A)$	$\neg O_D(A), \neg O_D(\neg A)$	$\neg\neg O_D(A)$	$\neg\neg O_D(\neg A)$
5.	$O_D(A)$	$\neg\neg O_D(\neg A)$	$O_D(\neg A)$	$\neg\neg O_D(\neg A)$	$\neg\neg O_D(A)$	$\neg\neg O_D(\neg A)$
6.	$O_D(A)$	$\neg\neg O_D(A)$	$O_D(\neg A)$	$\neg\neg O_D(A)$	$\neg\neg O_D(A)$	$\neg\neg O_D(\neg A)$
7.	$O_D(A)$	$O_D(A)$	$O_D(\neg A)$	$O_D(A)$	$O_D(A)$	$O_D(A)$
8.		$\neg O_D(A), \neg O_D(\neg A)$	$O_D(\neg A)$	$\neg O_D(A), \neg O_D(\neg A)$	$\neg\neg O_D(A)$	$\neg\neg O_D(\neg A)$
9.			$O_D(\neg A)$	$O_D(\neg A)$	$O_D(\neg A)$	$O_D(\neg A)$
10.				$\neg O_D(A), \neg O_D(\neg A)$	$\neg\neg O_D(A)$	$\neg\neg O_D(\neg A)$
11.					$\neg\neg O_D(A)$	$\neg\neg O_D(\neg A)$
12.						$\neg\neg O_D(\neg A)$

(a) O_T is stronger than F_T, i.e. we always prefer positive norm, so O_T wins and therefore Table 5 gives O_T and Table 6 gives O_D see, for example, entry $(1, 7)$. The result is therefore O_D.

(b) In any conflict between $O_T A$ and $O_T \neg A$ or in any conflict between $F_T A$ and $F_T \neg A$, we always prefer to do nothing, hence $O_T(\neg A)$ and $F_T(A)$ respectively win, and therefore the entry in Table 6 is $O_D \neg A$.

Note that we need to use a mechanism to determine for each case A and $\neg A$ which one is the action and which none is the negation of action. So for example if we have O_T(sleep) and O_T(be awake) our mechanism needs to determine which one we consider action and hence call it A and which one the lack of action and call it $\neg A$. We assume that it is always clear to us which option between A and $\neg A$ is the action

(P7): When there is conflict inside group (P2), there is no clear cut rule. It is reasonable that, since O_T is stronger than F_T, we also should have that $\neg\neg O_T$ is stronger than $\neg\neg F_T$.

Similarly it is reasonable to resolve conflict between $\neg\neg O_T A$ and $\neg\neg O_T \neg A$ or $\neg\neg F_T A$ and $\neg\neg F_T \neg A$ by choosing the "lack of action" option, i.e. $\neg\neg O_T \neg A$.

(P8): Conflicts among (P3) are meaningless. All is open and possible.

4 Intuitionistic standard deontic logic

In Section 3 we analysed the conflict resolution method in the Talmud for the operators O_T and F_T and how they relate to O_D.

Our conclusion from Example 3.1 is that we need 248 different $O_T(X/Y)$ operators and 365 different $F_T(U/V)$ operators. This should not alarm the deontic logician because in the dyadic approach, we have an infinite number of operators $O_A(X)$, one for each wff A. The difference between dyadic deontic logic and the Talmudic ones is that the Talmudic operators are generic, and apply to an ever growing open texture context situations Y and V. Let us simplify and begin by giving an Intuitionistic Standard Deontic Logic with one unary (not dyadic) O_T and one unary F_T, just to be able to compare ordinary classical **SDL** with the intuitionistic version of it. Remember also that once we fix the context Z of conflict, the dyadic operators become monadic (relative to Z), so our monadic logical machinery is applicable anyway.

We are now ready to address axiom systems and semantics.

Our strategy is to first give the operators O_T, F_T and O_D (we don't seem to need F_D!) suitable semantics and see whether Table 6 can be derived from some semantic principles. In formal logic this means that the system for O_D would be a nonmonotonic intuitionistic modal logic derived in some way from a monotonic intuitionistic modal logic for $\{O_T, F_T\}$. Note that this is a sound policy, as in the area of nonmonotonic logic, the classification of nonmonotonic logics is done in terms of variations on an underlying monotonic base logic.

The reader should beware that our system for O_D must be derived nonmonotonically from the system for $\{O_T, F_T\}$. If we look at Table 6, we see that for example, the conflict between $O_T A$ and $F_T A$ is resolved as $O_D A$. We must not be tempted and to simply write the axiom

$$O_T A \wedge F_T A \to O_D A$$

and similarly write more rules for each box in the table.

This would lead to contradictions because the logic we need is nonmonotonic.

To see this note that if we have $O_T(A)$ alone we get $O_D(A)$, and if we have $F_T(A)$ alone we get $O_D(\neg A)$. However if we have both of them we get $O_D(A)$. A monotonic logic would give us pragmatic oddity, $O_D(A) \wedge O_D(\neg A)$. For this reason we use Remark 4.4 below to define the semantics for O_D. Semantically when we have A we have the set of all worlds where A holds and hence we know the totality of all T operators it satisfies and hence we can make a decision based on all the data about A.

We begin with a semantical presentation of an intuitionistic modal logic with O^i_T and F^j_T $i = 1, \ldots, 248$ and $j = 1, \ldots, 365$. For simplicity, since all the operators are independent, we shall deal with a system with only two O_T and two F_T operators, and the usual intuitionistic connectives $\neg, \wedge, \vee, \to, \top, \bot$.

So we have O^1_T, O^2_T and F^1_T and F^2_T.

We need two of each because of entries in Table 6. For example entry $(1, 3) = (F_T A, F_T \neg A)$ really means $(F^1_T A, F^2_T \neg A)$, where the two prohibitions F^1_T and F^2_T contradict. Similarly, entry $(7, 9) = (O^1_T A, O^2_T \neg A)$.

Definition 4.1 *A model has the form* $\mathbf{m} = (S, \leq, I^i_O, I^i_F, a, h), i = 1, 2$ *where* $(S, \leq, a)$ *is a partially ordered set of worlds and* $a \in S$ *is the actual world and* I^i_O, *and* I^i_F $i = 1, 2$ *are functions associating a nonempty set of worlds with each* $t \in S$.

We have

$$t \leq s \Rightarrow I(t) \supseteq I(s)$$

for each I.

For each atomic q, $h(q) \subseteq S$ *is an assignment to the atoms. We have*

$$t \leq s \Rightarrow t \in h(q) \to s \in h(q).$$

Satisfaction is defined as follows:

1. $t \vDash q$ *iff* $t \in h(q)$
2. $t \vDash A \wedge B$ *iff* $t \vDash A$ *and* $t \vDash B$
3. $t \vDash A \vee B$ *iff* $t \vDash A$ *or* $t \vDash B$
4. $t \vDash A \to B$ *iff for all* $t \leq s$, $s \vDash A$ *implies* $s \vDash B$
5. $t \vDash \neg A$ *iff for all* $s, t \leq s \Rightarrow s \nvDash A$
6. $t \vDash F^i_T A$ *iff for all* $s \in I^i_F(t)$, $s \nvDash A$
7. $t \vDash O^i_T A$ *iff for all* $s \in I^i_O(t)$, $s \vDash A$
8. $t \vDash \top$ *and* $t \nvDash \bot$
9. $\mathbf{m} \vDash A$ *if* $a \vDash A$.

Definition 4.2 *We offer the following axiom system* **ISDL**

1. *Axioms and rules for intuitionistic logic for* $\{\neg, \wedge, \vee, \rightarrow, \top, \bot\}$.
2. $O^i_T A \wedge O^i_T(A \rightarrow B) \rightarrow O^i_T B$
3. $F^i_T(A \vee B) \leftrightarrow F^i_T A \wedge F^i_T B$
4. $\vdash O^i_T\top, \vdash F^i_T\bot, \vdash \neg O^i_T\bot$ *and* $\vdash F^i_T\top$
5. $\dfrac{\vdash A \rightarrow B}{\vdash O^i_T A \rightarrow O^i_T B}$
6. $\dfrac{\vdash A \rightarrow B}{\vdash F^i_T B \rightarrow F^i_T A}$

Theorem 4.3 **ISDL** *is complete for the proposed semantics.*

Proof.

1. Let S be the set of all complete consistent theories (Δ, Θ). Completeness means that for each A, $A \in \Theta$ or $A \in \Delta$ and consistency means that for no $A_i \in \Delta, B_j \in \Theta$ do we have $\vdash \bigwedge A_i \rightarrow \bigvee B_j$. We know that every consistent theory (Δ, Θ) can be extended to a complete and consistent theory (Δ', Θ'), with $\Delta \subseteq \Delta', \Theta \subseteq \Theta'$.
2. Define $(\Delta_1, \Theta_1) \leq (\Delta_2, \Theta_2)$ iff $\Delta_1 \subseteq \Delta_2$
3. Define $(\Delta', \Theta') \in I^i_O((\Delta, \Theta))$ iff for all $O^i_T X \in \Delta$ we have $X \in \Delta'$.
4. Define $(\Delta', \Theta') \in I^i_F((\Delta, \Theta))$ iff for all $F^i_T X \in \Delta$ we have $X \in \Theta'$)
5. Lemma: If $O^i_T X \in \Theta$ then for some $(\Delta', \Theta') \in I^i_O((\Delta, \Theta))$ we have $X \in \Theta'$.

   Proof. Consider $(\{Y | O^i_T Y \in \Delta\}, \{X\})$. We claim this theory is consistent. Otherwise for some $O^i_T Y_i \in \Delta$, we have

   $$\vdash \bigwedge Y_i \rightarrow X$$

   Hence

   $$\vdash \bigwedge O^i_T Y_i \rightarrow O^i_T X$$

   and we get $O^i_T X \in \Delta$, a contradiction.

   Extend the above set to a complete consistent theory (Δ_1, Θ_1) and this theory is what we need.

6. If $F^i_T X \in \Theta$, then for some $(\Delta_1, \Theta_1) \in I^i_F(\Delta, \Theta)$ we have $X \in \Delta_1$.

   Proof. Consider

   $$(\{X\}, \{Y | F^i_T Y \in \Delta\}.$$

   We claim this set is consistent. Otherwise for some $F^i_T Y_i \in \Delta$, we have

   $$\vdash X \rightarrow \bigvee Y_i.$$

Hence $\vdash F^i_T \bigvee Y_i \to F^i_T X$ and hence

$$\vdash \bigwedge F^i_T Y_i \to F^i_T X$$

and hence $F_T X \in \Delta$ a contradiction.

Extend the above set to a complete consistent theory (Δ_1, Θ_1) as needed.

7. **Lemma**
Let $h(q) = \{(\Delta, \Theta) | q \in \Delta\}$. Then in the model $(S, \leq I_O, I_F, h)$ we have for each A $(\Delta, \Theta) \vDash A$ iff $A \in \Delta$.
Proof.
By induction on A

■

Remark 4.4 *We now add O_D to our model. Semantically we define a neighbourhood $\mathcal{N}(t)$ for each $t \in S$ and let $t \vDash O_D A$ iff $\{s | s \vDash A\} \in \mathcal{N}(t)$.*

We define $\mathcal{N}(t)$ according to Table 6.

Let

$$+A = \{s | s \vDash A\}$$
$$-A = \{s | s \nvDash A\}.$$

We compare the sets $\pm A$ with the sets $I^i_O(t)$ and $I^i_F(t)$, $i = 1, 2$ and decide according to Table 6 whether to admit $+A$ into $\mathcal{N}(t)$.

Note that because O_T and F_T are intuitionistic, the intuitionistic condition below is fulfilled for O_D as well, namely

$$t \leq s \to \mathcal{N}(t) \subseteq \mathcal{N}(s)$$

Therefore

$$t \vDash O_D A \wedge t \leq s \Rightarrow s \vDash O_D A \text{ holds.}$$

Note that the definition of the logic for $\{O_T, F_T, O_D\}$ is semantic. We take a model of $\{O_T, F_T\}$ and add to it $\mathcal{N}$ and make it a model of O_D.

We need to check the coherence of Table 6, namely that we get a clear answer for each subset $\pm A$ whether it should be a member of $\mathcal{N}(t)$. This belief follows from conditions (P1)–(P8), especially (P4)–(P8) which clearly set out conflict resolution rules once we understand the semantic properties of O_D we can try to axiomatise it.

If it turns out that we do not have a unique answer in each case we need an expanded new table resolving conflicts between 4 operators at a time and not just two at a time. In fact Remark 4.5 below shows that the table does give unique answers. Before we systematically do all the cases, let us explain the method by giving two examples.

Take for example the triple set $\{1 : O_{1,T}(A), 2 : O_{2,T}(\neg A), 3 : F_{1,T}(A)\}$, and let us combine them in different orders and see whether we get the same outcome.
Case 1: 2 and 3 give 2 as a winner , see (P6), and now that we have 2, we carry on; 2 and 1 give 2 again by (P6) and the resolution is $4 : O_D(\neg A)$
Case 2: 1 and 2 give 2 and 2 and 3 give 2 and the resolution is again 4
Case 3: 1 and 3 give 1 and 1 and 2 give 2 and the resolution is again 4.
This is because according to Table 6, 2 is the strongest.

So the answer is 4 no matter at what order we combine them.

Indeed this always true that we get a single answer for any group of 3 or 4 items. The Talmud however, does not always agree with the table. As we shall see in Remark 4.5 below, the table is only a very good approximation. Let us look at another example: Consider the triple $\{O_{1,T}(A), F_{1,T}(\neg A), O_{2,T}(\neg A)\}$, Table 6 will give the clear cut result $O_D(\neg A)$. However the Talmud in this case decrees that the combined power of $O_{1,T}(A), F_{1,T}(\neg A)$ together (which yields according to the usual priorities $O_T(A)$), is stronger than $O_{2,T}(\neg A)$, and so the result should be $O_D(A)$. This clearly shows that Table 6 is only an approximation of the way the Talmud combines obligations.

Remark 4.5 (Coherence of Tables 5 and 6) *The more complex situations for Table 5 are the cases of three conliciting prohibitions and obligations. We divide the cases into four classes:*

Class 1: *One O_T and two F_Ts.*
We have two subcases. First we take two F_Ts and compare with O_T or first we take $\{O_T, F_T\}$ and comapre with the second F_T.

Case 1.1: $F_{1,T}(A), F_{2,T}(A)$ *and* $\{O_T(A)\}$.
In this case O_T is stronger according to entry $(1,7)$ of Table 5.

Although our Table 5 gives a clear cut answer for this triplet case, the Talmud contains a discussion about whether the answer is acceptable. Some Talmudic scholars express the opinion that two $F_T(A)$ can aggregate and be stronger than one $O_T(A)$. Other scholars accept the answer of Table 5 as the correct one.

So to sum up: The table yields $O_T(A)$ as the result for the triplet and thus records $O_D(A)$ in entry (1,,7). In contrast, the opinion which aggregate would like to have $F_T(A)$ as the winner for this case and would therefore recommend $O_D(\neg A)$. But to aggregate we need a new (three dimensional) table, dealing with triplets.

Case 1.2 $F_{1,T}(\neg A), F_{2,T}(A)$, *and* $O_T(A)$.

Case 1.3 $F_{1,T}(A), F_{2,T}(\neg A)$, *and* $O_T(\neg A)$

In both cases, by (P6) we get the same result, namely that O_T wins. In case 1.2 $O_T(A)$ wins, and in Case 1.3 $O_T(\neg A)$ wins.

Class 2: *Two O_Ts and one F_T.*
Here we have $O_{1,T}, O_{2,T}$ pitted against F_T. This case is discussed explicitly in the Talmud, and there is an explicit ruling in the Talmud that $O_{1,T}$ is the winner.

Indeed Table 5 and (P6) give the same result.

Case 2.1: $O_{1,T}(\neg A), O_{2,T}(A)$, *and* $F_T(A)$.
Here the answer is immediate, $O_{1,T}(\neg A)$ is the winner. So Table 6 gives the answer $O_D(\neg A)$.

Case 2.2: $O_{1,T}(A), O_{2,T}(\neg A)$, *and* $F_T(\neg A)$.

This is a clear cut case. The answer is $O_D(\neg A)$. *However the intermediate calculations using (P6) have one interesting feature.*

When we combine $O_{1,T}(A)$ *with* $F_T(\neg A)$, *we notice that they are not in conflict, but they agree. So (P6) has nothing to say about this. We do need however, a formal answer for the result. Is* $O_{1,T}(A)$ *the formal winner, or is* $F_T(\neg A)$ *the formal winner?*

Fortunately, when pitted against $O_{2,T}(\neg A)$ *we get that* $O_{2,T}(\neg A)$ *is the winner in either case and so the final answer is* $O_D(\neg A)$.

So the table gives us a unique answer $O_D(\neg A)$, *however, the Talmud does not accept this result. The Talmud rules that* $O_{1,T}(A)$ *must win.*

This ruling means the Talmud is doing some aggregation and thus gets a different result from (P6) and from Table 5.

We can say that the Talmud aggregates $O_{1,T}(A)$ *and* $F_T(\neg A)$ *which agree and reinforce each other into something stronger, call it* $FO_T(A)$, *and this wins against the third* $O_{2,T}(\neg A)$. *Thus* $O_D(\neg A)$ *is the answer the Talmud wants, contrary to Table 5.*

We can formally add FO_T *as a new operator and extend Table 4 with 6 additional options:*

13. $FO_T(A)$
14. $\neg FO_T(A)$
15. $FO_T(\neg A)$
16. $\neg FO_T(\neg A)$
17. $\neg\neg FO_T(A)$
18. $\neg\neg FO_T(\neg A)$

We can now write a new Table 5, containing 18×18 *entries.*

However, the Talmud is not clear about some of the entries of such a new table. For example, we do not know the Talmud's view of the strength of $FO_T(\neg A)$.

So we leave Tables 4, 5 and 6 as they are and note that mathematically Table 5 is coherent and as far as our logic is concerned, we are formally OK.

Class 3: *Three* O_T*s.*

Here there is a conflict between two $O_T(X)$ *and one* $O_T(\neg X)$. *We distinguish two subcases.*

Case 3.1: $O_{1,T}(A), O_{2,T}(A)$, *and* $O_{3,T}(\neg A)$.

In this case $O_{3,T}(\neg A)$ *is always the winner according to Table 5. The question to ask is do we want to aggregate* $O_{1,T}(A)$ *and* $O_{2,T}(A)$ *and make their combined force stronger than* $O_{3,T}(\neg A)$*?*

Indeed, some Talmudic scholars adopt this view, and liken our case to that of Case 1.2, where contrary to Table 5, there is the view of two F_Ts being stronger (when combined) than one O_T.

Case 3.2: $O_{1,T}(\neg A), O_{2,T}(\neg A)$, *and* $O_{3,T}(A)$.
In this case it is clear that $O_T(\neg A)$ wins according to all combiantions using Table 6 and (P6).

Class 4: *Three F_Ts.*
This case is completely parallel to Class 3 with similar results.

Case 4.1: $F_{1,T}(A), F_{2,T}(A)$ *and* $F_{3,T}(\neg A)$.
In this case (P6) gives that $F_{3,T}(\neg A)$ is the winner. Here again some scholars might want to aggregate the two $F_T(A)$, with similar discussion to Case 3.1.

Case 4.2: $F_{1,T}(\neg A), F_{2,T}(\neg A)$, *and* $F_{3,T}(A)$.
In this case it is clear that $F_T(\neg A)$ is the winner.

This concludes our examination of triplets and we verified that Table 5 gives a clear unique answer in each case independent of the order of combination. We noted during our examination that some scholars might want to aggregate, in which case a new table needs to be agreed upon.

Our Table 5 is mathematically coherent for triplets. We now ask: How about sets of four? (P6) and Table 6 is coherent for the Talmud itself does not discuss such cases, and only some later Talmudic scholars raise some examples. We have evidence of discussions of the case of three O_Ts and one F_T.

Case 5: $O_{1,T}(A), O_{2,T}(A), O_{3,T}(\neg A)$, *and* $F_T(A)$.
Table 6 and (P6) give us the unique answer $O_D(\neg A)$. However, if we start with a choice of triplet and allow for aggregation (which is not according to Table 6, we get two possible answers.

1. *If we start with $\{O_{1,T}(A), O_{2,T}(A), O_{3,T}(\neg A)\}$ then $O_{1,T}(A)$ and $O_{2,T}(A)$ aggregate and win and then the winning combined $O_T(A)$ continues to win against $F_T(A)$.*
   So the result would be $O_D(A)$.
2. *If we start with $\{O_{1,T}(A), O_{3,T}(\neg A), F_T(A)\}$ then $O_{3,T}(\neg A)$ and $F_T(A)$ aggregate and win against $O_{1,T}(A)$ and continue to win further against $O_{2,T}(A)$, and the result would be $O_D(\neg A)$.*
   This means that the aggregation point of view is not coherent!

Case 6: $O_{1,T}(\neg A), O_{2,T}(\neg A), O_{3,T}(A)$, *and* $F_T(\neg A)$.
In this case Table 5 yields the clear cut $O_D(\neg A)$ without any dependence on the order of combination. This case differs from Case 5 in the sense that also different choice of triplets to start with give us the same answer as well, namely $O_D(\neg A)$, even if we consider disagreements on triplets. So the aggregation point of view comes out coherent in this case.

Summary: *In the case of 4, we see that those who want to aggregate for the case of 3 are still not coherent for the case of 4. So the only way to remain coherent for all cases is to follow (P6) and Table 5.*

Remark 4.6 *We make an interesting remark about the case of two O_Ts and one F_T. This is Case 2.2, where the Talmud aggregates and disagrees with Table 5 and (P6). However, there is some Talmudic discussion that does not seem to recognise Table 5.*

The discussion is about how many violations occur in each case. Consider the case

$$O_{1,T}(\neg A), F_{1,T}(A), \text{ and } O_{2,T}(A).$$

This is Case 2.1. According to Table 6, and a God fearing man should follow $O_D(\neg A)$. Suppose a man decides to do A; we ask how many violations did the man commit? (God punsihes for violations!) We might say he violated both $O_{1,T}(\neg A)$ and $F_{1,T}(A)$. This man, however, might argue that he committed only one violation, becuase if we start with the pair $\{O_{2,T}(A), F_{1,T}(A)\}$ the winner is $O_{2,T}(A)$ and so $F_{1,T}(A)$ being the loser according to the Talmud (as reported in (P6) and Table 5), is out of the picture and hence cannot be violated.

On the other hand, if we start with $\{O_{1,T}(\neg A), O_{2,T}(A)\}$, then the winner is $O_{1,T}(\neg A)$, which agrees with $F_{1,T}(A)$ and so $O_D(\neg A)$ is what our man should have followed and by doing A he violates both $O_{1,T}(\neg A)$ and $F_{1,T}(A)$.

There is a disagreement among scholars with regard to the number of violations in this case, which can be explained by the order in which the triplet is applied.

In contrast to the above, in the case of $\{O_{1,T}(A), F_{1,T}(\neg A), O_{2,T}(\neg A)\}$ (this is Case 2.2), we saw here that according to Table 5 and (P6), $O_T(\neg A)$ wins, but we saw that the Talmud rules that $O_T(A)$ should win, by constructing the aggregated norm $FO(A)$.

Now assume a man does $\neg A$. Here we cannot explain the opinion(of some Talmudic scholars) that $F_{1,T}(\neg A)$ was not violated using an argument concerning the order of combining the norms, because $F_{1,T}(\neg A)$ is aggregated!

We can say that $\neg A$ is a lack of action and claim that one cannot violate in principle any $F_T(\neg A)$, but one can violate $F_T(A)$. However, this does not look convincing. We will ot go into this any further.

Anyway, this remark gives the reader a taste of what is involved in Talmudic argumentation about violations.

Remark 4.7 *Let us give quick comparisons with the traditional view of obligations and contrary to duties, as described in for example [1,2].*

1. *Talmudic obligations are generic meta-level and are open texture.*
2. *The Talmud uses independent obligations and prohibitions.*
3. *The Talmud regards contrary to duties as obligations/prohibitions arising in some context, and considers them of equal standing with original prohibitions/obligations. Furthermore, it lists formally 613 such norms, including 248 generic obligations and 365 generic prohibitions,some of them are CTDs and some are not.*

4. *The Talmud provides rules and tables for conflicts between these 613 norms. It looks only at the form of the norm as in Table 5 or similar tables and does not look at the content nor consider how the norm was activated by how many violations of how many other norms. Compare this divine approach with [1] which tries to determines logically when an obligation OA can pass on to a contrary to duty context OB. The considerations involve A and B.*

Acknowledgements

We are grateful to the Deon 2010 referees for valuable comments, and to the Deon 2010 participants for penetrating discussion during the presentation lecture.

References

[1] H. Prakken and M. Sergot. Contrary to duty obligations. *Studia Logica*, 57:1, 91–115, 1996.

[2] H. Prakken and M. Sergot. Dyadic deontic logic and contrary to duty obligations. In *Defeasible Deontic Logic*, D. Nute, ed., pp. 223-262. Synthese Library, Vol 263. Kluwer, 1997.

[3] D. Gabbay. Reactive Kripke semantics and contrary to duties, expanded version. To appear in *Journal of Applied Logic*. Special issue on DEON 2008.

[4] D. Gabbay. Reactive Standard Deontic Logic, draft February 2010.

[5] D. Gabbay. *Labelled Deductive Systems*, Oxford University Press, 1996.

[6] D. Basin, M. D'Agostino, D. Gabbay, S. Matthews and L. Vigano, eds. *Labelled Deduction*, Springer, 2000.

[7] D. Gabbay, G. Pigozzi, and J. Woods. Controlled Revision - An Algorithmic Approach for Belief Revision. *Journal of Logic and Computation*, 13(1):15-35, 2003.

[8] D. Gabbay, O. Rodrigues, and A. Russo. *Revision Acceptability and Context*, Springer, 2010.

[9] M. de Boer, D. Gabbay, X. Parent and M. Slavkova. Two dimensional standard deontic logic. Draft, March 2010.

[10] D. Gabbay. Reactive Kripke semantics and contrary to duty obligations. In *Deon 2008, Deontic Logic in Computer Science*, R. van der Meyden and L. van der Torre, eds., LNAI 5076, pp. 155–173, Springer, 2008.

[11] J. Hansen. Conflicting imperatives and dyadic deontic logic. *Journal of Applied Logic*, 3, 484–511, 2005.

[12] M. Abraham, D. Gabbay and U. Schild. Obligations and prohibitions in Talmudic deontic logic. In *DEON 2010*, G. Governatori and G. Sartor, eds., pp. 166–178. LNAI 6181, Springer, 2010.

מחקרים בלוגיקה תלמודית
כרך ג

לוגיקה דאונטית לאור התלמוד

בספר זה אנו בודקים את הלוגיקה הדאונטית של התלמוד, ומוצאים שהיא שונה מהלוגיקה הדאונטית המקובלת, הן בהקשר האתי הכללי והן בהקשר המשפטי. אנו מוכיחים שההבחנה בין מצוות עשה ולא-תעשה אינה מבוססת על הבדלים באופן הביצוע (מעשה או מחדל), ומסבירים מה עומד ביסודה. אנו מבחינים בין המישור הנורמטיבי והמישור הפרקטי של הדיון ההלכתי והאתי, ומראים כמה וכמה השלכות של ההבחנה הזו על פרדוכסים שונים בלוגיקה דאונטית, על כללי הכרעה בקונפליקטים הלכתיים ואתיים, ועל תורת המשפט.

כרך א
מידות הדרש ההגיוניות:
היסקים לא דדוקטיביים בתלמוד

כרך ב
מידות הדרש הטקסטואליות
כללי ופרטי: הגדרה אינטואיטיבית
של קבוצות בתלמוד

כרך ג
לוגיקה דאונטית לאור התלמוד
מיכאל אברהם, דב גבאי ואורי שילד

מחקרים בלוגיקה תלמודית
עורכי הסדרה:
מיכאל אברהם, דב גבאי ואורי שילד
dov.gabbay@kcl.ac.uk

לוגיקה דאונטית לאור התלמוד

מיכאל אברהם

דב גבאי

ואורי שילד*

אוניברסיטה בר אילן

*והמכללה האקדמית אשקלון

ISBN 978-1-84890-018-9

College Publications
Scientific Director: Dov Gabbay
Managing Director: Jane Spurr
Department of Computer Science
King's College London, Strand, London WC2R 2LS, UK

http://www.collegepublications.co.uk

Printed by Lightning Source, Milton Keynes, UK

1

הקדמה כללית

ספר זה הוא השלישי בסדרה 'מחקרים בלוגיקה תלמודית', שמבוססת על מחקר שנעשה בקבוצת הלוגיקה התלמודית באוניברסיטת בר-אילן. מחקרים אלו משלבים כלים לוגיים ותלמודיים קלאסיים בכדי לרדת לשורש התובנות הלוגיות שמצויות בתלמוד.

כפי שכבר כתבנו גם בשני הספרים הקודמים, המטרה של הסדרה כולה היא כפולה: 1. יבוא – כלומר שימוש בכלים לוגיים מודרניים, והבאתם לשדה התלמודי, בכדי לנתח סוגיות תלמודיות והלכתיות עמומות ולהבהיר אותן. 2. יצוא – העברת תובנות מהעיון הלוגי בתלמוד, והוצאתן אל ההקשרים הלוגיים הרחבים יותר, תוך ניסיון להעשיר באמצעותם את הלוגיקה הכללית ולפתור בעיות שונות שקיימות בה.

למרבה הפתעתנו, מעת שהתחלנו במחקר השיטתי הזה אנחנו חוזרים ומגלים בכל פעם מחדש שלמרות שבמבט ראשון ההיגיון התלמודי נראה חריג ושונה מהחשיבה האנושית הסטנדרטית, מבט נוסף מעלה שיש בו תובנות אוניברסאליות מחודשות, שמאירות באור חדש רבות מהמבוכות ששוררות בתחומי עיון שונים, ואף פותרות כמה מהן. במובן זה, ניתן לומר שחכמינו הקדימו את זמנם, לפעמים שלא במודע, באלף וחמש מאות שנה. מניסיוננו, לא פחות משחקר התלמוד יוצר נשכר משימוש בכלים לוגיים מודרניים

(היבוא), חקר הלוגיקה עשוי לצאת נשכר מחקר התובנות הלוגיות התלמודיות (היצוא).

בספר הראשון בסדרה עסקנו בהיסק הלא-דדוקטיבי, וראינו שהתלמוד מציע סכימות מחודשות שממפות בצורה משוכללת למדיי את דרכי ההיסק הלא-דדוקטיביות. מה שהלוגיקה הקלאסית לא עשתה, ועד היום לא נעשה בצורה מלאה, יכול להיעשות באופן שיטתי תוך שימוש בכלים התלמודיים. בספר ההוא פיתחנו באופן שיטתי מודל לוגי כללי להיסקים לא דדוקטיביים על בסיס מידות הדרש ההגיוניות. מודל זה הוא תוצאה של 'יבוא', כלומר שימוש בכלים לוגיים ומתמטיים מודרניים בכדי להבין תובנות אינטואיטיביות שהיו אצל חכמי התלמוד. מאידך, דומה כי במקרה ההוא ה'יצוא' היה הרבה יותר משמעותי מהיבוא. התברר לנו כי מידות הדרש ההגיוניות (קל וחומר ושני בנייני אב) מהוות את ארגז הכלים הבסיסי של ההיסק הלא דדוקטיבי, במדע במשפט ובכל הקשר אנושי אחר, בה במידה שהסילוגיזמים האריסטוטליים מהווים את ארגז הכלים הבסיסי ללוגיקה הדדוקטיבית. ראינו שהכלים הללו יוצרים לוגיקה של צבירת מידע, מה שהפילוסופיה של המדע מחפשת כבר מזה כמה מאות שנים. יש בנותן טעם לציין שהרב הנזיר, ר' דוד הכהן, בספרו **קול הנבואה**, כבר צפה זאת בחזונו וכתב על כך.

הספר השני בסדרה עסק בהגדרה אינטואיטיבית של קבוצות בתלמוד. גם שם יצאנו מתוך מאמץ לפענח את מידות 'כללי ופרטי', שעד היום אינן מובנות כל צרכן ללומדי התלמוד וחוקריו. לאחר שהצענו את הסכימה הכללית, ואת אוסף העקרונות הבסיסי שמופיע בתלמוד, ראינו כמה וכמה תמוהות בכמה סוגיות, שנפתרות מאליהן תוך שימוש בכלים אלו. זה היה רכיב ה'יבוא'. ה'יצוא' היה כמה וכמה השלכות לשני תחומי דעת ועיון נוספים: א. הגדרה אינטואיטיבית של קבוצות בהקשרים אחרים (בעיקר משפטיים). כאן הוברר לנו להפתעתנו שמידות הדרש הטכסטואליות, כמו אלו ההגיוניות, גם הן מכילות רכיבים אוניברסאליים. הן אינן מסורת ייחודית שניתנת ליישום רק על הטכסט המקראי לבדו. ב. בחינה מחדש של הפרדיגמה המקובלת במחקר התלמודי. אנחנו הצענו תמונה היסטורית קוהרנטית של התפתחות ההיסק

המדרשי, במקום התמונה הרב-שכבתית המקובלת במחקר התלמודי. הראינו שמידות 'כללי ופרטי' מהוות דוגמא מובהקת ליתרונות של השיטה ההרמוניסטית-התפתחותית אותה הצענו בספר, הן ביחס לשיטה ההרמוניסטית הפשטנית (הלימוד הישיבתי והמסורתי, שרואה הכל כאילו ניתן מסיני כלשונו), והן ביחס לשיטה ההתפתחותית הפשטנית (הרווחת בעולם המחקר התלמודי, שרואה את השלבים ההתפתחותיים המאוחרים יותר כיצירה חדשה ולא כחשיפה נוספת של מה שהיה טמון בשלבים הקודמים). הראינו שהשילוב בין שתי הגישות הללו נותן לנו תמונה מלאה ושלימה יותר, לפיה רוב השלבים בתהליך התפתחות ההלכה הם בגדר המשגה ופורמליזציה של מתודות ששימשו גם בשלבים הקודמים, אלא שהדבר נעשה באופן אינטואיטיבי, ולפעמים לא מודע.

בספר זה, שהוא השלישי בסדרה, אנחנו בוחנים את הלוגיקה הדאונטית לאור התלמוד. גם כאן מטרתנו היא כפולה: מחד, ברצוננו לפענח את התפיסות התלמודיות, שבאופן לא מפתיע גם כאן לכאורה חורגות מהתפיסות המקובלות. מאידך, מבט נוסף מגלה כי התובנות התלמודיות מעמיקות באינטואיציות האנושיות הכלליות שלנו, ויש בהן מימדים אוניברסליים. אנחנו נראה שניתן להסיק מהלוגיקה הדאונטית התלמודית מסקנות לגבי לוגיקה דאונטית בכלל. התמונה התלמודית פותרת כמה וכמה בעיות שמביכות את חוקרי הלוגיקה הדאונטית בכלל. מסיבה זו הספר הזה לא נקרא 'לוגיקה דאונטית של התלמוד', אלא 'לוגיקה דאונטית לאור התלמוד'.

מבנה הספר הוא כדלהלן: בחלק הראשון נסקור את הלוגיקה הדאונטית בכלל, את הפשר המודאלי שהוצע עבורה, וכמה מהבעיות שמביכות את החוקרים בתחום זה. בחלק השני ניכנס להגדרות ההלכתיות של מצוות עשה ולא-תעשה. אנו נראה שם את הבסיס לתמונה הדאונטית השונה שקיימת בתלמוד. בחלק השלישי נציע ניתוח שיטתי של הלוגיקה הדאונטית התלמודית, ומתוך כך נציג כמה יישומים ותובנות לגבי לוגיקה דאונטית כללית, ופתרונות לכמה מהמבוכות אותן הצגנו בחלק הראשון.

כדרכנו בשני הספרים הקודמים, גם בסוף הספר הנוכחי אנחנו מצרפים מאמר באנגלית שפורסם בכתב עת של לוגיקה דאונטית. המאמר מציג את הרקע הלוגי והמתמטי לנושאים הנדונים בספר. כמו בשני הספרים הקודמים, גם כאן קריאת הספר אינה דורשת לקרוא את המאמר באנגלית.

הערה ביבליוגרפית. במהלך הספר תהיינה כמה וכמה הפניות למאמרי **מידה טובה**. מאמרים אלו, מאת מיכאל אברהם וגבריאל חזות, יצאו לאור בספרים שאוספים את המאמרים לפי השנים, בהוצאת עמותת 'מידה טובה' וספריית בית-אל.

תוכן העניינים

חלק ראשון

לוגיקה דאונטית

הלוגיקה הקלאסית עוסקת ביחסים בין מושגים, ובעיקר יחסים בין טענות. לדוגמא, הרכבה ופיצול של טענות מורכבות לטענות משנה, קשרים בין סוגי טענות שונים, בניית טיעונים שקושרים טענות מסויימות לאחרות (הנחות למסקנות) והערכתם.

הלוגיקה הדאונטית, לעומתה, היא תחום חדש למדיי, ועניינו הוא היחסים בין טענות ומושגים שקשורים לנורמות. בחלק זה נתאר בקצרה מהי לוגיקה דאונטית, את הפשר הרווח שהוצע לה, וכמה מן הבעיות שקיימות בפשר הזה. אנו נשוב ללוגיקה הדאונטית בחלקו השלישי של הספר, לאחר שנבחן את הרקע ההלכתי הדרוש לדיון הזה.

8

פרק ראשון

בין נורמות לעובדות[1]

משפטי עובדה

המשפטים הרגילים בהם אנו משתמשים הם משפטי עובדה. המשפט "כעת זורחת השמש", או המשפט "סכום הזוויות במשולש הוא 180 מעלות", כמו גם המשפט "יעקב אוהב את רחל", הם כולם משפטי עובדה במובן כלשהו (אם לא ניכנס כאן לעדינויות פילוסופיות שאינן נצרכות). רק כדי להבהיר נוסיף שאיננו עוסקים כאן בשאלת היחס בין משפטים אלו לבין הדרך להכיר אותם, כלומר בשאלת הסינתטי-אפריורי של קאנט. בין אם יש דרך אמפיריציסטית להכיר משפטים אלו (על ידי ניסוי ותצפית) ובין אם אין. בין אם יש דרך רציונליסטית להכיר משפטים אלו (על ידי חשיבה והסקת מסקנות) ובין אם אין. הצד השווה לכולם שאלו הם משפטי עובדה. האינדיקציה לכך היא שניתן להצמיד לכל משפט כזה שני ערכי אמת: 'אמיתי' או 'שקרי'.

הלוגיקה הקלאסית עוסקת בעיקר במשפטים כאלה, שכן עניינה הוא באמת ושקר.

משפטי נורמה

האם ישנם משפטים שאינם משפטי עובדה? בודאי שכן. לדוגמא, משפטי שאלה, כגון: "האם אכלת כבר ארוחת בוקר?", אינם משפטי עובדה. מהי האינדיקציה לכך? אם אפשר להצמיד ערך אמת או שקר למשפט הזה, אזי

---

[1] להרחבה בנושא זה, ראה במאמר על השורש השמיני, בספר השמיני בסדרת **מידה טובה** – השורשים, מיכאל אברהם וגבריאל חזות, שייצא לאור בעז"ה בשנה הבאה.

מדובר במשפט עובדתי. אם לא ניתן לעשות זאת, אז לא מדובר במשפטי עובדה.[2]

ומה בדבר משפטים כמו "העברת ילדים את הכביש היא מעשה טוב"? האם זהו משפט עובדתי? בחלוקה המקובלת בפילוסופיה התשובה היא שלילית. זה אינו משפט עובדתי, שכן הוא אינו עוסק באמת או שקר אלא בטוב או רע. ניתן לומר שזה לא משפט עובדתי אלא משפט שיפוטי, או נורמטיבי. זהו משפט שמעריך ושופט, ולא משפט שקובע עובדה. גם משפט כמו "התמונה הזו היא יפה מאד" אינו משפט עובדתי. גם כאן ישנו שיפוט והערכה, אך לא קביעת עובדה. הדבר אינו קשור בהכרח לשאלה האם אנו מאמינים ברלטיביזם אתי או אסתטי. גם אם אין חילוקי דעות לגבי הקביעה הזו, וגם אם אנו מאמינים ביחידות של השיפוט האתי או האסתטי, עדיין המשפטים הללו בסוגם אינם משפטי עובדה אלא משפטי שיפוט והערכה. הם מביעים נורמות ולא עובדות.

ומה עם משפט כמו "אסור לחצות את הכביש באור אדום"? כאן לא מדובר באיסור מוסרי אלא משפטי, ועדיין זהו שיפוט ולא קביעת עובדה. אמנם אם נאמר "החוק הישראלי אוסר חציית כביש באור אדום" זהו משפט עובדתי, שכן הוא נערך במונחי אמת או שקר. תצפית שלנו בספר החוקים תעלה את התשובה האם מדובר במשפט שקרי או אמיתי, ולכן זהו משפט עובדתי. מהו בעצם ההבדל בין שני המשפטים הללו? במה שונה הקביעה "החוק בישראל אוסר לחצות את הכביש באור אדום" מהקביעה "אסור לחצות את הכביש באור אדום"? ההבדל הוא תהומי: המשפט הראשון קובע עובדה, כפי שציינו לעיל. המשפט השני קובע נורמה, שהיא אינה בהכרח אמיתית או שקרית. יכול אדם לקבל את הקביעה העובדתית שהחוק אוסר חצייה כזו, ובו בזמן להחליט שהוא לא מקבל על עצמו את מרות החוק. הקביעה שהדבר אסור (לא שהחוק אוסר) היא קביעה שונה באופייה הלשוני-לוגי: מדובר כאן בשיפוט ולא בעובדה.

---

[2] נציין כי גם משפט שקרי, כגון "בן גוריון היה ראש הממשלה השלישי של מדינת ישראל" הוא משפט עובדתי בסוגו. במקרה זה ערך האמת שמתאים לו הוא 'שקרי'.

ההבדל הזה דומה להבחנה הלשונית המקובלת בין ציווי לבין משפט בעבר הווה או עתיד. אמירה כמו "אתמול הלכת לביה"ס", או "מחר תלך לביה"ס", הן אמירות עובדתיות טהורות. אבל הציווי "לך מחר לביה"ס" אינו עובדה אלא צו. הוא לא נמדד במונחים עובדתיים של אמת או שקר, אלא במונחים של ציות או אי ציות. הערכים שניתן להצמיד למשפט כזה אינם 'אמיתי' או 'שקרי', אלא 'מחייב' או 'לא מחייב'. קביעת ערכים כאלה מחייבת הכרעה ולא תצפית. אדם אמור להכריע האם הוא מחוייב לנורמות אלו או לא. לגבי עובדות, הקביעה האם הן אמיתיות או שקריות אינה מסורה להכרעה שלו, אלא להשוואה מול מצב העניינים בעולם.

בניגוד לכמה פלפולי סרק פילוסופיים, גם הקביעה "אלוהים קיים" אינה קביעה ערכית אלא עובדתית. אין לכך קשר הכרחי לשאלה האם ניתן בצורה כלשהי להיווכח בקיומו (אמפירית, או רציונלית). הקביעה כשלעצמה היא קביעה עובדתית בסוגה, שכן היא מדברת על אובייקט או על מצב עניינים כלשהו בעולם. הדרך להצמיד לטענה זו ערך 'אמיתי' או 'שקרי' אינה הכרעה אלא השוואה מול מצב עניינים. אנשים שלדעתם לא ניתן לעשות את ההשוואה הזו בשום צורה, מדברים גם בהקשר זה על הכרעה, אבל זהו שימוש במובן מושאל. מבחינת סוג המשפט זהו משפט עובדה.

במסורת הפילוסופית מקובל לחלק את השיפוטים לשלושה סוגים עיקריים: אמת ושקר – בזה עוסקת הלוגיקה. טוב ורע – בזה עוסקת האתיקה. יפה ושאינו יפה – שבזה עוסקת האסתטיקה. שני התחומים האחרונים אינם שייכים ללוגיקה מפני שהטענות שנדונות בהם אינן טענות עובדתיות.

השלכה מטא-הלכתית: שלילות ואזהרות

השלכה הלכתית מעניינת של ההבחנה הזו מצויה בשורש השמיני של הרמב"ם. ציוויים הלכתיים, מוסריים או משפטיים, הם נורמות. לכן ניתן להציג אותם באמצעות משפטי ציווי. והנה, ישנם בתורה פסוקים שנראים

כמו משפטי ציווי, אך זו אשלייה אופטית. מדובר במשפטי עובדה, ולכן הם אינם מוגדרים כמצוות. וכך כותב הרמב״ם בשורש השמיני שלו:[3]

השרש השמיני שאין ראוי למנות שלילת החיוב עם האזהרה: דע שהאזהרה היא אחד משני חלקי הצווי. וזה כי אתה תצוה למצווה שיעשה דבר אחד או שלא יעשהו. כמו שתצוהו לאכול ותאמר לו אכול או תצוהו להרחיק מן האכילה ותאמר לו לא תאכל. ואין בלשון הערבי שם יכלול שני אלו הענינים יחד. וכבר זכרו זה המדברים במלאכת ההגיון ואמרו זה לשונם ואולם הצווי והאזהרה אין להם בלשון הערבי שם יקבצם ונצטרכנו לקרוא שניהם בשם אחד מהם והוא הצווי. הנה כבר התבאר לך כי האזהרה היא מענין הצווי. והמלה המפורסמת בלשון הערבי המונחת לאזהרה היא מלת לא. וזה הענין בעצמו נמצא בלא ספק בכל לשון. כלומר שאתה תצוה למצווה שיעשה דבר או לא יעשה. אם כן הוא מבואר שמצות עשה ומצות לא תעשה שניהם צווי גמור, דברים צונו לעשותם ודברים הזהירנו מעשותם, ושם המצווה לעשותם מצות עשה ושם המוזהר מהם מצות לא תעשה. והשם שיכללם יחד בלשון העברי הוא גזירה. וכן החכמים קראו כל מצוה בין עשה (עמ״ע קט ולג מת״כ אח״מ פרש׳ ה ופ״ח) בין לא תעשה (עי׳ תוספת׳ הוב׳ לק׳ עמ׳ רב) גזירת מלך.

אמנם שלילת החיוב הוא ענין אחר והוא שתשלול נשוא מנושא ואין בו מענין הצווי שום דבר כלל. באמרך לא אכל פלוני אמש, ולא שתה פלוני היין, ואין ראובן אבי שמעון והדומים לזה, הנה זה כולו שלילת החיוב, אין ריח צווי בו. והמלה שישללו בה בערבי על הרוב היא מלת מא. וישללו גם כן במלת לא ובמלת ליס. אמנם העברים רוב שלילתם במלת לא בעצמה שבה יזהירו. וישללו גם כן באין ומה שיתחבר בו מן הכנויים כמו אינו אינם ואינכם וזולתם. אולם

---

[3] עוד על השורשים של הרמב״ם, ראה להלן בתחילת החלק השני.

השלילה בעברי במלת לא כאמרו (ס"פ ברכה) ולא קם נביא עוד בישראל כמשה, לא איש אל ויכזב (בלק כג), לא תקום פעמים צרה (נחום א), ולא עמד איש (ויגש מה), ולא קם ולא זע ממנו (אסתר ה) ורבים כאלה. והשלילה באין כאמרו (בראשית ב) ואדם אין, והמתים אינם יודעים מאומה (קהלת ט) וזולתם רבים. הנה כבר התבאר לך ההפרש שבין האזהרה והשלילה. וזה שהאזהרה מענין הצווי ולא תהיה אלא בפעולת הצווי בשוה, רצוני לומר שהוא כמו שפעולת הצווי לעולם עתידה כן האזהרה, ולא יתכן בלשון שיהיה הצווי בעבר וכן האזהרה. ואין פנים להכניס הצווי בספור. כי הספור צריך לנשוא ונושא והצווי מאמר שלם כמו שהתבאר בספרים המחוברים לזה. והאזהרה גם כן לא תכנס בספור. ואין כן השלילה. כי השלילה תכנס בספור ותשלול בעבר ובעתיד ובעומד. וזה כלו מבואר בעצמו עם ההשתדלות. וכשהיה זה כן אין ראוי שיימנו הלאוין שהם שלילה במצות לא תעשה בשום פנים. וזה ענין מופת לא יצטרך עליו עד זולת מה שזכרנוהו מהבנת עניני המלות עד שיבדיל בין האזהרה והשלילה. וכבר נעלם זה מזולתנו עד שמנה לא תצא כצאת העבדים (ר"פ משפטי'), ולא ידע כי זה שלילה לא אזהרה. ובאור זה כמו שאספר. וזה כי האל כבר דן במי שיכה עבדו או אמתו הכנעניים ויחסרהו בעת ההכאה אחד מראשי האיברים שהוא יצא לחירות והיה עולה במחשבתנו אם הדבר הוא כן בעבד כנעני כל שכן באמה עברית ושהיא כשחסרה אחד מראשי איבריה תצא לחירות, ושלל ממנה זה הדין באמרו לא תצא כצאת העבדים. כאילו יאמר אינו מתחייב שתצא לחירות בחסרון אבר מאבריה. וזה שלילת דין ממנה, לא אזהרה. וכן פירשו אותו בעלי הקבלה ואמרו במכלאתא לא תצא כצאת העבדים אינה יוצאה בראשי איברים כדרך שהכנענים יוצאים. הנה כבר התבאר לך שהוא שלילת דין אחד ישלול אותו ממנה, לא שהוא הזהירנו מדבר. ואין הפרש בין אמרו לא תצא כצאת העבדים או אמרו (תזריע יג) לא יבקר הכהן לשער הצהוב טמא הוא

שהוא שלילה לבד לא אזהרה. וזה שהוא מספר לנו שלא יצטרך עם הסימן הזה הסגר ולא יספק בו כי הוא טמא.

הרמב״ם כאן עומד על כך שאזהרה (=מצות לא-תעשה) וציווי (=מצוות עשה) הם סוגים שונים של משפטים, ולמעשה בשפה הערבית אין בכלל ביטוי משותף שמתאר את שניהם. בעברית יש ביטוי כזה, וזהו המונח ׳מצווה׳. המונח הזה מתייחס למה שמשותף לציווי ולאזהרה. מהו אותו רובד משותף לשני אלו? מהו הרכיב שקיים הן בציווי לעשות פעולה כלשהי, והן באזהרה שלא לעשות משהו? המימד המשותף הוא שיש כאן קביעה נורמטיבית, לא עובדתית. זוהי קביעה שעוסקת במותר ואסור, ולא באמיתי או שקרי. שתי אלו הן קביעות נורמטיביות ולא עובדתיות. ניתן לומר שהן טעונות במטען חיובי כלשהו, שהנמען שהן פונות אליו אמור לפעול או להימנע מלפעול כתוצאה מהפנייה הזו. משפט עובדתי הוא נייטרלי, ואינו טעון ב׳מטען׳ המיוחד הזה.

כעת הרמב״ם ממשיך וקובע שיש בתורה קביעות שאינן מכילות ציווי, כלומר הן אינן טעונות במטעם המיוחד הזה, ולכן על אף שהן נראות כמו ציוויים, מדובר בפסוקי עבודה ולא בפסוקי ציווי. הדוגמאות שהוא מביא שנויות במחלוקת (ראה השגות הרמב״ן כאן, ועוד), אך לצורך ההדגמה ניטול את הדוגמא שלו מאמה עברייה. הוא טוען שהפסוק ״לא תצא כצאת העבדים״ אינו אוסר מאומה וגם לא מזהיר ממשהו. הוא רק מדווח לנו על עובדה: דין יציאה בראשי איברים שחודש בעבד או שפחה כנעניים, אינו חל על מכה אמה עברייה. זוהי הודעה ולא ציווי, ולכן אין לראות בזה מצווה. אמנם יש לכך נפקויות הלכתיות, שכן הפסוק מודיע לנו על רצון ה׳, במקרה זה הוא מדווח לנו שבאמה עברייה אין רצונו שהיא תצא בראשי איברים. אך זוהי הודעה בלבד, שדומה למשפט ״ספר החוקים אוסר לחצות באור אדום״. זהו משפט עובדה ולא משפט נורמה. רק ציווי, כלומר פסוק שקובע ״אסור לחצות באור אדום״, או ״יש לשחרר עבד כנעני שהוכה בראשי איברים״, ראוי להיחשב כמצווה. עיון במחלוקות הרמב״ם והרמב״ן בשורש השמיני מניב חלוקות עדינות יותר על הציר הזה, ואין כאן המקום להאריך בזה.

הכשל הנטורליסטי[4]

הפילוסוף הבריטי בן המאה ה-18, דייויד יום, עמד על ההבחנה הבסיסית בין ought (מה שראוי) לבין is (מה שישנו). לפעמים מתארים זאת כהבדל בין הרצוי למצוי, אבל כאן זה לא במובן של אוטופיה (אידיאלית) מול מציאות (עגומה), אלא במובן העקרוני של שיפוטים מול עובדות.

הפילוסוף בן המאה ה-20, מור, שיכלל את ההבחנה הזו, ודיבר על מה שנקרא עד היום 'הכשל הנטורליסטי'. אם אנו רואים טיעון שהנחותיו הן עובדות (is) ומסקנתו היא שיפוט (ought), אות הוא כי יש כאן כשל. לדוגמא, אם מההנחה שהציור שלפנינו צבוע במגוון עשיר של שבעה צבעים נסיק את המסקנה שהציור הוא יפה, יש כאן כשל. לא רק בגלל שזה לא בהכרח נכון, אלא בגלל שהמסקנה אינה יכולה להיות מוסקת מתוך ההנחות, שכן המסקנה היא שיפוט וההנחות הן עובדות. כדי לתקף את המסקנה הזו עלינו להוסיף הנחה נוספת, למשל שכל ציור שמספר צבעיו גדול משישה הוא יפה. הנחה זו קושרת את הספירה העובדתית עם הספירה הנורמטיבית-שיפוטית, ולכן מאפשרת להסיק מסקנה לא עובדתית.

נוסיף ונדגיש כי בויכוחים רבים לא מתייחסים לרכיב הנוסף הזה, לפעמים בטעות ולפעמים בכוונה. הסיבה לכך היא שעל אף שהוא אולי נראה כמובן מאליו, בדרך כלל הוא שזה שמכיל את העוקץ של הטיעון, ואותו הכי קשה לבסס. לדוגמא, טענות לטובת שינויים בהלכה בנויות בדרך כלל בצורה הבאה:

1. חז"ל פסלו נשים לעדות.
2. נשים בזמן חז"ל היו לא משכילות ולא מעורבות בחיי החברה והכלכלה.

---

[4] ראה על כך במאמרו של מיכאל אברהם, 'האם יש עבודה זרה 'נאורה'?', **אקדמות** יט, סיון תשסז.

3. נשים בימינו הן משכילות כמו הגברים, וגם מעורבות כמוהם בחיי הכלכלה והחברה.

מסקנה: בימינו יש להכשיר נשים לעדות.

לכאורה הטיעון בנוי לתלפיות, שכן מי יכול להתווכח עם הנחותיו? האם אכן המסקנה מתחייבת מהן בהכרח? כדי להבין זאת, עלינו לשים לב לכך ששלוש ההנחות כאן הן טענות עובדה, ואילו המסקנה היא נורמה. מה חסר כאן? חסרה ההנחה שמכניסה את הרכיב הנורמטיבי לטיעון. לדוגמא: פסול הנשים לעדות נבע מאי מעורבות בחיי החברה והכלכלה ומחסור השכלה. זוהי הנחה שיש בה קישור בין הספירה העובדתית לספירה הנורמטיבית, והיא זו שמונחת באופן סמוי מאחורי הטיעון הזה.

מדוע העלימו אותה? לפעמים זה נעשה מחוסר שימת לב, או מפני שהיא נראית לטוען מובנת מאליה. אבל חשוב להבין שהויכוח בסוגיא הזו נסוב כולו על ההנחה הזו. לשלוש העובדות שהוצגו כאן כולם מסכימים, ובכל זאת יש ששוללים את המסקנה. הסיבה לכך היא שלטענתם פסול הנשים לעדות אינו נובע מהסיבות הללו, כלומר הם חולקים על ההנחה הסמויה. יתר על כן, כיצד יכול הטוען להוכיח את הטענה הפרשנית הזו? הרי כאן לא מדובר בעובדה אלא בפרשנות, ולכן ההוכחה לזה היא בדרך כלל קשה. מסיבה זו נוח לטוענים שלא להעמיד את ההנחה הזו על השולחן בעת הדיון, אלא להניח זאת במובלע כמובן מאליו.

יש כאן דוגמא לתופעה נפוצה מאד, של התעלמות מהרכיב המהותי של הויכוח בעת העלאת הטיעונים. זהו מכשיר רטורי נפוץ בידי תועמלנים, אבל לפעמים הדבר נעשה בשוגג. בסוף הפרק השלישי נראה דוגמא נוספת לתופעה הזו.

מבוא קצרצר להצרנה ולוגיקה קלאסית

הערנו כבר שהלוגיקה הקלאסית עוסקת במשפטי עובדה, כלומר טענות שנשפטות במונחי 'אמיתי' או 'שקרי'. הלוגיקה עוסקת בעיקר בקשרים בין טענות, ולצורך כך היא נוהגת להצרין אותן (=לכתוב אותן באופן צורני). כדי

לכתוב את הטענות הללו בכתב הלוגי הצורני, אנו מציגים את הקשרים (קו״ף פתוחה) הלוגיים היסודיים באמצעות סמלים. נציג אותם כאן לצורך שימוש בהמשך דברינו:

סימול אופרטור	משמעות	שימוש	תרגום
¬	שלילה	¬P	לא נכון ש-P
∧	קוניונקציה (גם)	Q∧P	גם P נכון וגם Q נכון
∨	דיסיונקציה (או)	Q∨P	או Q נכון או P נכון
→	אימפליקציה (גרירה)	P→Q	אם P אז Q
≡	שקילות (זהות)[5]	Q≡P	P נכון אם ורק אם Q נכון

בלוגיקה סימלית משתמשים בקשרים הללו כדי להרכיב משפטים מורכבים ממשפטים פשוטים. לדוגמא: הטענה ׳אם אסע במהירות אני עלול להיפגע׳, מוצרנת כך: P→Q, כאשר P הוא ׳אסע במהירות׳ ו-Q הוא ׳אני עלול להיפגע׳. המשפט ׳אני אסע לירושלים ואפגש איתך, מוצרן כך: Q∧P, כאשר P הוא ׳אסע לירושלים׳, ו-Q הוא ׳אפגש איתך׳.

התועלת העיקרית בהרכבות כאלה היא האפשרות למצוא ערך אמת למשפט מורכב מתוך ערכי האמת של המשפטים הפשוטים. לדוגמא, ערך האמת של המשפט Q∧P הוא ׳אמיתי׳, אך ורק כאשר גם P אמיתי וגם Q אמיתי. בכל מקרה אחר ערך האמת של המשפט המורכב הוא ׳שקרי׳. לעומת זאת, ערך האמת של המשפט המורכב Q∨P הוא ׳אמיתי׳ גם אם רק אחד משני המרכיבים שלו אמיתי.

---

[5] שקילות היא גרירה דו-כיוונית. כלומר הטענה P שקול ל-Q פירושה שמתקיימים שני יחסי הגרירה (P גורר את Q, וגם Q גורר את P).

הגרירה מעוררת קושי בהקשר זה, שכן קשה לקבוע באופן חד ערכי ערך אמת למשפט המורכב באמצעות ערכי האמת של המרכיבים. יש כמה דרכים לעשות זאת, והדרך המקובלת היא הדרך המטריאלית (החומרית), שהיא הדרישה המינימלית ממשפט גרירה. לפי הפרשנות המטריאלית, פירושו של משפט הגרירה $P\rightarrow Q$ הוא לא ייתכן ש-P (הרישא של הגרירה) אמיתי ובו-בזמן Q (הסיפא של הגרירה) שקרי. כעת נוכל לראות שניתן לתרגם את משפט הגרירה $P\rightarrow Q$ למשפט מורכב אחר:

$$\neg [P\wedge(\neg Q)]$$

שני המשפטים הללו הם שקולים (יש יחס שקילות ביניהם), שכן תמיד כשהאחד אמיתי גם השני כך, ולהיפך.

קל מאד לראות שמתקיים גם הקשר הזה:

$$\neg P\vee Q$$

גם הטענה המורכבת הזו שקולה למשפט הגרירה, וכמובן גם למשפט המורכב הקודם.

לצורך ההמשך נעיר כאן כי כל גרירה שהרישא שלה שקרית יוצרת משפט אמיתי, שכן לפי הפרשנות המטריאלית גרירה נחשבת שקרית אך ורק אם הרישא שלה אמיתית והסיפא שקרית. בכל מצב אחר היא אמיתית.

טיעון הוא סדרת טענות, שמסודרת כך שאם יוצאים מכמה מהן (=הנחות) ניתן לגזור מהן טענות אחרות (=מסקנות). אם נצרין כל טענה באמצעות הסימול שהוגדר כאן, נוכל להצרין גם טיעונים שלמים. לדוגמא:

1. $Q\rightarrow P$
2. Q

P

אם נניח את שתי הטענות הראשונות כנכונות (=הנחות), נוכל לגזור מהן את אמיתותה של הטענה השלישית (=מסקנה). אם כן, זהו טיעון תקף. בלוגיקה הוא קרוי 'גרירה מהרישא'.

לעומת זאת, הטיעון הבא, שקרוי 'גרירה מהסיפא', הוא בטל (=לא תקף):

$1. Q \rightarrow P$

$2. P$

Q

הטיעון הזה הוא בטל שכן יחס הגרירה אינו הפיך. לדוגמא, אם זורחת השמש יש אור. זה אינו אומר שאם יש אור אז זורחת השמש (ייתכן שהאור בא מנר או ממנורה חשמלית). לכן אם אנחנו מניחים את הגרירה הבאה כנכונה: אם זורחת השמש יש אור, אזי אם נוסיף לה את ההנחה שאכן זורחת השמש, ניתן היה להסיק שיש אור (זהו הטיעון הראשון שהוצג כאן, שהוא טיעון תקף). אבל אם נוסיף לה את ההנחה שיש אור, אי אפשר להסיק מכאן בהכרח שזורחת השמש (זהו הטיעון השני שהוצג כאן, שהוא טיעון בטל).

דוגמא אחרונה שניזקק לה בהמשך היא מה שקרוי בלוגיקה הטיעון של 'שלילת הסיפא'. אם נתונה גרירה, אזי מההנחה ששוללת את הסיפא ניתן להסיק את שלילת הרישא. כלומר הטיעון הבא הוא תקף:

$1. Q \rightarrow P$

$2. \neg P$

$\neg Q$

הענף העיקרי של הלוגיקה הקלאסית הוא שיפוט ומיון של טיעונים לתקפים ובטלים בכלים צורניים (כלומר בלי להיזקק לתוכן הטענות אלא אך ורק לצורתן). לצרכינו בהמשך די לנו במבוא הקצר הזה.

פרק שני
מהי לוגיקה דאונטית?[6]

מבוא

בפרק זה נציג את העקרונות הראשוניים של הלוגיקה הדאונטית. אנו נשוב לדון בהם לאחר הדיון ההלכתי שייערך בחלק השני.

כאמור, שיפוטים כמו יפה או טוב, אינם עניינה של הלוגיקה אלא של האתיקה והאסתטיקה. ועדיין, ברור שטענות בתחומים אלו גם הן כפופות לחוקי הלוגיקה. לא ניתן לומר שהציור הזה הוא יפה ולא יפה בו-זמנית. ניתן אולי לומר שהוא יפה מבחינה אחת ומכוער מבחינה אחרת, אבל לא סתירה מאותה בחינה עצמה.[7]

אבל הלוגיקה ששולטת על הטענות הללו היא הלוגיקה הקלאסית. הלוגיקה המודאלית עוסקת בקשרים לוגיים ייחודיים למשפטי נורמה של מותר, חובה ואסור. כלומר היא נוגעת בתחום האתי, המשפטי, או ההלכתי, אך לא בתחום האסתטי.

המרכיב העיקרי בלוגיקה הזו הוא האופרטורים הדאונטיים, שהיסודיים שבהם הם שלושה: חובה, מותר ואסור. הטענות שנבנות על ידי המושגים הללו, כמו 'חובה ש-P', או 'אסור לעשות Q', או 'מותר לא לעשות R', הן הטענות הדאונטיות. הלוגיקה הדאונטית עוסקת בעיקר במושגים אלו, במשמעותם ובקשרים הלוגיים ביניהם, כלומר בין הטענות הדאונטיות. לפני שנתאר את הלוגיקה הזו, נקדים הקדמה קצרה לגבי לוגיקה מודאלית.

---

[6] לסקירה קצרה בעברית בנושאי הפרק הזה והבא אחריו, ניתן לראות במאמרו של אברהם מידן, 'לוגיקות דאונטיות ועולמות אפשריים', בתוך האסופה **הצודק והבלתי צודק**, מרסלו דסקל (עורך), מפעלים אוניברסיטאיים להוצאה לאור, ישראל 1977, עמ' 179-184 (להלן: מידן).

[7] אפשר לדון האם הדבר נובע מחוסר אפשרות של האדם לטעון טענות עובדה סותרות, "אני שופט את הציור כיפה וכלא יפה בו-זמנית", או שזה אמור גם לגבי השיפוט עצמו (ואולי רק לגבי השיפוט, ולא לגבי השופט). כאן לא ניכנס לכך.

לוגיקה מודאלית על קצה המזלג

הקשרים בין האופרטורים בלוגיקה הדאונטית, מתפרשים בדרך כלל על פי סמנטיקה (=פשר) מודאלית, כלומר על פי פרשנות שמתייחסת לעולמות (היפותטיים) אפשריים. בלוגיקה מודאלית אנו מדברים על עולמות היפותטיים, שלא באמת קיימים, רק כדי לתת פשר לטענות על העולם שלנו. לדוגמא, אם אנו טוענים שאלוהים הוא הכרח המציאות (מצוי בהכרח), הפשר המודאלי של הטענה הזו הוא שבכל העולמות שניתן להעלות על הדעת אלוהים קיים. אין עולם אפשרי שניתן להעלות בדעתנו שבו אלוהים לא קיים. המונח 'הכרחי' מתפרש כך: 'קיים בכל העולמות האפשריים'. המושג 'אפשרי' מתפרש כך: 'קיים בעולמות אפשריים מסויימים'. ניתן לומר שבשפה המודאלית מידת ההכרחיות של הטענה יכולה להימדד על פי אחוז העולמות שבהם היא מתקיימת. היתרון של הפשר המודאלי הוא שאופרטורים לוגיים כמו 'הכרחי' או 'אפשרי', שקשה להגדיר אותם במונחים לוגיים רגילים, שכן מדובר במונחים איכותניים, ניתנים כעת לפרשנות כמותית באמצעות הלוגיקה המודאלית שעוסקת בקבוצות של עולמות.

הפרשנות הכמותית הזו גם מאפשרת לנו למצוא קשרים בין האופרטורים הללו. לדוגמא, הטענה (א): 'הכרחי ש-X גורר Y', והטענה (ב): 'אפשרי ש-Y גורר X', הן טענות שקולות. כיצד ניתן לראות זאת דרך הפשר המודאלי? הטענה (א) פירושה שבכל העולמות אם קיים X אז קיים גם Y. לא ייתכן עולם שבו קיים X ולא קיים Y. במובן של קבוצות של עולמות ניתן לומר שקבוצת העולמות שבה קיים Y מכילה את קבוצת העולמות שבה קיים X (כי ייתכן Y בלי X, אבל לא ייתכן X בלי Y). כעת נוכל לראות בקלות שמתקיימת הטענה (ב), שכן יש עולמות שבהם קיים Y וגם קיים X.[8]

[8] אנחנו מניחים כאן פשר מסויים לגרירה, לפיו ברור שישנם עולמות שבהם קיים X.

פשר מודאלי ללוגיקה הדאונטית

לאחר שהצגנו בקצרה את המושגים המודאליים, נוכל להציע פשר לאופרטורים הדאונטיים. חשיבותו של הפשר הזה היא שהוא מאפשר לנו למצוא קשרים לוגיים בין האופרטורים הדאונטיים, ולכן פשר זה הוא הכרחי לפיתוח לוגיקה דאונטית (לוגיקה שעוסקת בקשרים בין האופרטורים הדאונטיים).

הבעייה הבסיסית בפיתוח לוגיקה כזו היא שקשה לנו לקבוע יחסים לוגיים בין נורמות. לעומת זאת, אנחנו יודעים לעשות זאת ביחס לפעולות מעשיות. הפתרון שמציע הפשר המודאלי הוא לתרגם את החובות לתמונה שמשתמשת במונחים של פעולות מעשיות.

לשם כך, מגדירים עולם שמהווה אלטרנטיבה דאונטית לעולם שלנו (שיסומן - W_1), כלומר עולם מושלם מבחינה נורמטיבית (מוסרית, משפטית, או אחרת)[9] ביחס ל-W_1. זהו עולם שבו כל מה שמתרחש הוא מושלם מבחינה מוסרית. ישנם כמובן כמה וכמה עולמות כאלה, שכן לכל עולם יש מאפיינים רבים אחרים מעבר למושלמות הדאונטית שלו. לדוגמא, עולם מושלם דאונטית הוא עולם שבו לא רוצחים. אבל בחלק מהעולמות הללו יש אלפי אנשים, ובחלק אחר יש מיליונים. בחלקם האנשים לובשים מכנסיים ובאחרים הם לובשים גלימות. לכן יש עולמות רבים מאד, שמה שחשוב מבחינתנו הוא שהם מושלמים מבחינה נורמטיבית.

לאור הסמנטיקה הזו, מקובל לנתח את משמעותן של הטענות הדאונטיות באופן הבא:

1. הטענה 'חובה ש-P' היא אמיתית בעולם W_1, אם ורק אם P אמיתית בכל אלטרנטיבה דאונטית ל-W_1. זה מקביל לניתוח של המושג 'הכרחי', כפי שהוא הוצג למעלה.

---

[9] הקשר המוסרי הוא הרווח בלוגיקה דאונטית, ולכן בדרך כלל נשתמש כדוגמא בהקשר האתי. אך כל הדגמה כזו נכונה גם לגבי טענות משפטיות, או הלכתיות, או במערכות נורמטיביות הסכמיות (כגון מערכות של חוקי משחק ספורטיבי כלשהו). בחלקים הבאים נעסוק גם במערכות האחרות.

2. הטענה 'מותר ש-P' היא אמיתית ב-W_1, אם ורק אם יש לפחות אלטרנטיבה דאונטית אחת ל-W_1 ש-P אמיתית בה. זה מקביל לניתוח של המושג 'אפשרי', כפי שהוא הוצג למעלה.
3. הטענה 'אסור ש-P' היא אמיתית ב-W_1, אם ורק אם אין אף אלטרנטיבה דאונטית ל-W_1 אשר P אמיתית בה. זה מקביל כמובן לאופרטור המודאלי 'בלתי אפשרי'.

ניתן כעת לראות שהניסוח הזה הוא במונחי פעולות מעשיות. כלומר הצלחנו לתרגם את מונחי הנורמות למונחים ביצועיים, דבר שמאפשר לנו לקבוע קשרים לוגיים בין הנורמות.

לצורך ההמשך, נסמן את שלושת האופרטורים הדאונטיים בסימון הלוגי הבא:

חובה ש-P : O(P)

מותר ש-P : E(P)

אסור ש-P : F(P)

היתרון של הפשר המודאלי הוא כפול: מחד, הוא מעביר אותנו ממונחים איכותניים (חובה, מותר ואסור) למונחים כמותיים (כמות העולמות המושלמים). קל לנתח יחסים כמותיים (גרירה לוגית הופכת להכלה של קבוצות, כפי שראינו לעיל). בנוסף, הוא מעביר אותנו ממשפטי ציווי בעולם W_1 (לדוגמא: חובה שלא לרצוח), שהם קשים לניתוח לוגי, למשפטי עובדה בעולמות ההיפותטיים (=בכל עולם מושלם אף אחד לא רוצח), שאותם קל

יותר לנתח לוגית. בפרק הבא נראה כמה וכמה דוגמאות לניתוח כזה, וניווכח שוב ביתרונות של הפשר המודאלי, אבל גם במגבלות שלו.

הקשרים הלוגיים הבסיסיים בלוגיקה דאונטית סטנדרטית

באמצעות הסמנטיקה המודאלית שהוצגה למעלה, תוך שימוש בסימון שהוגדר שם, ניתן להוכיח את הקשרים הבאים:

א	$O(P) \equiv F(\neg P)$	חובה ש-P אמ״מ אסור ׳לא P׳.
ב	$E(P) \equiv \neg O(\neg P)$	מותר ש-P אמ״מ לא נכון שחובה ׳לא P׳.
ג	$O(P) \rightarrow E(P)$	אם חובה ש-P אז מותר ש-P.

ההוכחה של הקשרים הללו מתבססת על הפשר המודאלי, שכן בתמונה המודאלית שקילות לוגית מתפרשת כזהות בין שתי קבוצות של העולמות המושלמים משני הצדדים (כל עולם מושלם מבחינת הצד האחד הוא מושלם גם מבחינת הצד השני, ולהיפך). גרירה פירושה הכלה של קבוצת העולמות המושלמים האחת בשנייה, כפי שראינו למעלה לגבי ההכרחי והאפשרי.

שני הקשרים האחרונים מגדירים את האופרטור E, אך הקשר החשוב ביותר כאן הוא קשר א, ומשמעותו היא ששני האופרטורים הבסיסיים, O ו-F, תלויים זה בזה, כלומר ניתן לבטא את האחד באמצעות השני, ולכן למעשה די לנו באופרטור אחד מתוך השניים.[10]

ההנחה שעומדת בבסיס העניין היא שאיסור על מעשה X פירושו חובה לעשות ¬X. לדוגמא, איסור לגנוב שקול לחובה שלא לגנוב, ואיסור שלא להציל אדם שקול לחובה להציל אותו. בתמונה זו אין כל הבדל בין חובה (על מעשה)

[10] לכן הקשר בין E(P) לבין F(P) אינו בסיסי, שכן ניתן לקבל אותו מתוך שני הקשרים הראשונים.

לאיסור (על היפוכו). זוהי הנחת יסוד של הלוגיקה הדאונטית, ובהמשך נראה שהנחה זו היא בעייתית.

קשרים דאונטיים נוספים בין הנורמות נובעים מהתייחסות לקשרים הלוגיים הרגילים. לדוגמא, קיימים קשרים בין $O(P \rightarrow Q)$ לבין $O(P)$ ו-$O(Q)$, וכן לגבי $O(Q \wedge P)$ או $O(Q \vee P)$, או אופרטורי F דומים. הקשרים הללו בין הנורמות מבוססים על קשרים לוגיים רגילים בין הפעולות, והם יוצרים לא מעט פרדוכסים ובעיות בלוגיקה הדאונטית. אנו נדון בכל זה בהמשך דברינו.

פרק שלישי

כמה בעיות יסודיות בלוגיקה דאונטית

מבוא

כאמור, הפשר המודאלי הוא שמאפשר לנו למצוא קשרים בין האופרטורים הדאונטיים. לוגיקנים עמדו על כמה קשרים כאלה שנראים בעייתיים במובן האתי שלהם. הדבר מערער בעיקר על הפשר המודאלי, אלא שהמבנה הלוגי של הלוגיקה הדאונטית קשור קשר הדוק לפשר המודאלי, שכן בלעדיו לא היינו יכולים להגיע לקשרים לוגיים בין האופרטורים הדאונטיים. בפרק זה נעמוד על כמה קשיים כאלה, ובהמשך נציע אפשרויות שונות ליישב ולהסביר אותם.

קונפליקטים נורמטיביים[11]

הבעייה הראשונה עם הפשר המודאלי מתעוררת במצבים של קונפליקטים נורמטיביים, כלומר במצבים בהם מופיעה התנגשות בין שתי נורמות. לדוגמא, כאשר אדם נזקק לניתוח, האיסור לחבול ולהכאיב לו מתנגש עם החובה לרפא אותו. בהקשר ההלכתי ישנן התנגשויות נורמטיביות רבות, כגון האיסור לחלל שבת עם החובה לרפא את החולה (במקום בו הריפוי דורש פעולה שכרוכה בחילול שבת).

מצבים אלו, שאינם נדירים כמעט בשום מערכת נורמטיבית, מעוררים בעייה בפשר המודאלי שהוצג לעיל. אם החובות המתנגשות הן P ו-Q, אזי בשום עולם בו יכולה להתעורר סיטואציה כזו לא קיים מצב שבו מקיימים את שתי החובות הללו גם יחד. במצבי התנגשות בהכרח אנחנו נאלצים לעבור על אחת

---

[11] ראה במאמר:
'Conflicting imperatives and dyadic deontic logic', Jorg Hansen, **Journal of Applied Logic** 3 (2005), pp. 484-511.

מהן, או על P או על Q. אם כן, ברוב המערכות הנורמטיביות אין כלל אפשרות לקיומם של עולמות מושלמים דאונטית. אלא שאז עולה השאלה מהו הפשר של הדרישות הדאונטיות, שהרי הפשר הזה ניתן במונחים מודאליים של עולמות מושלמים.

התנייה דאונטית

החובות הבסיסיות שאנחנו מכירים הן חובות פשוטות: חובה שלא לגנוב, חובה לשמור על זכויות הזולת, חובה שלא לרצוח, חובה לסייע לזולת וכדו׳. אבל ישנן חובות שמוגדרות על מצבים מסויימים בלבד. אנחנו מבחינים בין שני סוגים עיקריים של חובות מותנות:

א. חובה שחלה רק בסיטואציה ספציפית. לדוגמא, מי שרוצה לאכול בהמה כלשהי חייב על פי ההלכה לשחוט אותה כדין. הוא אינו חייב לאכול אותה, אבל בהנחה שהוא רוצה לאכול – הוא חייב לשחוט. דוגמא נוספת היא ברכת המזון, שהיא חובה רק על מי שאכל. מי שלא אכל אינו חייב לברך, אבל מי שאכל מתחייב בברכה. בהקשר המוסרי ניתן לדבר על החובה להציל אדם שמצוי במצוקה או בסכנה, אם אני נוכח במקום. מי שאינו נוכח במקום אין עליו חובה להציל את זולתו. מי שיש לו כסף יש עליו חובה (מוסרית) לסייע לזולתו שמצוי במצוקה, אבל מי שאין לו כסף לא חייב בזאת.

ב. חובה שתלויה בהפרה קודמת של חובה אחרת. לדוגמא, מי שגזל חייב להשיב את הגזילה. אין חובה להשיב גזילות אלא אם כן קודם לכן נעברה עבירת גזל. אלו הן החובות CTD שהוזכרו למעלה. זהו מקרה פרטי של המקרה הקודם, שכן גם כאן החובה חלה רק בסיטואציה ספציפית, כאשר כאן הסיטואציה המתנה כוללת בעצמה עבירה על חובה אחרת.

כבר הזכרנו שישנו גם מבנה הלכתי מורכב יותר, שקרוי ׳לאו שקדמו עשה׳, ונבהיר אותו באמצעות דוגמא אחת. ישנו איסור על גבר לאנוס

אישה. אם אדם אנס נערה הוא חייב לשאת אותה לאישה. זהו לאו הניתק לעשה, כלומר איסור (לאנוס) שמתוקן על ידי מצוות עשה (לשאתה לאישה). לאחר שאותו אדם נשא את אנוסתו, הוא מחוייב שלא לגרש אותה כל ימיו. זהו איסור לאו (לגרש) שקדמו עשה (לשאת). אמנם כאן הלאו אינו מתקן עבירה כלשהי, אלא מחזק את התיקון שנעשה במצוות העשה שקדמה לו, בכך שהוא מייצב את התוצאה שלו.

בשני הסוגים הללו אנחנו מדברים על החובה לעשות Q שחלה רק על מי שמצוי בסיטואציה P. ישנן חילוקי דעות בין לוגיקאים דאונטיים בשאלה מהי ההצרנה הנכונה לחובות כאלו. לכאורה יש להצרין אותן כך:

$$O(P \rightarrow Q)$$

אך הצרנה זו מעוררת כמה בעיות. לדוגמא, כבר עמדו על כך (ראה אצל מידן) שעל פי הפשר המודאלי, מההצרנה הזו נגזרת המסקנה הבאה:

$$O(P) \rightarrow O(Q)$$

כלומר שאם יש חובה על P ישנה גם חובה על Q. כיצד ניתן להוכיח זאת? כבר ציינו שיחסים לוגיים בין נורמות קשים לניתוח, אבל כאן בא לעזרתנו הפשר המודאלי, שכפי שהערנו מעביר את משפטי הנורמה (בעולם שלנו) למשפטי עובדה (בעולמות המושלמים). כעת אנחנו יכולים לנתח את הקשרים המודאליים במונחי יחסי הכלה של קבוצות, וקשרים מהלוגיקה הקלאסית. כיצד זה עובד כאן? הקשר הראשון למעלה (החובה על הגרירה) אומר שבכל העולמות המושלמים קיומו של P גורר את קיומו של Q. כלומר שאין עולם מושלם שבו קיים P ולא קיים Q. ומכאן, שאם בכל העולמות המושלמים קיים P (וזו המשמעות של $O(P)$), אזי בכולם קיים גם Q (זו המשמעות של $O(Q)$). הגענו לקשר השני, ובזה הוכחנו שהוא נגזר מהראשון.

אך על אף התקפות של ההיסק הלוגי, קל לראות שמסקנה זו אינה נכונה במישור האתי. נציג זאת באמצעות שתי דוגמאות, הלכתית ואתית-משפטית:

א. ביום טוב יש מצוות עשה לאכול סעודה. בנוסף, ישנה בהלכה מצוות עשה שחלה על מי שסעד לברך ברכת המזון. האם ניתן לגזור משתי ההנחות הללו שיש מצוות עשה לברך ביו״ט? במשמעות הפשוטה – לא. קל לראות זאת דרך העובדה שמי שלא אכל ולא בירך ביו״ט, לא ביטל מצוות עשה של ברכה ביו״ט, אלא רק מצוות אכילה ביו״ט. גם מי שאכל ולא בירך, ביטל מצוות ברכת המזון הכללית, אבל לא את מצוות ברכת המזון ביו״ט.

ב. בהקשר האתי/משפטי ניתן להביא דוגמא מקבילה. נניח שישנה חובה על כל אדם לצעוד ברחוב הסמוך לביתו במוסקבה במצעד לכבוד ה-1 במאי. כמו כן, מי שצועד ברחוב ורואה אדם במצוקה, חלה עליו החובה לסייע לו. והנה, בוריס לא קיים את חובתו האזרחית לצעוד ברחוב הסמוך לביתו בתאריך זה, ולמרבה הצער עובר אורח בשם אוסיפ היה מצוי במצוקה בדיוק באותו תאריך ברחוב בו גר בוריס. בוריס כמובן לא הציל את אוסיפ, והלה השיב את נשמתו לבוראו. האם במצב כזה אנחנו נתבע את בוריס על כך שלא הציל את אוסיפ? מסתבר שהתביעה תהיה אך ורק על היעדרות ממצעד ה-1 במאי, ולא על אי סיוע לאדם במצוקה.

ננתח את הבעייתיות של ההתנייה הדאונטית תוך שימוש בדוגמא השנייה. אם הימצאות ברחוב היא P, אז החובה לצעוד ברחוב היא O(P). כעת ישנה גם חובה להציל מישהו אם אני נמצא ברחוב ורואה אותו. כיצד עלינו להצרין את החובה הזאת? נבחן את ההצעה: $O(P \to Q)$. לאור מה שראינו למעלה, זו ודאי אינה ההצרנה הנכונה, שכן ממנה נגזר שאם יש חובה O(P) אז יש גם חובה להציל - O(Q). אך כפי שראינו לא נכון לומר שעל בוריס יש חובה להציל, ולכן ההצרנה הזו אינה נכונה.

מסקנתנו היא שההצרנה הנכונה לחובה מותנית היא:

$$P \to O(Q)$$

משמעותה של ההצרנה הזו היא שמה שמתנה את החובה O(Q) הוא לא החובה לעשות P, אלא העובדה P כשלעצמה (ההימצאות ברחוב, ולא החובה להיות שם).

אלא שבפשר המודאלי ההנחה היא שמה שהוא חובה בעולם W_1 מתקיים בפועל בכל האלטרנטיבות הדאונטיות. מכאן עולה כי בכל העולמות המושלמים מתקיים בפועל P, ומכאן בהכרח שישנה בהם גם החובה Q. אם כן, המסקנה מהפשר המודאלי עדיין נכונה גם בהצרנה הזו. לכן הפשר המודאלי אינו הולם את האינטואיציות האתיות שלנו, ומכאן שהוא אינו נכון.[12]

שורש הבעייתיות בהצרנה הזו הוא שבשתי הדוגמאות הללו החובה הראשונית (P) לא מיועדת דווקא לכך שנקיים בעקבותיה את החובה הנגזרת (Q). אלו הן שתי חובות בלתי תלויות מבחינת תכליתן, והקשר ביניהן הוא לוגי בלבד (שרק בהתקיים העובדה P נולדת החובה Q). נכון הוא שאם ישנו קשר תכליתי בין החובות, כלומר שהחובה P מיועדת לכך שנבצע אחריה גם את Q שנגזרת ממנה, אז הקשר $O(P \rightarrow Q)$ אכן קיים. לדוגמא, אם החובה לאכול ביו״ט היתה מוטלת עלינו רק כדי שנגיע לברך ברכת המזון באותו יום, כי אז מי שלא אכל יכול להיתבע על כך שלא בירך. או אם החובה לצעוד

---

[12] ישנה אפשרות לפתור זאת על ידי היפוך של הזיקה הסמנטית להיות חד-כיוונית: מה שהוא חובה דאונטית בעולם W_1 חייב להתקיים בכל האלטרנטיבות הדאונטיות שלו (=העולמות המושלמים מבחינתו). אבל לא כל מה שמתקיים בכל העולמות המושלמים הוא חובה דאונטית. ייתכן שזה מתקיים בהם בגלל אילוצים לוגיים או אחרים, ולא בגלל המושלמות האתית-דאונטית.

אפשרות נוספת היא להניח שבעולמות המושלמים לא מתקיים שאם ישנה בהם עצמם חובה Q אז מתקיים בהם Q. רק החובות בעולם W_1 מתקיימים בהם, אבל לא בהכרח החובות שחלים בהם עצמם. כלומר אלו עולמות מושלמים ביחס לעולם שלנו, אבל לא מושלמים ביחס לעצמם (את החובות שחלות בהם הם לא בהכרח מקיימים).

אם נניח את זה, אז מה שניתן להסיק מקיומו של P בכל עולם כזה הוא קיומה של חובה O(Q) בעולם המושלם (לאו דווקא בזה שלנו), אבל לא בהכרח את Q עצמו. אבל קיומה של חובה O(Q) בעולמות המושלמים אינו אומר שיש חובה כזו גם בעולם שלנו (W_1).

ברחוב היתה רק כדי שנציל את מי שמצוי במצוקה, היה מקום לראות את בוריס אשם גם ביחס לאי ההצלה.

נעיר כי יש הרואים כך את החובה לאכול כזית פת בלילה הראשון של חג הסוכות. כמו כל אכילה בחג הסוכות, יש לעשות זאת כשיושבים בסוכה. אבל כאן יש מפרשים הטוענים כי הטלת חובת האכילה בלילה הראשון מיועדת אך ורק להגיע למצב בו אנו אוכלים בסוכה. כלומר החובה לאכול מיועדת כדי שנקיים חובה אחרת: לאכול בסוכה. נראה שבמקרה זה נכון יהיה להצרין את החובה הזו באופן הראשון ($O(P \rightarrow Q)$). ואכן, במקרה זה אם מישהו לא אכל בלילה הראשון של סוכות הוא לא ייתבע רק על אי האכילה, אלא גם על אי קיום החובה לאכול בסוכה בלילה הראשון.

סיטואציה זו מזכירה את החלוקה ההלכתית בין מצבי 'תחילתו בפשיעה וסופו באונס'. כאשר שומר מקבל חפץ לשמור הוא חייב לשמור עליו כראוי. מה קורה אם הוא פשע והחפץ ניזק או אבד? במצב כזה הוא חייב לשלם לבעל החפץ את שוויו. ומה אם הוא פשע אבל בסופו של דבר החפץ לא ניזק? כאן אין חובת תשלום מכיון שאין עילת פיצוי.

ההלכה דנה בשומר שהטמין את המעות שהופקדו בידו בצריף ביער. ההנחה היא שהמעות שמורות שם מפני גנבים, אבל אש יכולה לשרוף אותם. לכן הפעולה הזו היתה פשיעה בגלל סכנת השריפה. מה שקרה בסוף הוא שהגיעו גנבים לצריף וגנבו את המעות הטמונות בו. כלומר התרחש אונס, שהרי כנגד גנבים ההטמנה בצריף הזה היתה ראויה, ומה שקרה הוא אונס לא צפוי שהשומר אמור להיות פטור לגביו. זהו מצב שנקרא בהלכה 'תחילתו בפשיעה וסופו באונס', וישנה מחלוקת לגביו האם לחייב את השומר בתשלום או לפוטרו.

ומה לגבי מצב שבו השומר השאיר את הדלת פתוחה, וכעת באו גנבים ולקחו את הבהמה שהופקדה בידו? האם גם כאן נתייחס לזה כתחילתו בפשיעה וסופו באונס? ודאי שלא. מדוע? מפני שהפשיעה של השארת הדלת פתוחה מוגדרת כפשיעה רק בגלל שיש חשש שיבואו גנבים. כלומר האזהרה מפני הפשיעה ההתחלתית (שאסור להשאיר דלת פתוחה) מיועדת לשמור מפני מה

שקרה בסוף (=הגנבים). במצב כזה ברור שתובעים את השומר גם על מה שקרה בסוף, כלומר הוא נחשב כפושע גם ביחס לגנבים, ולא רק ביחס ליציאת הבהמה החוצה. כאשר הנורמה הראשית מיועדת בכדי שנקיים את הנורמה המשנית, שם מי שלא קיים את הנורמה הראשית נתבע גם על אי קיום הנורמה המשנית.

התניות מטיפוס CTD[13]

עד כאן עסקנו בבעייתיות של חובות מותנות, שנובעת מעצם ההתנייה. אבל בחובות מותנות מטיפוס CTD, קיימת בעייה חשובה נוספת, שאינה קשורה להתנייה הלוגית, והיא שעומדת בבסיס הקשיים שמעסיקים לא מעט את הספרות הלוגית. בעייה זו נוגעת לפשר המודאלי שהוצג למעלה.

כל חובת CTD מתייחסת לשתי חובות נורמטיביות שונות: ישנה חובה ראשונית P (לדוגמא: לא לגנוב), ומי שעבר עליה מתחייב בחובה משנית Q (להשיב את הגניבה). אם כל טענת חובה בעולם כלשהו מיוצגת על ידי עובדות בעולמות שמהווים אלטרנטיבה דאונטית אליו (כלומר עולמות מושלמים שבהם מתקיימות כל החובות), אזי לא ייתכן שיש עולם מושלם לשתי החובות P ו-Q גם יחד. כדי להמחיש זאת, נשוב לדוגמת הגניבה. אם ישנה חובה שלא לגנוב (P), אז בכל העולמות המושלמים אף אחד אינו גונב. לעומת זאת, אם חלה על הגנב חובה מותנה להשיב את הגניבה (Q), פירוש הדבר הוא שבעולמות המושלמים מבחינתה יש גנבים שמשיבים את הגניבה. אך אם בעולמות הללו יש גנבים אז הם אינם מושלמים מבחינת החובה שלא לגנוב. המסקנה היא שעולם מושלם מבחינת Q אינו מושלם מבחינת P. ומכאן שבמערכות נורמטיביות שבהן יש חובות CTD, לא ייתכן שיהיה פשר מודאלי ללוגיקה הדאונטית.

---

[13] ראה במאמר:
'Contrary-To-Duty Obligations', Henry Prakken, Marek Sergot, **Studia Logica** 57, pp. 91-115, 1996.

אמנם אם נתבונן בכל העולמות שבהם לא גונבים, הם מושלמים מבחינת החובה להשיב את הגניבה, שכן כל גנב שם משיב את הגניבה. אבל חלק מהעולמות שמושלמים מבחינת החובה להשיב את הגניבה אינם מושלמים מבחינת החובה שלא לגנוב.

במונחי האופרטורים הדאונטיים ניתן לרשום את הקשר הבא:

$$O(Q) \rightarrow \neg F(P)$$

כלומר מהפשר המודאלי עולה כי אם יש חובה להשיב את הגניבה, אז בהכרח אין איסור לגנוב (כלומר: מותר לגנוב, שהרי יש עולמות מושלמים שבהם אנשים גונבים).

אחד הפתרונות שהוצע לבעייתיות שמלווה את החובות מהטיפוס CTD, הוא הגדרה של מודאליות מותנה. כלומר אנו מגדירים עולמות, ועולמות מושלמים בהתנייה כלשהי. לדוגמא, העולם הוא מושלם בהינתן העובדה שראובן גנב. כלומר הוא לא באמת מושלם לגמרי, אלא הכי מושלם שאפשר תחת מגבלה או סייג כלשהו. בתמונה הזו מצרינים חובות CTD באופן הבא: O(P/Q), שפירושו יש חובה לעשות P בהנחה שנעשה Q. כאן Q יכול להיות גם עבירה, ואז מדובר כאן בחובה של CTD. הצרנה זו גם היא אינה פשוטה, והיא מעוררת קשיים לא מעטים. לדוגמא, קשה לנתח באמצעותה מצבים בהם מעורבות נורמות משני הסוגים, שהרי העולמות המושלמים שלהם מוגדרים בצורות שונות.

שורש הבעייה: המבנה הכללי של פרדוכסים דאונטיים

כעת נסקור כאן כמה פרדוכסים נוספים בלוגיקה דאונטית, שכולם נובעים מיישומים של קשרים לוגיים שמוליכים למסקנות נורמטיביות שאינן תואמות לאינטואיציה שלנו. חשוב להבין שתמיד הרקע לבעייה הוא שימוש בסמנטיקה המודאלית, שכן היא זו שמאפשרת לנו לתרגם יחסים דאונטיים (שעוסקים בנורמות) ליחסים לוגיים-כמותיים (שעוסקים בעובדות, ובקבוצות של עולמות).

לדוגמא, בלוגיקה דאונטית מתקיימים הקשרים הבאים:

$$O(P\rightarrow Q) \rightarrow [O(P) \rightarrow O(Q)]$$

$$O(P \wedge Q) \rightarrow O(Q)$$

$$OP \rightarrow O(P \vee Q)$$

בקשר הראשון ובבעייתיות שמלווה אותו עסקנו כבר למעלה, כאשר דנו בחובות מותנות. שם גם ראינו כיצד מתבצעת ההוכחה שלנו על סמך הפשר המודאלי. הקשר השני קרוי פרדוכס השומרוני הטוב (good Samaritan paradox), וגם הוא מוכח באותו אופן. הקשר השלישי, שמוכח גם הוא באותה צורה, קרוי הפרדוכס של רוס (Ross paradox).

קשרים אלה קיימים בלוגיקה של עובדות, כלומר אם נוריד בכל הנוסחאות למעלה את האופרטור הדאונטי O, נקבל טאוטולוגיות לוגיות. המעבר מנורמות (בעולם שלנו) לעובדות (בעולמות המושלמים) שנוצר בגלל הפשר המודאלי, גורם לכך שלפי הפשר הזה הקשרים הללו תקפים גם ביחס לנורמות, כלומר בלוגיקה דאונטית. הבעייה בכל אלו היא שהתבוננות על משמעות הנורמטיבית מעלה כי הקשרים שהתקבלו כך אינם נכונים. לכן הבעיות הללו מערערות על הפשר המודאלי, ודרכו על הלוגיקה הדאונטית בכלל (שהרי בלי הפשר המודאלי לא קיימת הלוגיקה הדאונטית. כל הקשרים הדאונטיים מוכחים דרך הפשר הזה).

הפרדוכס של Ross[14]

Ross השתמש בנוסחא השלישית כדי לערער על הפשר המודאלי ללוגיקה הדאונטית. נוסחא זו מראה שאם יש חובה לעשות P כי אז יש חובה גם על

---

[14] ראה אצל מידן, בסעיף ב.

$P \vee Q$. לכן אם יש חובה לא לגנוב, אז יש גם חובה לא לגנוב או כן לרצוח. ומכיון שיש חובה לא לגנוב, לכן נכון שיש חובה לא לגנוב או כן לרצוח. אבל חובה לא לגנוב או כן לרצוח ממלאים על ידי כך שלא גונבים או שרוצחים. לכן אם מישהו מבצע רצח הוא ממלא בזה חובה מוסרית.

גם כאן הבעייה היא שהגרירה אינה בין החובות אלא בין המצבים. הטענה העובדתית שלא גונבים גוררת את הטענה העובדתית שלא גונבים או רוצחים. אבל אין פירוש הדבר שישנה גם גרירה בין החובות, כפי שראינו למעלה.

ומכאן, שלא נכון לומר שאת החובה לעשות $P \vee Q$ ממלאים או על ידי עשיית P או על ידי עשיית Q. בשפה לוגית נאמר שהאופרטור O (=החובה הדאונטית) והאופרטור $\vee$ (הדיסיונקציה הלוגית) אינם חילופיים. הרי לא נכון הוא שבכל העולמות המושלמים רוצחים (אף שכן נכון הוא שבכל העולמות המושלמים או לא גונבים או רוצחים), לכן הגרירה הזו ודאי אינה נכונה בפשר המודאלי שלה.

פרדוכס השומרוני הטוב

ראינו למעלה את הנוסחא השנייה שנגזרת מהפשר המודאלי. משמעותה היא שאם יש חובה לסייע למי שנגזל, אזי זוהי חובה שמוטלת על מצב שמתואר כדיסיונקציה: $P \wedge Q$, כאשר Q הוא לגזול מראובן, ו-P הוא לסייע לראובן. אלא שמהנוסחא השנייה עולה שמחובה כזו נגזרת החובה O(Q). כלומר יש חובה לגזול.

כאן ישנה טעות פרשנית, שכן ההצרנה הנכונה היא לחובה לסייע למי שנגזל היא:

$$O(P) \rightarrow Q$$

ולכן זה לא נראה פרדוכס ממשי.

ערעור נוסף על הפשר המודאלי[15]

לפי הפשר המודאלי עולה כי הטענה 'מותר ($Q \vee P$)' שקולה לטענה '(מותר P) $\vee$ (מותר Q)'. לפי חוקי מדינת ישראל מותר לאכול גלידה, ומכאן שהטענה '(מותר לאכול גלידה) או (מותר לגנוב)' היא נכונה. מהזהות למעלה ניתן לגזור את הטענה 'מותר (לאכול גלידה או לגנוב)'. אך מעקרון 'היתר הבחירה החופשית' של von Wright,[16] עולה המסקנה שמותר גם לגנוב.

טיעון זה הוא בעייתי, שכן הפשר המודאלי של הטענה 'מותר (לאכול גלידה או לגנוב)', הוא שיש עולם מושלם שבו מתקיים 'או שאוכלים גלידה או שגונבים'. אבל זה אינו אומר שיש עולם מושלם שבו גונבים. לשון אחר: ייתכן שהדיסיונקציה הזו מתקיימת בכל העולמות המושלמים על ידי כך שאוכלים בהם גלידה.

משמעות הדבר היא שלפחות אם מאמצים את עקרון 'היתר הבחירה החופשית', הזהות בין 'מותר ($Q \vee P$)' לבין '(מותר P) $\vee$ (מותר Q)' אינה נכונה. הפשר המודאלי שממנו נגזרת הזהות הזו, מוליך אותנו למסקנה שעקרון הבחירה החופשית אינו נכון. לחילופין, אם נבחר לאמץ אותו עלינו לוותר על הפשר המודאלי. בניסוח אחר נאמר שגם כאן זהו ביטוי נוסף למסקנה אליה הגענו למעלה, שהאופרטורים O ו-$\vee$ אינם חילופיים, או שהפשר המודאלי איננו נכון.

הפרדוכס התימהוני

פרדוכס נוסף נוצר מן המצב הנורמטיבי-עובדתי הבא:

1. אישה חייבת להניק את תינוקה.
2. מי שאינה מניקה את תינוקה חייבת לשכור לו מינקת.
3. רחל אינה מניקה את בנה.

---

[15] ראה אצל מידן בסעיף ג.

[16] עיקרון זה קובע כי הטענה 'מותר ($Q \vee P$)' פירושה שמותר לבחור בין עשיית P או עשיית Q או עשיית שניהם גם יחד. ראה אצל מידן שם.

שתי הטענות הראשונות הן דאונטיות (נורמטיביות) והשלישית היא עובדתית. אלא שממכלול הטענות הללו נגזרות שתי המסקנות הבאות:

א. רחל צריכה להניק את תינוקה. זה נגזר מ-1.

ב. רחל צריכה לשכור מינקת לתינוקה. זה נגזר מהצירוף של 2 ו-3.

וכעת נוכל להסיק את המסקנה שהיא הקוניונקציה של שתי אלו:

ג. רחל צריכה להניק את תינוקה וגם לשכור לו מינקת.

אך זו מסקנה אבסורדית, למרות שאין כל סתירה בין שלוש הטענות. כמובן שכאן הבעייתיות קשורה לבעייתיות של CTD שהוזכרה לעיל. החובה לשכור היא מותנה, והחובה להניק אינה מותנה. החובות הללו שייכות לעולמות מסוגים שונים.

פרדוקס צ׳יזהולם[17]

בספרות ישנו עיסוק נרחב בפרדוכסים דאונטיים, ואחד הידועים ביניהם הוא פרדוכס צ׳יזהולם (Chisholm). זה אינו פרדוכס במובן הלוגי המלא, אך הוא מעורר קושי לוגי מהותי, ולכן הספרות הלוגית עוסקת בו לא מעט.

לדוגמא, ניטול את המצב העובדתי-נורמטיבי הבא (הוא דומה למצב של הפרדוכס התימהוני בתוספת הנחה נוספת – 2):

1. חובה על אדם לסייע לזולתו.
2. אדם שמסייע לחברו צריך להודיע לו על כך.
3. אדם שאינו מסייע לחברו אסור לו להודיע לו על סיוע.
4. אדם כלשהו לא מסייע לחברו.

ארבעת הטענות הללו (שלוש הראשונות הן נורמות, והרביעית היא עובדה) הן עקביות (קוהרנטיות), כלומר אין ביניהן סתירה פנימית. בנוסף, הן בלתי תלויות, כלומר לא ניתן לגזור אף אחת מהן מהאחרות בכלים לוגיים.

---

[17] לתיאור בהיר, ראה במאמר (טרם פורסם. טיוטא 388, מאי 2010):
'Two Dimensional Standard Deontic Logic', M. de Boer, D. M. Gabbay, X.Parent, M.Slavkovik.

אם נצרין את הטענות הללו בשפה הסטנדרטית של הלוגיקה הדאונטית, נקבל את התרגום הדאונטי הבא למערכת של צ׳יזהולם :

1. $O(P)$
2. $P \rightarrow O(Q)$
3. $\neg P \rightarrow O(\neg Q)$
4. $\neg P$

כאמור המבנה המקורי הוא גם קוהרנטי וגם בלתי תלוי. אך מתברר שבתרגום הזה, שתי התכונות הללו גם יחד לא יכולות להתקיים, אלא לכל היותר אחת מהן.

ג׳ונס ופרן הראו כי המערכת כפי שהיא כתובה כאן היא עקבית אך טענותיה תלויות זו בזו. הסיבה לכך היא שלפי הפרשנות המטריאלית שהוצגה למעלה, טענה 4 גוררת לוגית את טענה 2 (אם P אינו נכון, אז כל גרירה שהוא הרישא שלה היא אמיתית).[18]

יש שהציעו להחליף את ההצרנה של טענה 2 בצורה הבאה :

2׳. $O(P \rightarrow Q)$

זוהי הצרנה לא מדוייקת של הטענה הדאונטית, שכן החובה אינה על ההתנייה אלא על הסיפא בלבד, אלא שהיא מותנה בהתקיימות עובדתית של הרישא. אבל בכל מקרה גם התרגום הזה אינו מציל אותנו מהבעייתיות הזו. תרגום זה אמנם מציל את הקוהרנטיות, אך במחיר של איבוד העקביות : מהפשר המודאלי ניתן להסיק מהטענות 1 ו-2׳ את הטענה $O(Q)$, וביחד עם שלילת הסיפא של הגרירה 3 (בהתחשב בפשר המודאלי לאופרטורים הדאונטיים), ניתן להסיק את המסקנה P. זה סותר את הטענה 4, ולכן המערכת אינה עקבית.

חשוב להבין שנעשה כאן שימוש (סמוי) בפשר המודאלי, שכן הנחנו שהשלילה של $O(\neg Q)$ היא $O(Q)$. אבל זה לא מתקיים במישור הדאונטי כפשוטו,

---

[18] אמנם נראה כי זהו אפקט מלאכותי של הפרשנות המטריאלית.

שהרי שלילה של חובה היא היעדר חובה, ולא חובה שלילית (הטענה 'לא נכון שחובה לתת צדקה' אינה אומרת שאסור לתת צדקה, אלא רק שזו לא חובה). אבל אם נעבור לעולמות המושלמים שבהם כל חובה הופכת לעובדה (שכן היא מתקיימת בהם עובדתית), שם אכן ניתן לבצע את השלילה הזו.

גם בחלק הראשון של הגזירה, שמסיק מהטענה 1 ו-2' את המסקנה O(Q), נעשה שימוש בפשר המודאלי. במישור הדאונטי כשלעצמו לא ניתן היה לגזור את המסקנה הזו. העובדה שיש חובה לעשות P ושיש חובה שאם P אז Q אינה אומרת בהכרח שיש חובה על Q. לדוגמא, יש חובה שאם אכלתי אברך ברכת המזון. כמו כן, יש חובה לאכול בסוכה בלילה הראשון. האם זה אומר שיש חובה לברך בלילה הראשון? לא בהכרח. אמנם נכון שאני בהכרח אברך, אבל לא נכון שאקיים בזה מצווה לברך בליל סוכות. המצווה אינה לברך בסוכות אלא לאכול בליל סוכות, אלא שכל מי שאוכל (לאו דווקא בליל סוכות) חייב לברך. זה עצמו כבר מצביע על הבעייתיות בפשר המודאלי. הפשר הזה מאפשר לנו לגזור יחסים שאינם נכונים באמת ברובד הדאונטי, וכך הוא מוליך לכל הפרדוכסים הללו.

נציין כי יש שהציעו גם כאן את המודאליות המותנה כפתרון. אם נצרין את הטענות 2 ו-3 באופן מותנה, נקבל:

2''. $P \rightarrow O(Q/P)$

3''. $\neg P \rightarrow O(\neg Q/P)$

כאן כבר לא נוכל לגזור את המסקנות כפי שעשינו קודם לכן, ואז נשמרות גם העקביות וגם אי התלות.

הערה כללית: בחזרה לכשל הנטורליסטי

הזכרנו כבר כמה פעמים שאוסף הפרדוכסים הללו נובע משימוש בסמנטיקה המודאלית, שמעבירה אותנו ממישור הנורמות למישור של טענות עובדה. ומכאן, שהיה מקום לתלות את כל הבעיות הללו בכשל הנטורליסטי, שכן כשל זה אומר לנו שאין לבנות טיעונים שמסיקים מסקנות ערכיות מהנחות

עובדתיות. ומזווית אחרת: לא תיתכן שקילות לוגית, או כל יחס לוגי אחר, בין טענות עובדתיות לבין טענות נורמטיביות. שני סוגי הטענות הללו לא מצויות באותה ספירה מושגית, ולכן לא ייתכן כל קשר ביניהן.

מאידך, קשה מאד לחשוב על לוגיקה דאונטית בלי הפשר המודאלי. התרגום של טענות נורמטיביות לטענות עובדה הוא שמאפשר לנו את בנייתה של לוגיקה של קשרים בין טענות נורמטיביות ואופרטורים נורמטיביים.

דומה כי שורש הבעייה הוא המושלמות הנורמטיבית של העולמות הללו. ההנחה שהם מושלמים היא שמכניסה את האלמנט הנורמטיבי החסר במשוואה הזו. כאשר אנחנו מתרגמים טענה נורמטיבית לאוסף של טענות עובדה בעולמות מושלמים, לא מדובר כאן בטענות עובדה אלא יש בהם רכיב נורמטיבי סמוי: המושלמות של העולמות הללו. הטענה שעולם A הוא מושלם היא טענה נורמטיבית.

אם נשוב לדוגמאות של כשלים נטורליסטיים שהבאנו למעלה, נראה שגם שם ניתן לתרגם את הטענות בלי להיכשל. לדוגמא, הטיעון שמסיק שציור כלשהו הוא יפה מפני שהוא צבוע בשבעה צבעים, לוקה בכשל נטורליסטי, שכן היא מסיקה מסקנה שיפוטית מהנחה עובדתית. אם מוסיפים הנחה עם מרכיב נורמטיבי (כגון: ציור שמכיל לפחות שישה צבעים הוא יפה), זה עשוי לתקף את הטיעון. אם נתרגם את הטענה 'הציור הזה הוא יפה' לשפה מודאלית, נקבל את הטענה: 'בכל העולמות המושלמים מבחינה אסתטית הצופים נהנים מהציור הזה'. לכאורה זוהי טענת עובדה, והיא מהווה תרגום של טענה שיפוטית. אבל גם כאן המושלמות האסתטית של העולמות הללו היא שמכניסה את הרכיב השיפוטי לתרגום הזה, והופכת אותו לקביל.

כעת נוכל לתרגם את הטיעון כולו לשפה המודאלית שלנו:

1. בכל העולמות המושלמים מבחינה אסתטית אנשים נהנים מציורים שיש בהם לפחות שישה צבעים.
2. הציור הזה מכיל יותר משישה צבעים.

מסקנה: בכל העולמות המושלמים מבחינה אסתטית אנשים נהנים מהציור הזה.

יש לשים לב שכל הטענות כאן הן טענות עובדה, ולכן הטיעון הזה אינו לוקה בכשל הנטורליסטי, והוא אכן תקף.

ראינו בפרק הראשון למעלה, שהרכיב הנורמטיבי הסמוי בהנחות של טיעונים בדרך כלל הוא זה שמכיל את הבעייתיות ואת החידוש העיקרי בטיעון. לכן פעמים רבות דווקא אי ההתייחסות אליו היא שגורמת לכשלים ולויכוחי סרק. זהו המצב גם במקרה בו אנו עוסקים כאן. המסקנה החשובה שעולה מכאן לענייננו היא שהרכיב הנורמטיבי/שיפוטי הזה חייב בדיקה מעמיקה יותר. הוא בדרך כלל לא זוכה לטיפול, ולכן נוצרות בעיות ופרדוכסים. אם אכן המושלמות של העולמות היא רכיב מהותי בטיעון, והוא שמכניס אליו את התוכן הנורמטיבי/שיפוטי שלו, עלינו לבחון גם אותו, ולא להניח אותו כמובן מאליו.

המודל שלנו ישוב ויבחן את המושלמות של העולמות, ויראה שמושג זה אינו טריביאלי, ואולי הוא שגורם לכל הבעיות שהוצגו כאן.

חלק שני

בין לאו לעשה

חלק זה של הספר הוא הלכתי באופיו. אנו נבחן כאן צמד מושגים שנראה מובן מאליו לכל לומדי התורה, מצוות עשה ומצוות לא-תעשה. אנו נעמוד על היחסים המורכבים שקיימים בין שני המושגים הללו, ובעצם על חוסר היחס ואי התלות שיש ביניהם.

זוהי תשתית לדיון שייערך בחלקו השלישי של הספר, שם ננסה ליישם את מה שלמדנו בחלק הקודם על לוגיקה דאונטית לגבי ההלכה, ולהסיק מכך כמה מסקנות גם לגבי תחומי עיון ודעת נוספים.

הדיון יוצא מדברי הרמב״ם בשורש השישי, שמשקפים תפיסה מסויימת בדבר היחס בין שני סוגי המצוות הללו. בעניין זה כבר עסק אהרן שמש, במאמרו ׳לתולדות משמעם של המושגים מצוות עשה ומצוות לא תעשה׳ (**תרביץ** עב, חוברת א-ב, תשסג. להלן: שמש). שמש עומד על שתי משמעויות שעולות בספרות התנאים לגבי ההבחנה בין לאו לעשה, אותן הוא מכנה: ׳המשמעות הלשונית׳ ו׳המשמעות הביצועית׳. הוא אינו מסביר את יסוד ההבדל בין הגישות, ובכך חסר נדבך חשוב להבנת הלוגיקה הדאונטית ההלכתית. אנו נראה כאן שהמחלוקת הזו משקפת שתי תפיסות שונות לגבי הלוגיקה הדאונטית של ההלכה. התפיסות הקדומות יותר אחוז בלוגיקה דאונטית הרווחת, אבל התגבשותה של ההלכה הוליכה אותה לתפיסה מורכבת ומשוכללת יותר של הלוגיקה הדאונטית. בחלק השלישי אנו נראה שתפיסה זו פותרת לא מעט קשיים שקיימים היום בלוגיקה דאונטית בכלל.

פרק רביעי

המחלוקת סביב דברי הרמב"ם בשורש השישי

השורשים של הרמב"ם[19]

הרמב"ם הקדים לספר המצוות שלו ארבעה-עשר שורשים (=כללים), בהם הוא מציג את העקרונות שמונחים ביסוד מניין המצוות שלו. רוב השורשים הללו עוסקים בכללי מיון וסיווג, ועל שניים מהם נעמוד בפרק זה.

רקע: דברי הרמב"ם בשורש התשיעי

בידוע הוא שהמקרא חוזר על כמה וכמה מצוות יותר מפעם אחת במקומות שונים. השאלה היא כיצד עלינו להתייחס לכך במניין המצוות? האם כל פעם שמצווה מופיעה במקרא עליה להימנות? לדוגמא, מצוות שמירת שבת חוזרת על עצמה 12 פעמים. האם עלינו למנות 12 מצוות עשה לשמור שבת, או שמא יש למנות אך ורק מצווה אחת כזו? בשורש התשיעי הרמב"ם עומד על העיקרון שאין למנות שום מצווה יותר מפעם אחת במניין המצוות, והוא כותב כך:

> ***השרש התשיעי שאין ראוי למנות הלאוים והעשה אבל הדברים המוזהר מהם והמצווה בהם:***
>
> ***דע שכל צוויי התורה ואזהרותיה הנה הם בארבעה דברים. בדעות ובפעולות ובמדות ובדבור. וזה שהוא צונו להאמין דעת אחת מן הדעות כמו מה שצונו להאמין היחוד ואהבת האל ית' ויראתו (ע' ב - ד). או שהזהירנו מהאמין דעת אחת מן הדעות כמו מה שהזהירנו (ל"ת א) מהאמין האדנות לזולתו. וכן צונו בפעולה מן הפעולות. כמו מה שצונו להקריב הקרבנות (ע' כז - ח לט - נא נה סב - עב עו - ז***

---

[19] בעניין זה, ראה בספר השמיני בסדרת **מידה טובה**, על השורשים של הרמב"ם, מאת מיכאל אברהם וגבריאל חזות. הספר עומד לצאת לאור בהוצאת ספריית בית-אל. לגבי האמור בחלק הזה כולו, ראה שם את המאמר על השורש התשיעי, ובעיקר את המאמר על השורש השישי.

פד) ובנות המקדש (ע׳ כ). והזהירנו מפעולה מן הפעולות כמו מה שהזהירנו (ל׳ ה - ז) מהקריב לזולת האל יתעלה ומהשתחוות לנעבד זולתו. וכן צונו להתנהג במדה מהמדות. כמו מה שצונו בחמלה והרחמנות והצדקה והחסד והוא אמרו (לעיל עמ׳ נה ומ״ע רו) ואהבת לרעך כמוך. והזהירנו במדה מן המדות כמו מה שהזהירנו מהשנאה והנטירה והנקימה (ל׳ שב - ה) ודרישת הדם (על״ת רצב) וזולת זה מן המדות הרעות כמו שאבאר. וצונו לומר מאמר מן המאמרים. כמו מה שצונו לשבחו ולהתפלל אליו (ע׳ ה) ולהתודות על העונות ועל הפשעים (ע׳ עג) והדומה לזה ממה שיתבאר. והזהירנו מדבור אחד מן הדבורים כמו מה שהזהירנו מהשבע לשקר (ל׳ סא סג רמט) והרכילות (ל׳ שא) ולשון הרע (סוף ל׳ רפא) והקללה (שטו - יח) וזולת זה.

וכשהגיעו אלו הענינים, הנה ראוי שיימנו הענינים המצווה בהם או המוזהר מהם, יהיו פעולה או דבור או אמונה או מדה. ולא נביט לרבוי הצוויין שבאו בענין ההוא אם היה מן המצווה בו או לרבוי האזהרות שבאו ממנו אם היה מן המוזהר ממנו. כי כלם הם לחזוק לבד. כי פעמים ישוב בענין אחד בעצמו אזהרה אחר אזהרה לחזוק וכן יבא בו צווי אחר צווי לחזוק גם כן. האלוהים אם לא כשתמצא לשון לחכמים בהפריש הענינים ויבארו לך המפרשים שכל לאו מהם או כל עשה כולל ענין זולת הענין שיכלול הלאו האחר או העשה כי אז ראוי למנותו בלא ספק. כי אז לא נשאר היותו לחזוק אבל לתוספת ענין ואע״פ שהנגלה מהכתוב מורה שהוא בענין אחד. שאנחנו לא נצטרך לומר שזה הכתוב נכפל לחזוק ואינו לתוספת ענין עד שנבטל מאמר המפרשים המקבלים אותו אמנם כשנמצא הקבלה שהצווי הזה או האזהרה נושא ענין כך וזה הצווי הנכפל או האזהרה נושא ענין אחר הנה זה הוא הקודם והנאות שלא ייכפל כתוב אלא לענין ואז ראוי למנות זה ביחוד ולמנות זה ביחוד. אמנם כשלא יהיה שם ענין נוסף דע באמת שלא נכפל אלא לחזוק וכדי שיודע גם כן

שזה העון גדול מאד אחר שבאה בו אזהרה אחר אזהרה. או נכפל להשלים דין המצוה. או שילמד ממנו דין מהדינים במצוה אחרת כמו שיבאר התלמוד (יומ׳ פא א כתובו׳ לח א נזיר מח א סנה׳ נד א) ויאמר מופנה להקיש לדון ממנו גזרה שוה.

בפיסקה הראשונה הוא עומד על סוגי הציוויים שמופיעים בתורה. הקדמה זו נחוצה כדי לומר שמה שאנחנו מונים במניינגו הוא רק את תוכן הציווי ולא את מניין הפסוקים המצווים עליה. לכן אם יש מצווה שמופיעה במקרא יותר מפעם אחת, היא תימנה רק פעם אחת. וכך כותב הרמב״ם שם בהמשך:

...כבר נודע שהציוי בשבת לנוח נכפל בתורה שתים עשרה פעמים (שמות כ כג לא ד״פ לד לה ויקרא יט כג כו דברי׳ ה). התראה שיחשוב אחד מאשר ימנו המצוות שיאמר כי מכלל מצות עשה המנוחה בשבת והיא שתים עשרה מצות. וכן באה האזהרה מאכילת דם שבע פעמים (ויקרא ג ז ג״פ פ׳ ראה יב ב״פ). היחשוב גם כן שום משכיל ויאמר שאיסור הדם שבע מצות. זה מה שלא יטעה בו אחד. כלומר בשביתת שבת שהיא מצוה אחת מכלל מצות עשה (קנד) ובאזהרה מאכילת דם שהיא מצוה אחת ממצות לא תעשה (קפד).

אם כן, העיקרון הבסיסי של הרמב״ם הוא שאין למנות מצוות שנכפלות במקרא יותר מפעם אחת. הכל נקבע על פי התוכן: תכנים זהים לא יימנו לחוד. רק תכנים שונים נמנים לחוד.[20]

בשורש השישי הרמב״ם מסייג את העיקרון הזה. בדבריו שם הוא קובע שאם הכפילות היא בין עשה ללאו, בהחלט יש לכלול את שניהם במניין המצוות, גם אם התוכן הוא חופף.

דברי הרמב״ם בשורש השישי

הרמב״ם פותח את השורש השישי בתיאור הבא:

---

[20] במאמר הנ״ל לשורש התשיעי עומדים המחברים על כך שזהו תנאי הכרחי אך לא מספיק. כדי שמצווה כלשהי תימנה דרוש שיהיה לה תוכן ייחודי (שאינו כלול במצווה אחרת, או חופף לה), וצריך שיהיה גם פסוק נפרד שמצווה עליה.

השרש הששי שהמצוה שיהיה בה עשה ולא תעשה ראוי למנות עשה שבה עם מצות עשה ולאו שבה עם מצות לא תעשה.

מהכותרת אנו כבר יכולים לראות שיש כאן שני חידושים: 1. שמונים את שתי המצוות על אף התוכן החופף. 2. שהלאו נמנה עם הלאוין והעשה עם העשין. להלן נראה שגם החידוש השני אינו פשוט כלל ועיקר.

כעת הרמב״ם עובר לתאר מצבים שונים שבהם תיתכן כפילות בין לאו לעשה:

דע שהדבר האחד יהיה בו עשה ולא תעשה על אחד משלשה פנים:

- ***אם שיהיה מעשה מן המעשים מצות עשה והעובר עליו יעבור על מצות לא תעשה כמו שבת ויום טוב ושמטה שעשיית מלאכה בהם מצות לא תעשה (ר״כ - ג׳ ש״כ - ט׳) והמנוחה בהם מצות עשה (קלה קנד קס קס״ב - ז) כמו שיתבאר. וכן תענית צום כפור מצות עשה (קסד) והאכילה בו מצות לא תעשה (קצו).***
- ***ואם שיהיה לאו שקדמו עשה כמו אמרו באונס ומוציא שם רע (תצא כב יט וכט) ולו תהיה לאשה והיא מצות עשה (ריח - ט) ואמר אחר כן (שם) לא יוכל לשלחה כל ימיו וזו מצות לא תעשה (שנח - ט).***
- ***ואם שיהיה לאו קודם ואחר כן ינתק לעשה כמו אמרו (שם ו - ז, ל״ת שו וע׳ קמח) לא תקח האם על הבנים ואחר כן שלח תשלח את האם.***

הסוג הראשון הוא מצב בו חלות על האדם שתי נורמות: האחת לאו והשני עשה. לדוגמא, ישנה חובת עשה לשמור שבת וישנה חובת לא-תעשה שלא לחלל שבת. אלו שתי חובות עם תוכן חופף, אלא שאחת מהן היא מצוות עשה והשנייה היא לאו. על שתי האפשרויות האחרונות כבר עמדנו בחלק הקודם, ולא נחזור לכך כאן.

כעת הרמב״ם ממשיך וקובע את העיקרון עצמו:

וכל מין מאלו ראוי שיימנה עשה שבו בכלל מצות עשה ולאו שבו בכלל מצות לא תעשה. כי בבאור אמרו חכמים בכל אחת מהן שהן

מצות עשה ומצות לא תעשה. והרבה פעמים יאמרו עשה שבה ולאו שבה. והוא דבר מבואר שענין הציווי בהם זולת ענין האזהרה ושניהם שני ענינים נבדלים צוה באחד מהם והזהיר מן האחר. ולא טעה בשורש הזה שום אדם:

אם כן, כאשר ישנה כפילות בין לאו לעשה אנו לא מתייחסים אליה ככפילות, כלומר לא מיישמים לגביה את הנאמר בשורש התשיעי. כאן אלו מצוות שונות, ולכן כל אחת מהן נמנית בפני עצמה: הלאו עם הלאוין והעשה עם העשין.

הנימוק: האם לאו ועשה זוהי כפילות?

בסוף דבריו הרמב״ם מנמק את עמדתו זו בסברא (שנראית בעיניו ברורה מאליה):

והוא דבר מבואר שענין הציווי בהם זולת ענין האזהרה ושניהם שני עניינים נבדלים צוה באחד מהם והזהיר מן האחר.

הרמב״ם כותב כאן שציווי הוא דבר שונה מאזהרה ולכן יש למנותם כשני ציוויים. כוונת הרמב״ם כנראה להוציא מן השאלה המתבקשת אודות ההשוואה לדבריו בשורש ט. שם קובע הרמב״ם שאין למנות שני לאוין או שני עשין בעלי תוכן זהה. לאור דבריו אלו מייד עולה השאלה מדוע כאן הרמב״ם מונה לאו ועשה בעלי אותו תוכן? לדוגמא, לאו ועשה לא לעשות מלאכה בשבת צריכים להימנות כמצווה אחת, שהרי אנו מונים את המעשים ולא את הציוויים.

מעניין לבחון את דבריו אלו של הרמב״ם על רקע דבריו בשורש השמיני (שהובאו בחלק הקודם של ספרנו), שם הוא עומד על המשמעות הדומה והשונה שיש ללאו ולעשה. שם הסברנו שאמנם יש לשני אלו משהו משותף, והוא שהם מובעים בספירה המצווה ולא בספירה של משפטי העובדה, אבל כאן הוא דווקא מדגיש את השונה: אלו הם שני ציוויים בעלי אופי שונה. נזכיר שהוא כותב שם שבלשון הערבית כלל אין ביטוי משותף לשני סוגי הציווי הללו, מה שאצלנו מכונה 'מצווה'.

הבהרה: האם מדובר רק כאשר יש הבדל תוכני?

אם אכן התוכן הוא חופף, אז מדוע באמת שתי המצוות הללו נמנות לחוד? הרמב״ם אינו מסביר מאומה, ונראה שזה מובן מאליו בעיניו.

ניתן להעלות אפשרות שהרמב״ם מונה שתי מצוות כאלו רק כאשר ישנו הבדל הלכתי ביניהן, כלומר רק אם תוכנן באמת לא ממש חופף (ראה בספר **פקודי ישרים** מה שכתב על שורש זה). אך לאור דברינו לעיל, ברור שלא לכך מתכוין הרמב״ם. ראשית, הוא מדבר על כל המקרים בהם ישנה כפילות כזו, ולכן גם על מצבים שבהם התוכן הוא חופף. שנית, ברור שהוא אינו נאחז בכך שישנו הבדל דיני, שהרי אם כן עליו היה רק לומר שיש למנותן כשתי מצוות בגלל ההבדלים ביניהן, דבר שהיה נכון גם לשני עשין או לשני לאוין. אם אכן זו היתה כוונתו, לא היה עליו לייחד שורש מיוחד לצירוף של לאו ועשה, בנפרד משורש ט. שלישית, ברור שהנימוק אותו מעלה הרמב״ם עוסק בהבדל המהותי בין עשה ללאו, ולא בהבדל מקרי בתוכן של שתי מצוות אלו או אחרות.

העולה מכל האמור שהרמב״ם מדבר כאן על צירוף של לאו ועשה בעלי תוכן חופף, וגם במקרה כזה הוא טוען שיש למנותם כשתי מצוות נפרדות, מעצם היותם לאו ועשה, ולא בגלל הבדל כזה או אחר בהיקף תחולת הדין, או בתכנים. עצם היותם לאו ועשה מורה על כך שזו אינה באמת כפילות. להלן נבאר את הדברים יותר.

שיטת רס״ג והסמ״ק

הרמב״ן בהשגותיו אינו חולק על דבר ממה שנאמר בשורש זה. מי שככל הנראה כן חולק על שורש זה הוא רס״ג. ר׳ ירוחם פערלא (=הגריפ״פ), בהקדמתו ל**ספהמ״צ** של רס״ג במהדורתו, מתייחס לכל אחד מהשורשים של הרמב״ם, דן ומרחיב בהם, ובוחן האם רס״ג מסכים לכל אחד מהם אם לאו.

והנה, בדבריו לשורש השישי (וגם לשורש הרביעי) הוא מאריך לבאר שאמנם כל הראשונים שנטו אחרי הרמב״ם ואחרי **בה״ג** הסכימו לדבריו בשורש הזה,

אולם שיטת רס״ג היא שאין למנות את הצירופים הנ״ל כשתי מצוות. הוא טוען שרס״ג תמיד מונה אחת מהן בלבד, והוא בוחר את זו המשקפת את תוכנה של המצווה באופן מלא יותר, ובלשונו:

אבל שיטת רבינו הגאון ז״ל בכל זה רחוקה מאד משיטת כל שאר הראשונים ז״ל. וכל עיקר שורש זה שלפנינו לא שמיעא ליה ולא ס״ל כלל. ובכל מצוה שיש בה ל״ת ועשה, כל שאין שום ענין מחודש נוסף בכל אחד מהן שאינו בכלל אידך, אין שניהם נמנים אלא במצוה אחת.

ואיזה מהן שענין המצוה מבואר בו ביותר הוא שנמנה לבדו במנין המצוות. שאם המצוה מבוארת יותר בלאו מבהעשה אז הלאו הוא שנמנה במנין הלאוין, אבל העשה אינה נימנית שוב כלל. ואם המצוה מבוארת יותר בהעשה אז רק העשה היא שנמנית במנין העשין, אבל הלאו אינו נמנה כלל. אבל כשנכלל באחד מהם ענין מחודש שאינו בכלל השני, אז אין למנות אלא אותו שכולל יותר.

...אבל כל שכל עניני המצוה נכללו בין בלאו ובין בעשה בשוה ואין בין זה לזה ולא כלום אלא מה שזו היא עשה וזה הוא לאו, אין למנותן אלא במצוה אחת. כמו שהשריש הרמב״ם ז״ל (בשורש תשיעי)...

ראשית, הגריפ״פ קובע את תחום הדיון רק למקרים בהם תחום החלות של הלאו והעשה הוא אחד (כלומר שהיקפיהן של שתי המצוות חופפים), כפי שביארנו לעיל. שנית, הוא קובע שרס״ג חולק על הרמב״ם ביסוד זה ואינו מונה אלא מצווה אחת מן השתיים. שלישית, הוא קובע שהתורה חזרה על עצמה רק בכדי להביע את חומרת האיסור, ולא בכדי להטיל איסור נוסף, בדיוק כמו שרואה הרמב״ם בשורש התשיעי את הכפילויות בין עשין או בין לאוין. ורביעית, הוא קובע את הקריטריון לבחירת אותה מצווה שנמנה

במניין המצוות (האם העשה או הלאו), כאותה אחת מהן שבה עניין המצווה הוא 'מבואר יותר'.[21]

בהמשך דבריו הוא מביא שגם **הסמ"ק** מסכים לשיטת רס"ג, וגם הוא אינה מונה לאו ועשה חופפים כשתי מצוות שונות.

טיעוניו של הגריפ"פ

בסוף הציטוט הנ"ל מן הגריפ"פ כבר התחלנו לראות את עיקרי טיעונו לטובת רס"ג, וכנגד הרמב"ם. טיעון זה נערך בשתי רמות:

א. ראשית, הוא שואל, מדוע שתי מצוות שתוכנן זהה נמנות כשתים נפרדות? זאת לאור דברי הרמב"ם עצמו בשורש התשיעי. הציווי לזכור את מה שעשה לנו עמלק, והאיסור לשכוח זאת הם בדיוק בעלי אותו תוכן. במה זה שונה משני איסורים לשכוח או משני ציוויים לזכור?

ב. שנית, הגריפ"פ טוען שהוא איננו מבין את ראייתו של הרמב"ם. כזכור, הרמב"ם הביא ראיה מלשון חכמים ('עשה שבה', או 'לאו שבה'), ומעצם קביעותיהם בדבר קיומם של עשה ולאו בכל מקרה כזה. הגריפ"פ טוען שאין בכך כל ראיה. הויכוח אינו נסוב על השאלה האם ישנם כאן שני ציוויים או איסורים, אלא על השאלה האם למנות אותם כשתי מצוות נפרדות במניין המצוות. לטענתו גם במקרים בהם ישנו לאו כפול אכן ישנם שני לאוין. אלא שמבחינה טכנית כללי המנייה אומרים שאין למנות אותם בנפרד במניין המצוות.

הגריפ"פ מביא ראיה לטענתו השנייה מדברי הרמב"ם עצמו, בשורש התשיעי. בסוגיית ב"מ דף ס ע"ב, המשנה והגמרא דנות לגבי נשך ותרבית. הגמרא שם קובעת שאין בין זה לזה מאומה, ומה שאסרה תורה גם נשך וגם תרבית הוא רק 'לעבור עליו בשני לאוין'. והנה הרמב"ם בפ"ד מהל' מלווה ולווה ה"א

---

[21] נעיר כי טענת הגריפ"פ היא בעייתית מאד, שכן הרס"ג מונה בפירוש גם לאו וגם עשה ביחס לשביתה בשבת (עשה לד ולאו קנו). ועיין בפירושו של הגריפ"פ על עשה לד שם, שדוחק את הדברים לשיטתו. אמנם באזהרות של רס"ג אכן מופיעה רק מצווה אחת (עשה). ועיין בפירוש הגריפ"פ שהעיר על כך.

מביא את הגמרא הזו להלכה, וקובע שנשך ותרבית הם שני לאוין, ומי שהלווה או לווה בריבית עבר בשני לאוין אלו. לעומת זאת, המעיין במניין המצוות לא ימצא שם את שני הלאוין הללו. שם מנוי רק איסור אחד על לקיחת ריבית.

אם כן, אנו רואים שגם במקרה של לאו כפול, שלפי שורש ט אין למנות את שניהם במניין המצוות, בכל זאת קובע הרמב״ם שישנם כאן שני לאוין דאורייתא אלא שהם אינם נמנים במניין המצוות. אם כן, לכאורה צודק הגריפ״פ שטוען כנגד ראייתו של הרמב״ם, מה בכך שחכמים קבעו שיש בצירופים הנ״ל עשה ולאו, הרי בזה לית מאן דפליג. השאלה היא רק לגבי מניין המצוות, האם למנותם כשתי מצוות, ולכן אין כל ראיה מדברי התלמוד הללו לעיקרון שקובע הרמב״ם. כאן מה שקובע הוא קיומה של חפיפה תוכנית, ואם הלאו והעשה אכן חופפים – אזי אין למנות אותם בנפרד.

הגריפ״פ מסכם את שיטת רס״ג, באמרו:

> ***ועכ״פ מבואר דלשיטת רבינו הגאון ז״ל עשה ול״ת שבמצוה אחת ודאי ענין אחד ודבר אחד הן, כיון שעיקר המצוה אחד הוא בשניהם. ולא כתב רחמנא בה עשה ול״ת אלא כדי להגדיל חומר ענשו של העובר עליה, ואין זה ענין למנין המצוות כלל. ועכ״פ המצוה אינה אלא אחת, שאין לנו במנין המצוות אלא המעשים אשר נצטוינו לעשותן או למנוע מעשייתן. ודלא ככל שאר מוני המצוות זולת הסמ״ק שגם הוא במנין המצוות שלו הלך בשיטת רבינו הגאון ז״ל בזה למנות העשה והלאו שבמצוה אחת רק במצוה אחת...***

כעת עולה השאלה במלוא חריפותה: כל הראשונים שהולכים בעקבות הרמב״ם מסכימים גם הם לנאמר בשורש ט, ובכל זאת הם מונים עשה ולאו במקרים אלו. מה יענו כל הראשונים הללו לטענותיו הצודקות לכאורה של הגריפ״פ? ראינו למעלה שהרמב״ם עצמו כבר מתייחס במובלע לטענה זו, אך הוא אינו מסביר. אנו נבהיר את הדברים בהמשך.

פרק חמישי

בין מצוות עשה ללאוין – פנומנולוגיה ראשונית

מבוא

בפרק הקודם ראינו שהראשונים חלוקים האם עשה ולאו בעלי תוכן חופף נמנים כמצווה אחת (רס״ג **וסמ״ק**) או כשתיים נפרדות (רמב״ם, וכן רמב״ן **ובה״ג**). מה יסוד המחלוקת? האם זו רק מחלוקת על כלל טכני, או שמא היא מחביאה מאחוריה הבנות שונות לגבי מצוות עשה ול״ת והיחס ביניהן? אם היה מדובר בכלל טכני גרידא, אזי היה על הצדדים החולקים להביא מקור ברור לדבריהם. אך אנו לא מוצאים בדבריהם מקור כזה, ולכן ברור שהמחלוקת הזו מבוססת על תפיסות מהותיות שונות של לאוין ועשין.

בחזרה לדברי הגריפ״פ על שיטת רס״ג

נתחיל את הדיון בבירור דבריו של הגריפ״פ אודות הקריטריון לבחירת המצווה הראויה להימנות מבין השתיים (העשה והלאו). כזכור, הוא מסביר שאנו נבחר למנות את המצווה שבה ׳מבואר יותר׳ עניין המצווה. הקריטריון הזה אינו ברור דיו: איך נדע לבחון היכן מבואר יותר עניין המצווה (בעשה או בלאו)? ובכלל, מה פירוש ׳מבואר יותר׳? לדוגמא, היכן מבואר יותר העניין של שמירת שבת, במצוות העשה לשמור שבת או בלאו שאוסר לחלל אותה?

נראה שכוונתו של הגריפ״פ היא לומר שנבחן את תוכן הציווי ונראה האם ביסודו הוא עשה או לאו. לדוגמא, מצוות עשיית מעקה יש בה עשה של ״ועשית מעקה לגגך״, ולאו של ״לא תשים דמים בביתך״. הציווי קורא לנו לקום ולבנות מעקה. כלומר ציות למצוות אלו, לשתיהן, הוא על ידי עשייה אקטיבית, בצורה של ׳קום ועשה׳ (=קו״ע), ולכן נראה כי הן בעלות תוכן מהותי של מצוות עשה. ואכן, אם נבחן **בספהמ״צ** של רס״ג ניווכח לראות שמצוות מעקה נמנית כמצוות עשה (עשה עז במניינו).

לכאורה עולה מכאן שרס״ג תופס את ההבדל המהותי בין מצוות עשה לבין לאו באופן הפיסי בו האדם עובר או מקיים אותם: מה שמקויים בצורה של עשייה ונעבר בצורה של מחדל (׳שב ואל תעשה׳ = שוא״ת) הוא מצוות עשה. ומה שמקויים באי עשייה ונעבר בעשייה אקטיבית הוא לאו.

נראה שלשיטתו אופי המצווה אינו תלוי בניסוח שהתורה בוחרת עבורה, אלא באופייה המעשי. לפי תפיסה זו שביתה בשבת היא לאו, שהרי קיומה הוא פסיבי, שב ואל תעשה. לכן גם אם התורה מציינת שישנה גם מצווה חיובית לשבות בשבת, כוונתה בעצם ללאו, ורק הניסוח מטעה. לכן איסורי שבת יימנו על ידי רס״ג כלאו ולא כעשה. לפי אותה תפיסה, האיסור ״לא תשים דמים בביתך״ הוא מצוות עשה סמויה, שכן זהירות ממנה היא על ידי קו״ע (=הקמת מעקה).

שיטת הרמב״ם: שני יוצאי הדופן

שיטת הרמב״ם היא שאין לזהות את סוג המצווה עם אופן הביצוע שלה. החלוקה בין מעשה לבין אי עשייה (=מחדל), אינה חופפת לחלוקה בין לאו לעשה. ישנם כמה וכמה חריגים, כלומר לאוין שמורים לנו על עשייה ועשין שמורים לנו על מחדל. נביא כאן שתי דוגמאות ליוצאי דופן כאלה, והן תלווינה אותנו בהמשך הדברים:

1. מצוות עשה חריגה. ישנה מצות עשה, ״וביום השביעי תשבות״ (ראה שמות כג, יב; לד, כא), שמורה לנו לשבות בשבת. זהו יוצא דופן בתמונה הביצועית, שכן מצווה זו נעברת במעשה (=עשיית מלאכה בשבת) ומקויימת במחדל (אי עשיית מלאכה בשבת). אלו המאפיינים הביצועיים של מצוות לא-תעשה, על אף שבסיווג ההלכתי המקובל מדובר במצוות עשה (ראה **ספר המצוות** לרמב״ם, עשה קנד).
2. מצות לא-תעשה חריגה. ישנה מצות לא-תעשה, ״לא תשים דמים בביתך״ (ראה דברים כב, ח), שאוסרת עלינו להשאיר בבית מכשולים שמסכנים את המבקרים והמתגוררים בו. לדוגמא, אין להותיר בבית גג ללא מעקה. זהו יוצא דופן בתמונה הביצועית, שכן מצווה זו

מקויימת באופן של בניית מעקה, כלומר בקו״ע, ונעברת על ידי מחדל (השארת הגג כפי שהוא). אלו המאפיינים הביצועיים של מצוות עשה, על אף שבסיווג ההלכתי המקובל זוהי מצוות לא-תעשה (ראה **ספר המצוות** לרמב״ם, לאו רצח).

המיון הזה הוא כמובן לפי שיטת הרמב״ם וסיעתו (שכוללת את הרוב המוחלט של הראשונים). רס״ג וה**סמ״ק** לא יכירו ביוצאי הדופן הללו, שכן לדעתם הראשון נמנה כלאו והשני נמנה כעשה. שיטה זו נסתרת מכמה מקורות בתלמוד, ואכ״מ. שני החריגים הללו ילוו אותנו לאורך הדיון, שכן הם ישמשו אותנו להבחין בין ההגדרה הביצועית לבין ההגדרה של הרמב״ם וסיעתו.

בשולי דברינו נעיר כי מצוות עשה כמו אמונה (עשה א ברמב״ם), או שמיעת קול שופר (לאותן שיטות שהמצווה היא על השמיעה), אינן שייכות לדיון הזה. אלו הן מצוות עשה שמקויימות במעשה ממש, אלא שהמעשה הזה אינו מעשה פיסי אלא פעולה מנטלית. כאן אנחנו מתמקדים במצוות שמתקיימות בחדילה מהותית, כמו שביתה בשבת או ביו״ט.

בעיות בשיטת רס״ג והרמב״ם

המסקנה העולה מכאן היא שלפי רס״ג ההבדל בין עשין ולאוין נעוץ באופן הפיזי שבו מקיימים אותם, או עוברים עליהם (קו״ע או שוא״ת), ולא בצורת ההתנסחות של התורה לגביהם. אם המצווה מורה לנו על עשייה זוהי מצוות עשה, ואם הוא מורה לנו על מחדל אז מדובר במצוות לא-תעשה.

כאן עולה מאליה השאלה: אם כן, מה משמעותם של אופני הניסוח הללו בתורה? אם אכן אין כל משמעות לניסוח, אלא רק לתוכן המהותי, מדוע התורה בוחרת לפעמים לנסח מצוות עשה בצורה פסיבית (כמו ״לא תשים דמים בביתך״), ומצוות לא תעשה בצורה חיובית (כגון ״ובשביעי תשבות״)? מדוע הניסוח של הציווי בתורה לא תמיד הולם את אופייה ותוכנה המעשי של המצווה הנדונה? סביר יותר היה שהתורה תנסח כל מצווה לפי התוכן שלה.

קושי זה אינו עולה על שיטת הרמב״ם וסיעתו. לשיטתם ההבחנה בין עשה ללאו אינה קשורה לאופי הביצוע, ולכן הם סוברים שיכולה להיות מצוות עשה לשבות בשבת, או מצוות לא-תעשה שלא להקים מעקה. אך עליהם קשה, אם אופן הביצוע אינו הקריטריון המבחין בין לאו לעשה, כי אז מהו ההבדל המהותי בין עשה לבין לאו? האם זו רק צורת התנסחות של התורה שאין מאחוריה דבר?

תפיסה ביצועית ותפיסה לשונית

במבוא לחלק זה של ספרנו הזכרנו את מאמרו של אהרן שמש, אשר עמד על שתי משמעויות שונות שמקבלת ההבחנה בין מצוות עשה ולא תעשה בספרות חז״ל (ובעיקר אצל התנאים). טענתו היא שבספרות העתיקה יותר, כמו גם במדרשים של דבי ריי״ש, ההבחנה בין שני סוגי המצוות מבוססת על אופן הקיום של המצווה הנדונה. מצוות שמקויימות בצורה של עשייה אקטיבית (קו״ע) הן מצוות עשה ומצוות שנעברות בצורה אקטיבית (ומקויימות בשוא״ת) הן מצוות לא תעשה. זה מתאים לשיטותיהם של הרס״ג ו**הסמ״ק**, כפי שהצגנו אותן לעיל. לעומת זאת, במדרשים של דבי ר״ע עולה תפיסה לשונית, שתולה את ההבדל בין שני סוגי המצוות בניסוח של הציווי בתורה[22] (ולאו דווקא באופן הביצוע).[23]

שמש עצמו כבר שם לב (ראה שם, בפרק ׳סיכום ומסקנות׳) לכך שמשתי הגישות הללו נובע גם יחס שונה לציוויים מקראיים חוזרים, מה שמביא אותנו בחזרה לנדון דידן (השורש התשיעי והשישי). המקורות שנוקטים את

---

[22] חכמי התלמוד מגדירים את ההוראות הלשוניות הללו כך (עירובין צו ע״א, ומקבילות):
דאמר רבי אבין אמר רבי אילעאי: כל מקום שנאמר השמר פן ואל - אינו אלא בלא תעשה.

[23] מכאן עולה גם האפשרות לקיומו של לאו שאין בו מעשה, כלומר לאו שעוברים עליו במחדל (=שוא״ת), ולא בעשייה אקטיבית (=קו״ע). לפי רס״ג המושג הזה טעון בירור, שכן נראה שהוא כלל לא קיים.
אמנם, כפי ששמש כותב, הגישה הזו לא שינתה את ההלכה העקרונית, לפיה עונשים, כמו גם קרבנות, ניתנים רק על מצוות ל״ת, ולכן נקבע הכלל שאין עונשין על לאו שאין בו מעשה (מה שבספרות העתיקה יותר היה קרוי ׳מצוות עשה׳, ולכן ברור שלא ענשו עליו). להלן בפרק העשירי נעסוק במושג משיק, ובעייתי לא פחות, ׳לאו הבא מכלל עשה׳.

הגישה הביצועית מתייחסים לחזרות כאלה כפסוקים מיותרים (ראה במאמר **מידה טובה** על השורש התשיעי), ומונים רק מצווה אחת. לעומת זאת, בעלי הגישה הלשונית מתייחסים לחזרות כאלה כמצוות נפרדות. והנה, הרמב״ם שבודאי אינו מאמץ את הגישה הביצועית אלא את הלשונית, דווקא הוא בתחילת השורש התשיעי קובע נחרצות שאין למנות ציוויים חוזרים כמצוות נפרדות, שכן אין מאומה באחד מעבר למה שיש בחבריו. נראה בבירור, אם כן, ששמש לא תפס זווית מהותית במחלוקת הזו.

חלקיותו של התיאור הנ״ל

מעבר לזה, מאד לא מסתבר שישנה גישה שגורסת שההבחנה בין מצוות עשה ללאו אינה אלא תוצאה של ניסוח מקראי ותו לא. הבחנה זו ודאי משקפת רובד מהותי כלשהו שמבחין בין שני סוגי המצוות הללו. שאם לא כן, כיצד ייתכן בסיס שלפיו התורה בחרה בניסוח כזה או אחר לכל מצווה? הסיווג כמצוות עשה או לאו הוא תוצאה של הניסוח המקראי, אבל כיצד ועל פי מה נקבע הניסוח הזה עצמו? אם אכן התוכן המעשי של שתי המצוות הוא אותו תוכן, אז מדוע יש מקרים שבהם התורה מצווה אותנו בנוסח אקטיבי ויש מקרים שהיא בוחרת בציווי של איסור לאו (=׳השמר׳, ׳פן׳ ו׳אל׳)?

ישנן כמה השלכות הלכתיות להבחנה בין מצוות עשה ללאוין. לדוגמא, עשה דוחה ל״ת. דוגמא נוספת, על קיום מצוות עשה חייב אדם להוציא עד חומש מממונו, בעוד שכדי להימנע מכישלון בלאו הוא צריך להוציא את כל ממונו. דוגמא שלישית היא כבוד הבריות, שנדחה בפני מצוות ל״ת אך לא בפני מצוות עשה. הבדל מהותי נוסף הוא שעל עבירה מקבלים עונש בבי״ד ועל הימנעות ממנה לא מקבלים שכר מהקב״ה, ואילו על קיום מצווה מקבלים שכר מהקב״ה, ועל ביטולה אין עונש בי״ד. עוד יש שחילקו לעניין דיני ספיקות, שהכלל שמחייב להחמיר בספק הוא רק לגבי עבירת לאו ולא לגבי מצוות עשה, ועוד ועוד. האם לכל הכללים הללו אין בסיס מהותי? האם אין הבדל עקרוני בין עשה ללאו שממנו נגזרות כל ההשלכות ההלכתיות הללו? קשה מאד לקבל זאת.

תיתכן תשובה שתולה את ההבדל בניסוח במטרות. כלומר כשהתורה רוצה שנקל במצווה הזו בשעה שהיא מתנגשת מול כבוד הבריות, או שהיא רוצה שנוציא עליה רק עד חומש מממוננו, היא מנסחת זאת בלשון עשה. וכשהיא רוצה שננהג אחרת היא מנסחת זאת כלאו. אך זהו הסבר אבסורדי, שהרי כל אלו הן תוצאות של ההבחנה בין לאו לעשה, ולכן לא ייתכן לתלות אותה בהן. לשון אחר: מדוע התורה רוצה שעל מצווה כזו נוציא את כל ממוננו ועל אחרת לא? זה נובע מהיותה של זו מצוות לא-תעשה והאחרת מצוות עשה. אם כן, ההבחנה הקטגוריאלית קודמת להשלכות ההלכתיות שנגזרות ממנה.

אמנם פנומנולוגית צודק שמש באומרו שיש מקורות שאינם רואים הבדל עקבי בין לאו לעשה במישור הביצועי, והוא כנראה גם צודק שהאינדיקציה היסודית להבדל הזה היא במשור הלשוני (=נוסח התורה). אבל אין הצדקה למסקנתו, לפיה אין הבדל אחר פרט לזה הלשוני.[24]

הקשיים הללו לכאורה מוליכים אותנו לתפיסה השנייה, אשר רואה בהבחנה בין לאו לעשה הבחנה שנוגעת בעיקר למישור הביצועי-מעשי. אולם גם הבחנה זו היא בעייתית, כפי שראינו למעלה. ראשית, היא אינה עומדת במבחן העובדות ההלכתיות, לפחות לא בשיטת הרמב״ם ורוב הראשונים, שכן להלכה ודאי קשה לכפור בקיומם של לאוין שאין בהם מעשה, או עשין שמצווים על מחדל. יתר על כן, כפי שכבר הערנו, אם ההבחנה אכן נעוצה במישור המעשי, אזי שוב לא ברור מדוע לפעמים התורה משתמשת בנוסח של ציווי אקטיבי גם ביחס למצוות ל״ת, ולהיפך.

יש משהו בשני הרבדים בהם מדובר, הן הביצוע והן הניסוח, ובעיקר ביחס ביניהם, שטעון בירור מעמיק ויסודי. מהו היחס בין צורת הניסוח בה בוחרת התורה לאופן הביצוע של המצווה? האם אין שום קשר ביניהם? לא סביר. אך

---

[24] נראה בבירור שזוהי מסקנתו, שכן הוא מסיק שם מסקנה מהמחלוקת הזו לגבי מניין המצוות, וטענתו היא שהגישה הלשונית רואה בציווי שבתורה את יסוד המצווה. לפי דברינו אין להסיק כל מסקנה כזו, שכן הנוסח הלשוני הוא רק אינדיקציה להבדל מהותי אחר (לאו דווקא ביצועי), והוא אינו עומד לעצמו.

אם ישנו קשר, מדוע הוא אינו הרמטי, כלומר מדוע ישנם יוצאי דופן? האם יוצאי הדופן אינם שומטים את הקרקע מתחת לעצם ההבחנה?[25]

שמש כנראה מניח שאם אין הבדל ביצועי אזי אין בכלל מישור מהותי שבו ייוותר הבדל כזה, ולכן הוא חש עצמו נאלץ להגביל את ההבחנה למישור הלשוני בלבד. אבל הנחה זו אינה נכונה, שכן ייתכן שיש מישור מהותי אחר, לא ביצועי, שמבחין בין שני סוגי המצוות הללו. מסקנתנו כאן היא שההבדל הלשוני הוא אכן רק תיאור פנומנולוגי לאופי השונה של שני סוגי המצוות הללו. סביר מאד שהפנומנולוגיה הזו מבטאת הבדל עקרוני אחר, גם אם לא בהכרח במישור הביצועי. מהו אותו הבדל מהותי? הקורלציה למישור הביצועי (כלומר העובדה שבדרך כלל מצוות עשה כרוכות בעשייה, ולאוין כרוכים בחדילה מעשייה) יכולה לתת לנו רמז וכיוון לחיפוש אחר ההבדל הזה.

נחוצה לנו הגדרה מהותית שמבחינה בין לאו לעשה, במנותק הן מצורת הניסוח והן מאופן הביצוע. לאחר שנמצא הגדרה כזו, נוכל לחזור ולשאול את עצמנו מהי הזיקה (הלא-הרמטית) בינה לבין צורות הניסוח של התורה ואופני הביצוע השונים של המצוות. למעשה, מה שחסר לנו הוא הלוגיקה שעומדת בבסיס השיקולים הלשוניים, ואולי גם הביצועיים. זה מחזיר אותנו לשאלת הלוגיקה הדאונטית, בה עסקנו בחלק הקודם. בלוגיקה עצמה נעסוק בהמשך הספר. כאן נתאר את הדברים במישור לא פורמלי.

---

[25] כאן אולי המקום להצביע על הבדל בין גישה אקדמית לגישת בית המדרש (ראה בספר השני בסדרה זו, שם עמדנו על הבדלים בין הפרדיגמות). הגישה האקדמית מצביעה על עובדות הלכתיות, או היסטוריות, ועושה את ההבחנה הפנומנולוגית בין הגישות אותן היא מוצאת ׳בשטח׳. בית המדרש אמור לשאול את עצמו גם לסיבת הדברים, כלומר לשאול שאלת ׳למה׳ נוספת. עליו לחפש את ההיגיון הדתי-תיאולוגי שבהגדרות הללו, אף שהדבר כרוך בסיכון מסויים להופעת טענות ספקולטיביות אשר אינן מבוססות באופן מלא על הממצאים העובדתיים. הממצאים עומדים בבסיס ההבחנה הפנומנולוגית, אך בלי הסבר הם ׳מיותמים׳, וחסרי משמעות דתית. ראה על כך במאמרו של מיכאל אברהם, ׳חכמה, בינה ודעת – על דיאלקטיקה של לימוד תורה ומחקר אקדמי׳, **צהר** לה, תשסט, שם הוא עוסק בדוגמא זו עצמה (של ההבדל בין לאוין לעשין) מן ההיבט העקרוני.

הערה היסטורית

לפני שנעבור להסביר יותר את ההבחנה הלשונית, נעיר הערה היסטורית קצרה. כמה מחוקרי התלמוד מצביעים על התפתחות היסטורית בהבנת המושגים 'מצוות עשה' ו'מצוות ל״ת', שמקבילה לתמונה אותה ראינו כאן. גם אהרן שמש במאמרו הנ״ל מצביע על העובדה שבתקופות הקדומות של התלמוד ההבחנה בין מצוות עשה ולאו היתה במישור הביצועי, אך בתקופות מאוחרות יותר היא עברה למישור הלשוני.

רק בתקופה המאוחרת יותר, יכולה היתה מצווה כמו שביתה בשבת להיות מוגדרת כמצות עשה, על אף שהיא כרוכה באי-עשייה, או מצות מעקה להיות מוגדרת כלאו. הגדרתן של מצוות השביתה בשבת כמצוות עשה ושל המעקה כלאו אינה בגלל האופי הביצועי שלהן, אלא בגלל צורת הציווי בתורה (שהיא פוזיטיבית, ולא נגטיבית).

תופעה זו כנראה קשורה גם להיבט עליו הצביעו שני חוקרי תלמוד נוספים, יצחק ד' גילת ובנימין דה-פריס,[26] שעצם ההבחנה בין דאורייתא ודרבנן, כלומר מושגי הציווי עצמם, עברו גם הם תהליך דומה. כל עוד ההבחנה היא ביצועית, אזי קשה להגדיר באופן חד עשה מול ל״ת, שכן האופרטורים הדאונטיים קשורים זה לזה בקשרים הדאונטיים הרגילים (איסור על פעולה הוא כמו ציווי על מחדל, ולהיפך), ולכן ניתן לתרגם כל מצוות עשה ללאו מקביל. לכן לא ייפלא שהופעת ההבחנה הקטגוריאלית החדה בין לאו לעשה כשני עולמות שלא 'מדברים' זה עם זה (כלומר שלא מקיימים את הקשרים הדאונטיים, כפי שראינו למעלה) היא מאוחרת יותר. כפי שנראה מייד, בתקופה זו המושגים מצוות עשה ולאו הפכו למושגים תיאורטיים (שמצויים במישור הנורמטיבי), שאין להם תרגום פשוט להוראות מעשיות (במישור הדאונטי).

---

[26] ראה **פרקים בהשתלשלות ההלכה**, יצחק ד' גילת, אונ' בר-אילן, רמת-גן 1992, בעיקר בעמ' 237-280. קדם לו בנימין דה-פריס, בספרו **תולדות ההלכה התלמודית**, הוצאת אברהם ציוני, תל-אביב תשכ״ב. ראה שם בעמ' 69-95. ראה על כך בספרו של מיכאל אברהם, **מעשה במשפט**, נספח ז.

המסקנה היא שההבחנה ההלכתית המקובלת בין לאו לעשה אינה מצויה במקרא עצמו, אלא היא התפתחות מאוחרת בתולדות ההלכה, ושורשה בתקופת התלמוד. על כן, בהמשך דברינו אנו נתייחס להבחנה זו כהבחנה תלמודית, והאופרטורים הלוגיים שמתייחסים אליה יובחנו מהאופרטורים הדאונטיים הרגילים (ראה להלן בחלק השלישי).

הבחנה מהותית בין לאו לעשה: שיטת הרמב"ם וסיעתו

התשובה אותה אנו מציעים לדילמה הבסיסית תעלה באופן טבעי אם נתבונן על המצוות מזווית מעט שונה: מצוות עשה היא פסוק אשר מצביע על מצב רצוי לקב"ה, כלומר מצב שהתורה מצווה אותנו להגיע אליו. התורה מצווה אותנו לעשות מעקה, מפני שהיא מעוניינת שהבית יהיה עם מעקה. לעומת זאת, מצוות לא תעשה היא הצבעה על מצב שאינו רצוי לקב"ה, כלומר מצב שהתורה מצווה עלינו להתרחק ממנו. לדוגמא, התורה מצווה אותנו לא לאכול שרצים, שכן היא אינה מעוניינת שנהיה במצב שבו אנחנו אוכלים שרצים.

מצוות עשה להקים מעקה אומרת שהתורה רוצה שהגג בביתו של אדם יהיה מוגן על ידי מעקה. בהגדרה זו אין התורה פוסלת באופן ישיר מצב בו אין לגג מעקה. התורה דורשת שיהיה לגג מעקה, והבעייתיות בהיעדר מעקה לגג עולה מאליה. במצב כזה נדרשת בדרך כלל עשייה אקטיבית בכדי להגיע אל אותו מצב רצוי בו איננו מצויים כרגע. לכן בדרך כלל מצוות עשה דורשת עשייה אקטיבית. אולם המצב אינו תמיד כזה. לדוגמא, המצווה לשבות בשבת, גם היא מצוות עשה, אלא שהיא אינה דורשת עשייה אקטיבית אלא דווקא הימנעות מעשייה. הגדרתה כמצוות עשה אינה נובעת מכך שהיא דורשת עשייה, אלא מכך שהתורה מצביעה על המנוחה כמצב רצוי בעיניה, ולא מגדירה את אי המנוחה כמצב שאינו רצוי.

לעומת זאת, האיסור על עשיית מלאכה בשבת הוא מצוות לא-תעשה רגילה, מכיון התורה אינה מצווה על שביתה, אלא אוסרת עשיית מלאכה. המצווה מצביעה על מצב שאינו רצוי בעיניה, ולא מורה לנו על המצב הרצוי. מבחינת

מצוות הל״ת אין עניין שנשבות בשבת אלא יש עניין שלא נימצא במצב של עשיית מלאכה. מצב בו אנחנו עושים מלאכה אינו פסול מכללא, אלא פסול כשלעצמו. לעומת זאת, מבחינת מצוות העשה יש דווקא עניין בכך שנימצא במצב של שביתה, והאיסור על עשיית המלאכה אינו ישיר אלא עולה מאליו.

לכן בדרך כלל מצוות לא-תעשה אינה דורשת עשייה, שכן היא דורשת הימנעות ממצב לא רצוי ולא הגעה למצב רצוי. הימנעות בדרך כלל מתבצעת על ידי מחדל, אולם לא תמיד כזה הוא המצב. לדוגמא, האיסור ״לא תשים דמים בביתך״ דורש ממני לקום ולעשות מעקה, כלומר הוא דורש עשייה אקטיבית, ובכל זאת מדובר במצוות לא-תעשה מכיון שהתורה מצביעה כאן על מצב של גג ללא מעקה כמצב לא רצוי, ולא מגדירה את עשיית המעקה כמצב רצוי.

אם כן, ההבחנה בין לאו לעשה אינה ביצועית. ההבחנה תלויה בשאלה מהי כוונת התורה במצווה זו: האם לדרוש מצב רצוי, או למנוע מצב לא רצוי. מניין אנחנו יודעים מהי הכוונה הזו? כמובן מן הניסוח של הציווי. כאן נכנס לדיון השיקול הלשוני. ניסוח חיובי-אקטיבי מצביע על הצבת דרישה להגיע למצב רצוי, וניסוח שלילי-פסיבי מצביע על דרישה למנוע הידרדרות למצב שלילי. לכן דווקא נוסח התורה הוא הקריטריון המדוייק להגדרת מצווה כמצוות עשה או כלאו, ולא צורת הביצוע. אבל אין זה אומר שהנוסח הוא הוא הסיבה להגדרה זו. הנוסח מגלה לי מה התורה מצפה ממני במצווה זו. הוא מראה לי שהתורה מצביעה על מצב רצוי או על מצב לא רצוי, ולפי זה מתברר האם המצווה שבכאן היא עשה או לאו.

הסברנו כאן את ההבחנה בין לאו לעשה לשיטת הרמב״ם וסיעתו. ראינו שההבחנה הזו נלמדת מההבדל בניסוח (ההבחנה הלשונית, בלשונו של שמש), וראינו שישנה קורלציה להבחנה הביצועית, שהיא אינטואיטיבית יותר. לא מקרה הוא שמצוות עשה מצטיירות בעינינו כהוראה לעשייה, ומצוות לא-תעשה מצטיירות כהוראה לחדול. ישנה קורלציה כזו, אבל כעת נוכל להבין את קיומם של יוצאי הדופן. כך מיושבים כל הקשיים שהעלינו למעלה על שיטת הרמב״ם וסיעתו.

הרף הנורמטיבי: תיאורו של מהר״ל

מזווית אחרת ניתן לומר זאת כך (ראה על כך ביתר פירוט להלן בפרק שישה-עשר): ישנו רף אובייקטיבי כלשהו שמבחין בין מצבים חיוביים לשליליים. הרף הזה הוא המצב הסביר (מבחינה נורמטיבית. אין הכוונה לממוצע סטטיסטי כלשהו). מצוות לא-תעשה מזהירה אותנו מפני הידרדרות למצב שלילי, כלומר למצב גרוע יותר ממצב הרף הנורמטיבי. לעומת זאת, מצוות עשה מורה לנו להגיע למצב חיובי, כלומר לעלות אל מעבר לרף הנורמטיבי.

וכן מצאנו בדברי מהר״ל בספרו **תפארת ישראל**, פרק ד,[27] שם הוא מגדיר את ההבדל בין מצוות עשה ומצוות לא-תעשה כך:

> ***דע כאשר רצה השם יתברך לזכות את האדם שיקנה הנצחיות על ידי מצות האלקיות, אי אפשר שיקנה אותו רק על ידי שני מיני מצות; החלק האחד - שלא יהיה משנה את מציאותו אשר נברא עליו. כי אם משנה את מציאותו אשר נברא עליו, הרי יש לו שנוי מה שהוא ראוי למציאות האדם, ויבא הפסד למציאותו. ואלו הם מצות לא תעשה, שכל אלו המצות הם שלא יצא האדם מן מה שהוא ראוי אל מציאותו; כבעילת איסור, וגזל גניבה, וכיוצא בהם מן המצות. אף כי אנחנו לא נדע טעם המצות, מכל מקום נדע בהם שכל מצות לא תעשה הם יציאה מן היושר המציאות מה שהשכל מחייב, והיציאה מן היושר המציאות הוא הפסד ואבוד אליו. החלק השני - הם מצות עשה. שכבר אמרנו (פרקים ב, ג) כי אין האדם במדריגתו האחרונה האלקית, וכאילו הוא בכח בלבד, וצריך שיקנה השלימות בפעל על ידי המצות האלקיות. וכמו שהתבאר לך למעלה בפרקים הקודמים (שם), שאף אם האדם קונה העולם הזה הטבעי החמרי, לא קנה עולם הבא - שאינו גשמי - כי אם על ידי הפעולות האלקיות, ועל ידם יזכה לעולם הנבדל.***

---

[27] ראה גם ב**חידושי אגדות** למהר״ל, מכות כג ע״ב, וכן בספרו **נתיבות עולם**, נתיב האמונה פ״ב.

משמעות דבריו היא שהאדם נולד באופן שמעלתו היא רק בכוח, וזהו הרף הנורמטיבי האובייקטיבי. הוא לא נמצא במצב הרוחני הנכון, אלא אמור להגיע אליו מכוח מעשיו. לכך (וגם לקניית העולם הבא) נועדו מצוות העשה. מצוות הלא-תעשה מזהירות אותו מהידרדרות (ועניינן הוא התנהגות נכונה ותיקון של העולם הזה), כפי שכתבנו. ראה שם את כל דבריו בעניין. שאלת קיומו ואיבחונו של הרף הזה היא שאלה בעייתית, והיא תידון עוד להלן בפרק שישה-עשר.

הבחנה מהותית בין לאו לעשה: שיטות רס״ג והסמ״ק

לכאורה נראה שרס״ג חלוק על התפיסה הזו. כפי שראינו למעלה, לפי רס״ג אין משמעות לניסוח התורה ביחס למהותו של הציווי, ומה שקובע זה המצווה שבה העניין ׳יותר מבואר׳. למעלה הצענו שכוונתו היא לתלות את סוג המצווה באופן קיומה או אופן המעבר עליה (קו״ע או שוא״ת). אם כן, הניסוח של התורה עדיין אינו מובן לשיטתו: מדוע התורה בוחרת בניסוח אקטיבי או פסיבי, בלי קשר לתוכנה המהותי של המצווה?

על כן נראה שגם רס״ג צריך להסכים לתלות של טיבה של המצווה בניסוח של התורה, ולאו דווקא באופן הביצוע שלה. ואכן, בדיקה נוספת מעלה כי הנחתנו למעלה, לפיה רס״ג תולה הכל באופן הפיסי של המעבר או הקיום של המצווה, אינה נכונה. לדוגמא, ביחס לחובת העינוי ביום הכיפורים הרס״ג מונה רק מצוות עשה (עשה נה) ולא לאו, אף שבמקרה זה החובה היא פסיבית (לא לאכול, לא לעשות מלאכה), בדיוק כמו בשבת (וגם הגריפ״פ עובר על כך בלי כל הערה, אלא רק ביחס לכפילות עם הלאו, אבל לא ביחס לאופי הפסיבי של העשה הזה).[28] אמנם גם כאן רס״ג מונה רק מצווה אחת, ולא שתיים כמו

---

[28] מכאן יוצא שלפי רס״ג יש שלוש מצוות עשה שיש בהן כרת, ולא שתיים: פסח, מילה ויוה״כ. לשיטת שאר הראשונים אמנם יש ביוה״כ כרת, אבל ייתכן שהוא ניתן על הלאו ולא על העשה. לשיטתם מקובל (כמבואר במשנת כריתות) שיש רק שתי מצוות עשה שיש עליהם כרת: פסח ומילה. וראה בפירוש הגריפ״פ על עשה נה, שם הוא מתייחס לסוגיית כריתות ודוחה את הראיה משם.

שעושה הרמב״ם, אבל הקריטריון באיזו משתי המצוות לבחור לצורך המניין אינו הקריטריון הביצועי.

נעיר כי ה**סמ״ק**, בניגוד אליו, כנראה כן שומר על הקריטריון הביצועי, שכן הוא מונה בשבת רק מצווה אחת, והיא לאו (מצווה רפב). וכן לגבי העינוי ביוה״כ הוא מונה רק לאו (מצווה רכא). אך הרס״ג מונה לפעמים עשה פסיבי, ולכן ברור שהוא אינו מקבל את הקריטריון הביצועי. נמצאנו למדים שאמנם הרס״ג וה**סמ״ק** שניהם חלוקים על הרמב״ם בשאלת היחס לכפילות של לאו ועשה, אבל רס״ג מסכים איתו שההבחנה בין לאו לעשה אינה דווקא במישור הביצועי, בעוד ה**סמ״ק** כנראה דוגל בהבחנה ביצועית.

הקריטריון של רס״ג

מהו, אם כן, הקריטריון של רס״ג? ראינו שהגריפ״פ מנסח את הקריטריון הזה כך:

> ***ואיזה מהן שענין המצוה מבואר בו ביותר הוא שנמנה לבדו במנין המצוות. שאם המצוה מבוארת יותר בלאו מבהעשה אז הלאו הוא שנמנה במנין הלאוין, אבל העשה אינה נימנית שוב כלל. ואם המצוה מבוארת יותר בהעשה אז רק העשה היא שנמנית במנין העשין, אבל הלאו אינו נמנה כלל.***

למעלה הנחנו ש׳עניין המצווה מבואר׳ פירושו הוא צורת העשייה, אך זה לא מופיע כאן. הוא רק מסביר שאנו מונים את המצווה לפי תכניה העיקריים. בניסוח הנוכחי שלנו נאמר שאנו מונים את המצווה לפי התכלית אותה היא באה להשיג (הגעה למצב רצוי, או בריחה ממצב לא רצוי), בדיוק כמו שסובר הרמב״ם. מהו, אם כן, הויכוח בין הרמב״ם לרס״ג? הויכוח קיים אך ורק במקרים בהם התורה מצווה אותנו בלאו ועשה שיש להם אותו תוכן מעשי:

- הרמב״ם רואה בזה שני ציוויים שונים, שאחד מגדיר את המצב א כחיובי והשני מגדיר את המצב ב (=היפוכו של א) כשלילי. לדוגמא, המצווה לשבות בשבת מגדירה את מצב השביתה כמצב חיובי. ואילו האיסור לעשות מלאכה מגדיר את המצב בו היהודי

עושה מלאכה כמצב שלילי. במקרה כזה יש כאן שתי מצוות שונות, שהרי התכנים שלהן שונים זה מזה. לכן לפי הרמב״ם שתיהן נמנות בנפרד.

- לעומת זאת, רס״ג סובר שגם במקרה כזה ישנה רק מצווה אחת, והשנייה נוספה רק לשם חיזוק (כמו שרואים בשורש הרביעי והתשיעי גם אצל הרמב״ם). לשיטתו לא סביר ששתי מצוות שעוסקות באותו נושא מצוות אותנו על דברים שונים. אם התורה מצווה אותנו לשבות בשבת וגם אוסרת עלינו לעשות מלאכה בשבת, אזי ברור שהעניין הבסיסי הוא אחד בלבד: או שהתורה מצביעה על השביתה כמצב חיובי או שהיא מצביעה על עשיית מלאכה כשלילית. לא סביר שהיא עושה את שני הדברים גם יחד.

כיצד אנו מזהים איזו מבין השתיים היא המצווה הבסיסית? לפי התוכן המהותי של המצווה. לדוגמא, רס״ג רואה מסברתו ומכוח שיקולי פרשנות שונים, שביום הכיפורים כנראה העניין העיקרי הוא להתענות. כלומר לתורה אין בעייה עם זה שנאכל או נשתה, אלא הבעייה העיקרית היא שאם אנחנו אוכלים אז אנחנו לא מתענים. כלומר עיקרה של מצוות יוה״כ היא הימצאות במצב חיובי ולא בריחה ממצב שלילי.[29] מדוע, אם כן, נכתבה עוד מצוות ל״ת ביוה״כ? ייתכן שזה נעשה כדי לחזק את העשה, ואולי אף לאפשר לנו להטיל עליו עונש. אבל עיקר המצווה הוא העשה ולא הלאו.

המסקנה היא שרס״ג מסכים עם הרמב״ם לגבי הבנת ההבחנה הבסיסית בין מצוות עשה ללאוין. שניהם מסכימים שההבחנה הבסיסית נובעת מרצון

---

[29] ייתכן שהדבר תלוי בתכניו של היום. הרי ביוה״כ אין אנחנו אבלים, כמו בשאר תעניות. התענית מיועדת לנתק אותנו ממאוויינו החומריים ומהקשר לחומר. אם כן, המטרה היא חיובית, שנהיה כמו מלאכים, רוחניים ללא קשר לחומר, ולא הימלטות ממצב שלילי. לעומת זאת, בתעניות אחרות, שעניינן הוא אבלות וצער, שם העניין העיקרי הוא אי האכילה ולא העינוי.

התורה ומתכלית המצווה, וההבדלים בניסוח המקראי הם רק ביטויים להבחנה הזו. שניהם מסכימים שהביטוי המעשי, כלומר אופן הביצוע, אינו קשור בהכרח לאופי המצווה, אם כי ישנה קורלציה ביניהם. המחלוקת היא אך ורק בשאלה כיצד להתייחס לכפילות של לאו ועשה, האם ניתן לפרש זאת כשני רצונות שונים של התורה שחיים זה לצד זה (כך סובר הרמב"ם), או שמא עלינו להכריע איזה משניהם הוא הרצון האמיתי ואיזה בא רק לחזק את חברו (זו דעת רס"ג). **הסמ"ק**, לעומת שניהם, כנראה תולה את ההבחנה בין לאו לעשה במישור הביצועי, וכפי שכבר הערנו זוהי שיטה תמוהה למדיי, ולא ברור כיצד היא מתיישבת עם העובדות ההלכתיות (כגון קיומו של לאו הבא מכלל עשה, ועוד).

בפרק הבא נחדד יותר את ההבחנה בין עשה ללאו, וניצוק לתוכה תוכן קונקרטי יותר, גם במישור ההלכתי.

פרק שישי

מבט ראשוני על הלוגיקה הדאונטית ההלכתית[30]

מבוא

עד כאן עסקנו בהבחנה המהותית בין עשין ללאוין. טענתנו היתה שמצוות עשה מצווה על מצב רצוי, בעוד איסור לאו מזהיר ממצב לא רצוי.

אך מן ההבחנה הזו עולה תחושה חזקה של בעייה לוגית. מדוע אמירה שאסור לגג להיות ללא מעקה היא שונה מן האמירה שהגג צריך להיות עם מעקה? לכאורה שלילה כפולה שקולה מבחינה לוגית לאמירה חיובית. הציווי 'אסור לגג להיות ללא מעקה' לכאורה שקול לוגית לציווי 'על הגג להיות עם מעקה'. אם כן, שוב לא ברור האם יש להבדל שהצענו בין מצוות עשה ללאוין בסיס ממשי. לשון אחר: גם כפילות בין לאו לעשה היא כפילות, כמו מצב בו יש חפיפה בין שני לאוין או שני עשין.

ניתוח לוגי ראשוני של הבעייה

כדי להשלים את ההסבר להבחנה המהותית בין עשה ללאו, עלינו לדון ביחס בין הלוגיקה של המצבים המותרים והאסורים לבין הלוגיקה של אסור וחובה. מצבים ופעולות הם סוג של מציאות, וככאלה הם כפופים ללוגיקה הקלאסית. אבל אופיים הלוגי של הציוויים, אלו שמצווים על מצב א או אלו מזהירים מפני מצב ב, מכניס גורם נוסף ללוגיקה הדאונטית של המצוות.

כאמור, ההתייחסות הלוגית הבינארית הזו אינה נכונה. ניתן להמחיש זאת בצורה פורמלית על ידי סימול לוגי. אם המצווה לעשות A היא $O(A)$, אזי שלילתה היא $\neg O(A)$. לעומת זאת, המצווה לעשות את ההיפך מ-A היא: $O(\neg A)$. הביטוי הקודם משמעותו היא שאין מצווה לעשות A, ואילו הביטוי

---

[30] לעניין זה ראה במאמר **מידה טובה**, פרשת יתרו, תשסז.

הזה מסמל מצווה לא לעשות A. אם כן, השלילה הלוגית בין המצבים אינה שקולה לשלילת הנורמות. יתר על כן, אם נפעיל את השלילה הכפולה בין המצבים, נקבל זהות לוגית: $A \equiv \neg\neg A$. אבל אם נפעיל את השלילה על הנורמות נקבל: $\neg O(\neg A)$. ביטוי זה אינו שקול למצווה המקורית $O(A)$. ומכאן, שהציווי 'איני רוצה שלא תעשה מעקה' אינו שקול לוגית לציווי 'עשה מעקה'.

כעת נוכל לראות שתוכן מצוות העשה: (I) 'אני מצווה עליך להניח תפילין', אינו שקול לתוכן של מצוות הל"ת: (II) 'אני אוסר עליך להיות בלי תפילין'. הסיבה לכך היא שאין כאן שלילה כפולה, אלא שלילה לוגית אחת ושלילה נורמטיבית אחת, ושתי אלו אינן מקזזות זו את זו, ואינן משיבות אותנו לניסוח המקורי.

אך גם הניסוח שהגענו אליו עד עתה אינו מדויק. המשמעות של הביטוי $\neg O(\neg A)$ היא שאין מצווה לא לעשות A. זו אינה מצוות לא-תעשה, אלא טענה בדבר אי קיומה של מצוות עשה. זה מה שהרמב"ם (ראה בקטע שהבאנו בחלק הראשון מדבריו בשורש השמיני) מכנה 'שלילת החיוב' (ראה גם בעשה קכט דוגמא מעניינת שנוגעת לדיון הלוגי שלנו כאן). כיצד עלינו להצרין מצוות לא-תעשה שמזהירה מפני עשיית A? לכך נדרש סימול שונה לגמרי, והוא כלל אינו ניתן לביטוי על ידי האופרטור O ושלילות. אנו נידרש לכך בהרחבה בהמשך.

בכל אופן, אנו נוכחים לראות שהשקילות שנוצרת על ידי הפעלת שלילה כפולה על הפעולה, או המצב, אין פירושה שנוצרת שקילות בין לאו לעשה בעלי אותו תוכן ביצועי. ציווי לא להיות במצב ללא תפילין אינו שקול לציווי להיות עם תפילין. ומכאן נוכל להבין את המצוות הכפולות בהן עסקנו למעלה: מאותה סיבה עצמה, הציווי לשמור שבת אינו שקול לאיסור על חילול שבת. וכן לגבי מעקה, הציווי להקים מעקה אינו שקול לאיסור

להשאיר גג ללא מעקה. זוהי הסיבה שהרמב״ם מונה מצוות בעלות תוכן חופף, אם הן מטיפוס שונה (עשה ולאו).

ראינו שהפעלת השלילה על האופרטור הדאונטי, אינה מקזזת שלילה על הפעולה האסורה עצמה, כלומר: הנורמה O(A) אינה שקולה לנורמה ¬O(¬A). במינוח מתמטי נאמר כי השלילה והציווי אינם אופרטורים קומוטטיביים (=חילופיים), כלומר הפעלת שלילה לפני טענת ציווי, אינה שקולה להפעלת ציווי על שלילת הטענה המקורית. אסור להחליף את המקום (או סדר ההופעה) בין הציווי לבין השלילה. אם אפשרי היה להחליף את סדר הפעולה כי אז היינו מקבלים חובה על שלילה כפולה של A, שהיתה שקולה לחובה המקורית.

נעיר כי זה אינו מייחד את עניין הציווי דווקא. גם במשפטי עובדה השלילה אינה כה פשוטה (ראה על כך בספר **שתי עגלות וכדור פורח**,[31] בשער השנים-עשר). לדוגמא, שלילת הטענה: (1) 'משה הוא עם תפילין', אינה הטענה: (2) 'משה הוא בלי תפילין'. השלילה המדוייקת יותר היא: (3) 'לא נכון שמשה הוא עם תפילין'. ההבחנה בין שני ניסוחי השלילה יכולה להופיע בבהירות אם נתבונן במצב בו אין בכלל אדם בשם משה בעולם. במקרה זה גם המשפט (1) אינו נכון, אבל גם המשפט (2) לא. זוהי תופעה דומה מאד למה שראינו למעלה בדבר היחס בין עשה של הקמת מעקה ללאו על השארת הגג ללא מעקה, במצב בו אין לנו בית.

אם יש מצב עניינים בו שני משפטים ביחד אינם נכונים (או כן נכונים) אזי בהכרח שאחד אינו השלילה של השני. כלומר בין שני המצבים הקיצוניים, שנוכל לסמן אותם ב-(1) ו-(-1), עומד מצב 0 שחוצץ ביניהם. שלילתו של 1 היא 0 ולא (-1), או אולי הצירוף של שניהם (=קבוצת כל המצבים שאינם 1).

משל למה הדבר דומה, כשנרצה להוכיח את הטענה שהמלך הנוכחי של צרפת הוא קרח, ונעשה זאת בדרך השלילה: אנו נתבונן בקבוצת האנשים השעירים,

---

[31] מיכאל אברהם, **שתי עגלות וכדור פורח**, הוצאת תם וספריית בית-אל, ירושלים תשסז (מהדורה שנייה ומתוקנת).

וניווכח שאף אחד מהם אינו מלך צרפת. האם באמת יש כאן הוכחה לטענתנו? התשובה היא שלילית. כעת אין בכלל מלך (=נוכחי) לצרפת, ולכן ברור שלא נמצא אותו גם בתוך קבוצת הקרחים. אם כן, בעצם יוצא שקירח אינו השלילה המדוייקת של שעיר.

גם הניסוח המקובל של פרדוכס השקרן הוא דוגמא לכשל דומה. כאשר אנחנו מתבוננים במשפט הבא אותו אומר תושב כרתים: 'כל תושבי כרתים שקרנים', מקובל לחשוב שזהו פרדוכס בגלל הלולאה האינסופית של ערכי האמת שלו, אבל זה אינו נכון. השלילה של המשפט 'כל תושבי כרתים שקרנים' (מצב 1) אינה 'כל תושבי כרתים דוברי אמת' (מצב 1-) אלא 'לא נכון שכל תושבי כרתים שקרנים' (מצב 0). השלילה הזו כוללת שתי אפשרויות: או שכולם דוברי אמת או שחלקם דוברי אמת (ובניסוח אחר: ישנו לפחות אחד שהוא דובר אמת). מצב ה-0 חוצץ בין שני המצבים המנוגדים, והוא אשר מונע את ההתייחסות למצב (1-) כשלילתו של המצב (1).

'מקל' ו'גזר'

כדי להמחיש את ההבדל בין הגדרת מצוות עשה ללאו, נגדיר אותם כ'מקל' ו'גזר'. כאשר אדם יושב ואינו עושה מעקה לגגו המסוכן, ניתן לעורר אותו לפעולה בשתי דרכים: ניתן לומר לו שאנחנו מצפים ממנו שיבנה מעקה, וזוהי שיטת ה'גזר'. אנו מסבירים לו שהמצב ההוא (בו הוא אינו מצוי) הוא מצב טוב יותר, ובכך אנחנו מצווים עליו וממריצים אותו להגיע למצב ההוא. מאידך, ניתן לומר לו שהישיבה שלו בלי עשיית מעקה היא מצב פסול בעינינו, ולכן עליו לעזוב את המצב הזה, כלומר לקום ולעשות מעקה. זוהי שיטת ה'מקל'. אנו מכים אותו על ידי ה'מקל' שמורה על כך שמצבו הנוכחי הוא מצב גרוע, ובכך גורמים לו לקום מכיסאו ולעשות מעשה (=להגיע למצב אחר).

המסקנה היא שאמנם עשיית מעקה היא ההיפוך הלוגי של אי-עשיית מעקה, ולמרות זאת הציווי 'חובה עליך לעשות מעקה' אינו שקול לציווי 'אני אוסר

עליך שלא לעשות מעקה׳. על אף שהתוכן הביצועי הוא זהה, הציווי הראשון הוא מצוות עשה והשני הוא לאו.

לכאורה ההבדל מצוי רק ברובד של ׳טעמא דקרא׳, כלומר במישור של מה התורה רוצה להשיג במצוות הנדונות. אבל כעת נראה שמהסבר זה נגזרים גם הבדלים הלכתיים מעשיים, וליתר דיוק אותם הבדלים עליהם הצבענו למעלה.

הבדלים בין לאו לעשה

בפרק הקודם הערנו שאי אפשר להסביר את שורש ההבדל בין לאו לעשה בנפקויות ההלכתיות של ההבדל הזה. חייב להיות בין שני סוגי המצוות הללו הבדל מהותי, וההשלכות ההלכתיות הן נגזרות של ההבדל הזה. כעת, לאחר שהסברנו את ההבדל עצמו, נוכל לשוב ולראות כיצד נגזרות ממנו ההשלכות ההלכתיות שנמנו שם.

ראשית, ראינו שעל ביטול עשה לא נענשים בבי״ד, ואילו על עבירת לאו כן. כעת הסיבה לכך היא מאד ברורה: ביטול עשה הוא אי עשייה של משהו חיובי, ואילו עבירת לאו היא עשייה שלילית, ולכן מגיע עליה עונש. ולאידך גיסא, על מצוות עשה מקבלים שכר, ועל הימנעות מלאו בדרך כלל לא. הסיבה היא אותה סיבה, שעשיית מעשה חיובי מחייבת מתן שכר לעושה, אבל אי עשייה של פשע אינה מחייבת מתן שכר.

עוד ראינו שאדם חייב להוציא את כל ממונו בכדי להימנע מאיסור לאו, ואילו על ביצוע מצוות עשה הוא אינו חייב להוציא יותר מחומש. גם זה תלוי באותה הבחנה: על עשייה חיובית אדם לא צריך להוציא את ממונו, שכן מדובר באי עלייה למדרגה גבוהה. אך כדי לא להתדרדר לתהום מוסרית-רוחנית אדם חייב להוציא את כל מה שיש לו. לגבי הכלל הקובע שעשה דוחה לא-תעשה, ההסבר אינו לגמרי ברור, והוא יידון להלן.

כעת נחשוב על אדם שנאנס ולא עשה מעקה לגגו. אם היתה כאן מצוות עשה להקים מעקה לגג, ברור שהוא לא קיים אותה (אמנם הוא אינו נענש אפילו בדיני שמים, שכן ׳אונס רחמנא פטריה׳). יש כאן ביטול עשה באונס. לעומת

זאת, אם היתה זו רק מצוות ל״ת, שגגו לא יהיה בלי מעקה, או אז יש מקום לומר שהוא כלל לא עבר עליה, שכן הוא אנוס. יסוד ההבדל הוא בעיקרון ״אונסא לאו כמאן דעבד״. מצב של אונס יכול להפוך מעשה שנעשה כאילו לא נעשה. אבל אונס לא יכול להפוך מעשה שלא נעשה כאילו הוא נעשה.[32]

זהו הבדל הלכתי בין שני ציוויים שהתוכן שלהם הוא לכאורה חופף. ההבחנה כאן אינה נובעת מהבדל מהותי בתכנים של הציוויים, אלא אך ורק מכך שהאחד הוא עשה והשני הוא לאו. זהו בסיס מספיק לקביעתו של הרמב״ם שכאשר הכפילות היא בין עשה ללאו יש למנות את שניהם. כאן אנחנו רואים שיש גם השלכה מעשית לקיומה של מצוות העשה ביחד עם הלאו. להלן נראה השלכות נוספות, עקיפות יותר.

דוגמא נוספת היא מצב בו לאדם כלל אין בית. האם יש עניין לקנות בית כדי להתחייב במצווה להקים מעקה?[33] אם היה כאן רק לאו, אזי לא היה שום עניין בכך. אך אם זו מצוות עשה, יש בהחלט מקום לראות עניין בקניית בית כדי לבנות לו מעקה ולזכות במצווה. הדברים נכונים על אף העובדה שמצוות מעקה היא מצווה מותנה (כלומר שמוטלת רק על מי שיש לו בית).[34] עדיין, אם הוא קונה בית תיזקף לטובתו מצוות עשה. הוא קיים את רצון ה׳, ולא רק לא עבר עליו.

לחילופין, אם יש לנו רכוש שטיבו אינו ברור, האם זהו בית או לא. יכול להתעורר ספק האם עלינו להקים לו מעקה אם לאו. אם היתה כאן מצוות עשה בלבד, אזי מי שטוען שאני מחוייב בה (כלומר שהדבר הזה הוא כבית לעניין זה) עליו חובת הראיה. כדי להטיל מחוייבות דרוש טיעון כלשהו. ברירת המחדל היא שאין מחוייבות, כל עוד לא הוכח שהיא ישנה. אולם אם

---

[32] ראה, בירושלמי גיטין פ״ז ה״ו וקידושין פ״ג ה״ב, שם נחלקו ריו״ח ור״ל בעניין זה. אמנם יש שגרסו איפכא, והשווה בבלי כתובות ב ע״ב – ג ע״א, בתנאי דהרי זה גיטך אם לא באתי. להלכה הפוסקים נקטו שאונסא לאו כמאן דעבד.

[33] ראה על כך במאמר **מידה טובה**, פרשת בראשית, תשסז. שם נדונה ההבחנה בין קיום מצווה לבין הגעה למצב של פטור ממנה.

[34] ולא מצווה קיומית, שזו מצווה שונה. מצווה מותנה היא מצווה חיובית שמוטלת עלינו רק בנסיבות מסויימות. מצווה קיומית כלל אינה חובה עלינו, בשום נסיבות. ראה על כך במאמרנו לפרשת וישב, תשסז, בעיקר בהערה 4, ומעט עוד בפרק ו להלן.

היתה כאן רק מצוות ל״ת, אזי מספק היה עליי להחמיר ולעשות מעקה. כמובן גם אם לא אעשה מעקה לא יוטל עליי עונש, שכן הטלת עונש גם היא דורשת ראיה. אבל המחוייבות להקמת המעקה קיימת גם במצב של ספק. מסיבה זו יש מהפוסקים שסברו כי החובה להחמיר בספיקות קיימת רק בספק איסור ולא בספק מצוות עשה.[35]

ה'קיר' החוצץ בין לאוין לעשין

למעלה עמדנו על כך שלא ניתן לבטא מצוות עשה כשלילה של לאו, או להיפך. כבר כאן נציין כי זה עומד בניגוד למה שראינו בחלק הראשון לגבי הלוגיקה הדאונטית, שם ההנחה היא שאיסור אינו אלא חובה שלילית, כלומר קיימת שם הזהות: $F(A) \equiv O(\neg A)$. לדוגמא, האיסור הדאונטי לרצוח שקול לגמרי לחובה הדאונטית שלא לרצוח. מה קורה בהקשר ההלכתי? אם A היא שמירת שבת, אזי הזהות שכתובה כאן פירושה הוא שאיסור על חילול שבת שקול לחובה לשמור שבת. אך ראינו שקביעה זו אינה נכונה בהקשר ההלכתי. מצוות עשה לשמור שבת אינה שקולה לאיסור על חילול שבת, כמו שמצוות עשה שלא לרצוח אינה שקולה לאיסור על רציחה.

המסקנה היא שבהלכה מצוות העשה והלאוין אלו שתי ספירות נורמטיביות שונות, שאינן 'מדברות' זו עם זו (כפי שגם ראינו בדברי הרמב״ם בשורש השמיני). לא ניתן לבטא את האופרטור של מצוות לא-תעשה (ה-F ההלכתי) באמצעות אופרטור של מצות עשה (O הלכתי) ושלילות. כביכול יש 'קיר' שחוצץ בין שתי הספירות הללו, ואינו מאפשר מעברים ביניהן. פעולת השלילה אינה מצליחה להעביר אותנו מספירת החובות לספירת האיסורים, ולהיפך. משמעות הדבר היא שהלוגיקה הדאונטית ששולטת על מצוות עשה ולאוין היא לוגיקה לא בינארית, בה יש מצב ביניים בין 'אמיתי' לשקרי'. לדוגמא, כאשר אני אומר לא נכון הוא שאיני אוהב אותך, אין פירוש הדבר שאני אוהב

---

[35] ראה על כך ב**שדי חמד**, כרך ה, עמ' 203-4, סי' מ-מא. וכן **יביע אומר**, ח״א או״ח סי' לו סק״ז, וח״ד יו״ד סוף סי' טז, ועוד.

אותך, אלא מצב ביניים, בין אהבה לאי אהבה. זוהי לוגיקה שמכונה 'לוגיקה אינטואיציוניסטית'. כפי שראינו, גם בהקשר של המצוות נראה שיש מבנה דומה. גם שם הטענה יש מצווה לעשות A אין פירושה שיש איסור על ¬A. אמנם זו אינה ממש לוגיקה אינטואיציוניסטית, שכן השלילה בה אנו עוסקים אינה פועלת על המצבים עצמם אלא על הנורמות שמצוות עליהם. שלילתו של ¬A מחזירה אותנו ל-A, ולכן המצבים נשלטים על ידי לוגיקה בינארית רגילה. האנומליה נוצרת בספירה הדאונטית, כלומר ביחס לנורמות: השלילה של המצב עליו פועל האופרטור O אינה מחזירה אותנו לאופרטור F. כלומר היחס האינטואיציוניסטי הוא בין האופרטורים הדאונטיים ולא בין המצבים שעליהם הם מורים.

באופן מטפורי ניתן לומר שישנו מצב ביניים בין הלאו לעשה, ולכן הם אינם מתייחסים זה לזה כשלילה אחד של השני. בצורה אחרת ניתן לומר שבין העולם של העשין לעולם של הלאוין עומד 'קיר'. כפי שראינו, מצב זה דומה למצב השורר בלוגיקה אינטואיציוניסטית.

כפי שראינו למעלה, גם בלוגיקה הדאונטית הרגילה ישנה תופעה שמזכירה לוגיקה אינטואיציוניסטית, שכן בין החובה לעשות A לבין החובה לעשות ¬A יש מצב ביניים (שמותר לעשות A ומותר גם לעשות ¬A). זוהי תופעה שונה, שכן היא אינה קשורה ליחס בין לאו לעשה, אלא בין חובה חיובית ושלילית. גם כאן זהו מצב נייטרלי (מצב 0, שניצב בין 1 לבין 1-).

אם כן, בלוגיקה הדאונטית הרגילה קיים יחס מורכב בין חובה חיובית לשלילית, כשביניהן עומד מצב ההיתר. החובה החיובית היא שלילה ניגודית של החובה השלילית (היחס ביניהן הוא כמו 1 לעומת 1-), בעוד שההיתר הוא שלילה מאיינת של שתי החובות (היחס ביניהן לבינו הוא כמו בין 1 ל-0). גם כאן ישנו 'קיר' שאינו מאפשר מעבר מחובה חיובית לחובה שלילית על ידי אופרטורי שלילה לוגית. אבל מעבר כזה כן אפשרי על ידי אופרטורי שלילה דאונטית (ניתן לבטא את החובה החיובית על ידי חובות שליליות ואופרטורי שלילה). לעומת זאת, בין כל העולם של מצוות העשה, החיוביות או השליליות

(כלומר ציוויים על מעשה או מחדל), לבין העולם של מצוות הלא-תעשה, החיוביות או השליליות, ניצב קיר אחר, שהוא אטום גם לשלילה הדאונטית (כלומר לא ניתן לבטא מצוות לא-תעשה על ידי מצוות עשה ואופרטורי שלילה).

נראה כעת את דברי הרמב״ן, אשר יוצק תוכן רעיוני נוסף להבחנה הזו שבין עולמות העשה והלאו, וקושר אותה להבחנה בין אהבת ה׳ ליראתו.

דברי הרמב״ן בפרשת יתרו: היחס הרעיוני בין עשין ללאוין

עד כאן עסקנו ביחס הלוגי בין עשה ללאו, וראינו כמה השלכות הלכתיות ומטא-הלכתיות שלו. אך גם ההירככיה של החשיבות והתוקף בין מצוות עשה ללאוין מופיעה בהלכה בצורה תמוהה למדיי. מחד, מצוות עשה דוחה ל״ת, כלומר העשה הוא חשוב יותר. מאידך, הלאו הוא חמור יותר מכמה בחינות (עלינו להוציא את כל ממוננו כדי לא להיכשל בו, משא״כ במצוות עשה שמוציאים עד חומש. בלאו יש עונש ובעשה לא, ועוד).

נביא כעת קטע מדברי הרמב״ן בפירושו לעשרת הדברות, בציווי על שמירת שבת, שם הוא נוגע ביחס בין עשין ללאוין, וגם מבהיר את הנקודה הזו:

> ***ואמת הוא ג״כ כי מדת זכור רמזו במצות עשה, והוא היוצא ממדת האהבה והוא למדת הרחמים, כי העושה מצות אדוניו אהוב לו ואדוניו מרחם עליו, ומדת שמור במצות לא תעשה, והוא למדת הדין ויוצא ממדת היראה.***
>
> ***כי הנשמר מעשות דבר הרע בעיני אדוניו ירא אותו, ולכן מצות עשה גדולה ממצות לא תעשה, כמו שהאהבה גדולה מהיראה, כי המקיים ועושה בגופו ובממונו רצון אדוניו הוא גדול מהנשמר מעשות הרע בעיניו, ולכך אמרו דאתי עשה ודחי לא תעשה.***

עד כאן הרמב״ן אומר בדיוק את מה שראינו עד כה: מצוות עשה היא קיום של רצון ה׳, ואילו קיום לאו הוא הימנעות מעשות הרע בעיניו. ושוב, החילוק אינו בין עשייה לאי עשייה במישור הפיסי, אלא ביחס לרצון ה׳, או ביחס

למצבים הראויים בעיניו. בדיוק כפי שהסברנו את שיטת הרמב״ם ושיטתו לעיל.

הרמב״ן גם יוצק תוכן רעיוני-חווייתי מעניין לטענה אותה פגשנו למעלה, שהעולם של מצוות עשה והעולם של הלאוין הם עולמות שונים שאינם מדברים זה עם זה, ולא ניתנים להעמדה זה על זה. כאן אנחנו רואים שהעולם של מצוות העשה קשור למושגים של אהבה, ואילו העולם של הלאוין קשור למושגי יראה. אלו הם שני עולמות מושגיים שונים, ולכן אין כל אפשרות לתרגם את זה לזה.

הרמב״ן גם גוזר מההבחנה הזו הירככיה, וקובע שמצוות עשה חשובה יותר ממצוות לא-תעשה. מכאן הוא גוזר את הכלל שעשה דוחה לא-תעשה. ומה על האספקטים שבהם הלאו חמור יותר? על כך מוסיף הרמב״ן מייד:

> ***ומפני זה יהיה העונש במצות לא תעשה גדול ועושין בו דין כגון מלקות ומיתה, ואין עושין בו דין במצות עשה כלל אלא במורדין, כמו לולב וציצית איני עושה, סוכה איני עושה, שסנהדרין היו מכין אותו עד שיקבל עליו לעשות או עד שתצא נפשו:***

הרמב״ן אומר שכמו שהאהבה גדולה מהיראה כך מצוות העשה גדולות מהלאוין. מכאן הוא מסיק כמה מההבדלים עליהם עמדנו למעלה (לגבי העונש, ולגבי הוצאת הממון כדי לא לעבור עבירה).

ועדיין המצב אינו ברור. אם העשה גדול מהלאו, אז מדוע יש עונש על לאו ולא על עשה? מדוע על לאו יש להוציא את כל ממונו, ועל עשה לא? מהו היחס בין גדולתו של העשה לבין חומרתו של הלאו?

בעל **שדי חמד** (כרך ה, עמ׳ 231, ס״ מא) מביא את דברי הרמב״ן הללו, ומסביר שכוונתו היתה לומר שקיום מצוות עשה הוא מעשה בעל ערך גדול יותר מאשר ההימנעות מלאו, אך לאידך גיסא היחס מתהפך: מעבר על לאו הוא גרוע הרבה יותר מאשר ביטול עשה. וביאור הדברים הוא שאמנם קיום מצוות עשה הוא עבודת השם במדרגה גבוהה יותר מאשר הימנעות מלאו, אך דווקא בגלל זה ההימנעות מקיום העשה היא עבירה קלה. לכל היותר האדם אינו מצוי במדרגה כה גבוהה, אך התביעה כלפיו פחותה מאשר התביעה כלפי

מי שעובר על לאו, מעשה שמצביע על זלזול בדבר בסיסי יותר, ולכן הוא חמור יותר. במונחים בהם השתמשנו למעלה ניתן לומר שבביטול עשה הוא לא אכל גזר, אבל בעבירת לאו הוא לקה במקל.

לעומת זאת, כאשר אדם מקיים את העשה הוא מעפיל למדרגה גבוהה יותר, וזה כמובן מעשה בעל ערך רב יותר מאשר הימנעות מכישלון, כפי שקיים בעבירת לאו. ושוב, אכילת גזר היא טובה יותר מאשר אי לקייה במקל.

במאמר **מידה טובה** לפרשת ויצא, תשסז, עומדים המחברים בניסוח כולל יותר על כך שמצוות עשה היא עבודת ה׳ גבוהה וחשובה יותר, אך הימנעות מלאו היא בסיסית יותר. זהו יחס בין הבסיסי לגבוה. מעבר על הבסיסי הוא חמור יותר, דווקא בגלל שזוהי דרישה בסיסית, אך קיום של הגבוה הוא חשוב יותר מאשר הקיום של הבסיסי.[36]

ועדיין לא ברור כיצד יוצא מכאן שעשה דוחה לא-תעשה? קיום העשה כרוך בעבירה חמורה (על לאו) ומצווה חשובה (עשה), ואי קיומו כרוך בעבירה קלה (ביטול עשה) ומצווה קלה (הימנעות מלאו). אם כן, בשורה התחתונה לאחר הקיזוז שני הצעדים הללו עדיין נראים שקולים. אנו נחזור לנקודה זו בחלק השלישי, כשנעסוק בכלל עשה דוחה לא-תעשה.

הערה מדברי בעל ה׳תניא׳ באגרת התשובה

בעל **התניא**, בפרק א מ׳אגרת התשובה׳, מתייחס גם הוא לשאלה זו, וכותב את הדברים הבאים:

---

36 אמנם בדברי הרמב״ם **בפיהמ״ש** פ״ב מ״א מאבות, נראה בעליל שלא כדברי הרמב״ן:

אחר כן אמר: ואף על פי שלא התבאר שיעור חיבוב מצוה על מצוה - יש שם דרך הקשה, וזה, שכל מצות עשה שתמצא שחייב בעבירה עליה חיוב גדול - תדע שבקיומה גם כן שכר גדול. משל זה, שהמילה וקרבן פסח ושביתה בשביעי ועשיית מעקה, כל אלו מצוות עשה, אבל חייב אשר יעשה מלאכה בשבת סקילה, ואשר יבטל המילה או הקרבן במועדו כרת, ואשר ישים דמים בביתו לאו, והוא אומרו: +דברים כב ח+ ״לא תשים דמים״. ומזה תדע ששכר שביתה בשבת גדול מאד, יותר משכר המילה, וששכר המילה גדול אצל ה׳ משכר עשיית מעקה. וזה הוא ענין אומרו הוי מחשב הפסד מצוה כנגד שכרה. ואמר עוד, שתוכל ללמוד על שכר עבירה כאשר לא תעשה, הואיל וזה גם כן לא התבאר, ותוכל ללמוד מעונשה, כי החטא אשר עונש מי שיעשהו חמור - יהיה שכר הנחתו לפי אותו היחס מן החומר, כמו שהתבאר בקידושין באומרם: ״כל היושב ולא עבר עבירה נותנין לו שכר כעושה מצוה״. וכבר בארנוהו שם.

תניא בסוף יומא שלשה חלוקי כפרה הם ותשובה עם כל אחד. עבר על מ״ע ושב אינו זז משם עד שמוחלין לו עבר על מל״ת ושב תשובה תולה ויוה״כ מכפר. (פי׳ דאע״ג דלענין קיום מ״ע גדולה שדוחה את ל״ת. היינו משום שע״י קיום מ״ע ממשיך אור ושפע בעולמות עליונים מהארת אור א״ס ב״ה (כמ״ש בזהר דרמ״ח פקודין אינון רמ״ח אברין דמלכא) וגם על נפשו האלקית כמ״ש אשר קדשנו במצותיו. אבל לענין תשובה אף שמוחלין לו העונש על שמרד במלכותו ית׳ ולא עשה מאמר המלך. מ״מ האור נעדר וכו׳ וכמארז״ל ע״פ מעוות לא יוכל לתקן זה שביטל ק״ש של ערבית או וכו׳. דאף שנזהר מעתה לקרות ק״ש של ערבית ושחרית לעולם אין תשובתו מועלת לתקן מה שביטל פ״א. והעובר על מל״ת ע״י שנדבק הרע בנפשו עושה פגם למעלה בשרשה ומקור חוצבה (בלבושי׳ די״ס דעשי׳ כמ״ש בת״ז לבושין תקינת לון דמנייהו פרחין נשמתין לב״נ וכו׳) לכך אין כפרה לנפשו ולא למעלה עד יוה״כ כמ״ש וכפר על הקדש מטומאות בנ״י ומפשעיהם וכו׳ לפני ה׳ תטהרו לפני ה׳ דייקא ולכן אין ללמוד מכאן שום קולא ח״ו במ״ע ובפרט בת״ת. ואדרבה ארז״ל ויתר הקב״ה על ע״ז וכו׳ אף שהן כריתות ומיתות ב״ד ולא ויתר על ביטול ת״ת). עבר על כריתות ומיתות ב״ד תשובה ויוה״כ תולין ויסורין ממרקין (פי׳ גומרין הכפרה והוא מלשון מריקה ושטיפה לצחצח הנפש. כי כפרה היא לשון קינוח שמקנח לכלוך החטא) שנאמר ופקדתי בשבט פשעם ובנגעים עונם.

בעל ה**תניא** טוען שאמנם על מצוות עשה אין עונש ועל לאו יש, אבל הסיבה אינה קולתו של העשה, אלא להיפך: לגבי ביטול עשה עונש לא יועיל לתקן את המעוות, שכן היעדר האור שנגרם מביטול העשה בעינו עומד. העונש יכול לכפר רק על לאו, שכן הוא פועל כמטהר את טינוף החטא. אך חטא של לאו פועל טינוף רוחני כלשהו שהעונש מנקה אותו. אבל ביטול עשה גורם להיעדר

אור, ולכן שום עונש לא יוכל לתקן זאת.[37] אם כן, נראה שלשיטתו העשה חמור מהלאו לכל אורך החזית, ולא כפי שראינו בדברי הרמב״ן לעיל. אך דומה כי הגישה המקובלת בהלכה היא גישתו של הרמב״ן.

ראינו, אם כן, שהרמב״ן מחלק בין מצוות עשה שמתקיימות בספירה של אהבת ה׳, ולבין מצוות לא-תעשה שמתקיימות בספירת היראה. ה׳קיר׳ עליו דיברנו כאן שחוצץ בין שני העולמות, מתואר אצל הרמב״ן במונחים של דפוסים וחוויות של עבודת ה׳. ספירת מצוות העשה היא ספירת האהבה, וספירת מצוות הלא-תעשה היא ספירת היראה. הקיר חוצץ בין עולם האהבה לעולם היראה. שני העולמות הללו אינם ׳מדברים׳ זה עם זה, ולכן גם במובן הלוגי לא ניתן לתאר ציווי ששייך לאחד מהם במונחי הציוויים מהעולם השני.

קו״ע ושוא״ת פיסי ונורמטיבי

כעת נמשיך ונראה את ההבדל בין עשה ללאו מזווית נוספת, ובכך נשוב להסביר את הקורלציה עליה עמדנו בדברינו למעלה, שמצוות עשה נקשרת אינטואיטיבית לקיום בקו״ע, ולאו נקשר אינטואיטיבית לקיום בשוא״ת. ראינו שזה לא הכרחי ויש יוצאים מן הכלל, אבל עדיין הקורלציה הזו נשמעת מאד אינטואיטיבית, ולכן ההבחנה שלנו אמורה להסביר גם אותה.

ראינו שכאשר ישנה מצוות עשה לעשות מעקה, פירוש הדבר הוא הצבעה על מצב רצוי. ומה לגבי מי שלא יעשה אותו? הוא אינו פועל ישירות נגד רצון ה׳. הוא רק לא פועל עם (או בהתאם ל) רצון זה. הוא אינו מתעלה, אך אין כאן עבירה במובן המלא של המילה. בניסוח אחר נאמר כי זהו מצב ה-0, שאינו מצווה (מצב 1), אך זו גם לא עבירה (מצב 1-). לעומת זאת, כאשר ישנו איסור להותיר את הגג ללא מעקה, מי שיושב ולא בונה מעקה פועל בכך ישירות נגד רצון ה׳. הוא נמצא במצב שהוגדר על ידי התורה כמצב שלילי, ולא רק שהוא

---

[37] הדברים הללו תלויים כמובן בתפיסת העונש ההלכתית. ראה על כך במאמרו של מיכאל אברהם, ׳נותן לרשע רע כרשעתו – האמנם?׳, **עלון שבות בוגרים** ט.

לא נמצא במצב החיובי. אם כן, לא רק שהוא לא מתעלה (מצוי במצב 0), אלא הוא גם מידרדר (הוא מצוי במצב 1-).

כאן אנחנו רואים את הצד השני של המטבע הקודם. לעיל הבחנו בין 'מקל' ו'גזר' כמאפיינים את מהות הציווי עצמו. כאן אנחנו מאפיינים את מהות העבירה על הציווי: האם היא פעולה ישירה נגד רצון ה', או רק חוסר פעולה בהתאם לרצונו. ישנו הבדל ברור בין מי שאינו עושה את רצוני לבין מי שעושה משהו שהוא נגד רצוני.

נחזור ונדגיש שההבדל הזה אינו חופף להבחנה בין קו"ע לבין שוא"ת, אבל הוא מסביר את אותה קורלציה שהזכרנו כאן. הימצאות במצב שלילי נגד רצון ה', היא פעולה אקטיבית נגד רצון ה'. אמנם לא מדובר בהכרח בביצוע של פעולה פיסית אקטיבית, אבל העבירה שכאן היא עבירה אקטיבית. עשיתי משהו שלילי, ולא רק שלא עשיתי משהו חיובי. לעומת זאת, אי הימצאות במצב חיובי אינה עבירה אקטיבית אלא פסיבית. ושוב, זה יכול להיעשות במחדל או במעשה, אבל העבירה שבזה היא פסיבית. אין כאן פעולה שלילית אלא רק אי-עשייה של פעולה חיובית. במובן הזה, עבירת לאו היא לעולם עבירת קו"ע וביטול עשה הוא לעולם עבירת שוא"ת. וכן להיפך, קיום עשה הוא לעולם מצווה אקטיבית בקו"ע, והימנעות מעבירת לאו היא לעולם מצווה שמקויימת בשוא"מ, גם אם הדבר נעשה על ידי מעשה פיסי. המושגים 'שוא"ת' ו'קו"ע' מתייחסים כאן לספירה הנורמטיבית ולא לזו הפיסית-ביצועית. כפי שהסברנו, בדרך כלל ישנה זהות, שכן הליכה למצב חיובי נעשית בדרך של פעולה פיסית אקטיבית. לעומת זאת הימנעות ממצב שלילי נעשית בדרך כלל על ידי אי-עשייה פיסית. אבל יש יוצאי דופן, ובכל זאת זה אינו סותר את האינטואיציה הבסיסית שלנו.

לדוגמא, המצווה לשבות בשבת היא מצוות עשה שמקויימת באמצעות אי-עשייה. ובכל זאת, השביתה היא קיום אקטיבי של רצון ה' (במישור הנורמטיבי זוהי מצוות קו"ע), ולכן מי שעושה מלאכה בשבת אינו עובר חזיתית על רצון ה' מבחינת מצוות העשה (במישור הנורמטיבי זוהי עבירת שוא"ת). אמנם יש גם לאו על עשיית מלאכה בשבת, ומצד זה יש בעשיית

מלאכה כמובן גם עבירה חזיתית על רצון ה׳ (קו״ע נורמטיבי). הדברים אמורים גם לגבי הלאו והעשה של מעקה.

אם נסכם, אם לפי **הסמ״ק** ראינו קודם שההבחנה בין עשה ללאו מבוססת על קו״ע ושוא״ת ביצועי, הרי שכעת אנחנו רואים שלפי הרמב״ם וסיעתו ההבחנה הזו מבוססת על קו״ע ושוא״ת נורמטיבי.

פרק שביעי

כפילות של לאו ועשה – ניתוח סוגיית קידושין

סיכום ומבוא: בחזרה לבעיית הכפילות

עד כאן בחנו את ההבדל בין עשה ללאו. ראינו שנחלקו בזה הראשונים: **הסמ"ק** והגריפ"פ תולים את ההבחנה בין לאו לעשה בהבחנה בין קו"ע לשוא"ת. לעומתם, רוב הראשונים מקבלים את תפיסת הרמב"ם (רס"ג אף קדם לו בזה, ודלא כהבנת הגריפ"פ. ראה על כך למעלה) שההבחנה היא בין קו"ע ושוא"ת נורמטיבי, כלומר שמצוות עשה היא הצבעה על פעולה/מצב רצוי, ומצוות לא-תעשה היא הצבעה על פעולה/מצב לא רצוי. לכן נוצרים מצבים (נדירים יחסית) שבהם מקיימים עשה או עוברים על לאו במחדל, וכן מצבים בהם עוברים על עשה ונשמרים מלאו במעשה. בכל אופן, המסקנה היא שאלו שני עולמות שונים, ולכן אי אפשר להעמיד את האחד על זולתו. ראינו שהרמב"ן משייך את העולמות המושגיים הללו למונחים 'אהבה' ו'יראה'. עדיין לא בדקנו מתוך ההבחנה הזו את שאלת הכפילות בין לאו ועשה חופפים בתוכן. כזכור, זהו נושא השורש השישי, אשר עיקר עניינו היה לסייג את העיקרון של השורש התשיעי שקובע כי אין למנות מצוות חוזרות בעלות תוכן חופף.

מצב בו התורה חוזרת כמה פעמים על אותו ציווי הוא בעייתי. עיון בשורש התשיעי מעלה שאפילו לשיטת הרמב"ם, שסובר כי מצב כזה הוא אפשרי, זהו רק מוצא אחרון (כשאנחנו לא מוצאים אפשרות לדרוש את הפסוק הנוסף, כפי שקובעת הגמרא בפסחים כד רע"ב). לשיטת הרמב"ן מצב כזה פשוט לא קיים, שכן כל חזרה באה לחדש משהו: או להוסיף עוד מלקות או לחדש פרט הלכתי.[38]

---

[38] ראה על כך במאמר **מידה טובה** לשורש התשיעי.

מה המצב במקרה של כפילות בין לאו לעשה? לכאורה התוספת של הלאו היא נחוצה לכל הדעות, שכן היא מוסיפה חיוב מלקות שלא היה קיים אם היתה כאן רק מצוות עשה. אך כעת עולה השאלה ההפוכה: מדוע התורה אינה מסתפקת רק בלאו ומשמיטה את העשה? לכאורה העשה אינו מוסיף לנו מאומה מעבר למה שיש בלאו.

השאלה קשה בעיקר לשיטת הרמב״ן, ששולל את האפשרות של חזרות על מצוות לשם הדגשה ומתן תוקף נוסף. אך גם לפי הרמב״ם שמקבל אפשרות כזאת יש מקום להתקשות, מדוע התורה אינה מוסיפה עוד לאו אלא דווקא עוד עשה? כדי לחזק את הלאו המקורי היה עליה להוסיף עוד לאו. מה מאפיין את המצבים שבהם התורה בוחרת להוסיף דווקא עשה? במה הם שונים מהמצבים בהם התורה מחילה שני לאוין?

פתרון הבעייה: ההבדל בין שני סוגי הכפילויות

לאור דברינו בפרקים הקודמים הדבר מובן מאד. לדוגמא, בהקשר של מעקה התורה מצווה אותנו גם במצוות עשה (=״ועשית מעקה לגגך״) וגם בלאו (=״לא תשים דמים בביתך״). זה אינו ציווי כפול בעלמא, אלא ניסיון להמריץ את האדם לעשות מעקה. אדם שהיה מצווה רק באופן של מצוות עשה יכול היה אולי להרשות לעצמו לא לעשות אותו, שכן לא היתה כאן עבירה ישירה כנגד רצון ה׳. הוא רק לא רוצה להיות ׳צדיק׳ כל כך גדול ולכן הוא לא מקפיד לקיים את מה שהקב״ה מצווה אותו. אך כאשר ישנו כאן גם לאו, האופציה הזו כבר לא קיימת בפניו. ישיבה ואי עשיית מעקה היא פעולה ישירה (אקטיבית) כנגד רצון ה׳, דבר שאותו אדם לא בהכרח רוצה לעשות. לכן הוסיפה התורה לאו על העשה.

ולאידך גיסא, אם היה כאן רק לאו, אזי אדם היה חושב שעשיית המעקה היא עניין של הימלטות ממכשול, אך אין בה כשלעצמה עניין חיובי. התורה מוסיפה על כך גם מצוות עשה כדי לומר לנו שעשיית המעקה היא גם קיום פוזיטיבי של רצון ה׳. הקמת המעקה היא פעולה חיובית ולא רק הימלטות ממצב שלילי. אם כן, הלאו מחדד את משמעות העבירה (=אי עשיית מעקה

היא עבירה חזיתית על רצון ה׳, ולא רק ביטול רצונו, כלומר אי התקדמות) והעשה מחדד את משמעות המצווה (מי שעושה זאת קיים את רצון ה׳ והתעלה, ולא רק נמנע מהידרדרות).

אם כן, אנו למדים שכשיש כפילות של לאו ועשה – כל אחד משניהם מוסיף עוד אספקט לציווי, ולכן שניהם נחוצים. זוהי הסיבה לכך שלפי הרמב״ם כפילות בין לאו לעשה אינה נחשבת ככפילות, שכן כל אחד מהשניים מוסיף משהו מעצם היותו שייך לקטגוריה אליה הוא שייך. הלאו מוסיף לעשה לא בגלל הבדל בתוכן אלא בגלל עצם היותו לאו, וככזה הוא מצווה ציווי אחר. והוא הדין לעשה לגבי לאו. זהו ההבדל בין כפילויות בין עשין או לאוין (שנדונות בשורש התשיעי) לבין כפילויות בין עשה ולאו (שנדונות בשורש השישי).

סוגיית קידושין על כפילות בין עשה ללאו

למעלה ראינו את דברי הרמב״ן על היחס בין עשה ללאו. יש עוד מקור בו הרמב״ן מתייחס ישירות לנושא הכפילות בין עשה ללאו, וגם הוא יובן היטב לאור דברינו למעלה, ואף יתמוך בהם. בסוגיא זו מובאים דברי ראשונים נוספים, וגם הם נוגעים לנדון זה ומעלים נפ״מ נוספות ועמדות מטא-הלכתיות נוספות, על כן נדון בה כאן ביתר פירוט.

הגמרא במסכת קידושין לד ע״א מונה את מצוות העשה שהזמן גרמן ואת אלו שלא הזמן גרמן:

> ***ת״ר: איזוהי מצות עשה שהזמן גרמא? סוכה, ולולב, שופר, וציצית, ותפילין; ואיזוהי מצות עשה שלא הזמן גרמא? מזוזה, מעקה, אבידה, ושילוח הקן.***

תוד״ה ׳מעקה׳, שם, כמו גם ראשונים נוספים על אתר, מקשים:

> ***מעקה אבידה ושילוח הקן - תימה לרבי בכל הני כתיב לאו במעקה כתיב (דברים כב) לא תשים דמים בביתך אע״ג דמוקמינן ליה (בב״ק דף טו:) למגדל כלב רע וסולם רעוע דהיינו שימה בידים מ״מ אתי נמי למעקה דהא דרשי בסיפרי ועשית זו מצות עשה לא תשים***

דמים זו מצות לא תעשה ובאבידה נמי כתיב (דברים כב) לא תוכל להתעלם ובשלוח הקן כתיב (שם) לא תקח האם על הבנים וא"כ איך יהיו נשים פטורות אפילו הם זמן גרמא והא השוה הכתוב אשה לאיש לכל עונשין שבתורה?

הקושיא היא מדוע מונים מעקה ברשימת המצוות שלא הזמן גרמן? הרי מצווה זו (כמו עוד כמה מהרשימה) יש בה גם לאו, ולכן נשים היו חייבות בה גם אם היא היתה תלויה בזמן.

יש בראשונים כמה תירוצים לקושיא זו, וכל אחד מהם משקף תפיסה שונה אודות היחס בין מצוות עשה ללאוין. נבחן כעת כמה מהם.

שיטת התוס'

תוס' מיישב את הקושיא בהמשך דבריו, ואומר כך:

ואומר ר"י דבכולהו משכחת בהו עשה בלא לאו ובמעקה אין שייך לא תשים דמים אלא בבונה בית מתחילה על מנת שלא לעשות מעקה אבל אם היה בדעתו לעשות מעקה ולאחר שבנאו נמלך או שעשה ונפל אין שם אלא עשה דועשית מעקה ואז נשים פטורות.

כלומר תוס' באמת מוצא עצמו נאלץ לחלק בין העשה לבין הלאו, ולהראות שתוכנם המעשי הוא שונה. לכאורה הוא חולק על התמונה אותה שרטטנו עד כאן, לפיה אין צורך למצוא הבחנה הלכתית ספציפית בין הלאו לעשה, אלא ההבחנה היא מעצם העובדה שזה מוגדר כלאו וזה כעשה. נראה שהוא הולך בשיטת ה**סמ"ק** והגריפ"פ, שסוברים שכפילות בין לאו לעשה היא כפילות רגילה, ונדרש הבדל בתוכן כדי למנות לאו ועשה כפולים כאלה.

אמנם במבט נוסף ניווכח לראות כי הסיבה לכך שתוס' מחפש הבדל הלכתי בין הלאו לעשה אינה הבעייה הלוגית אותה העלינו למעלה, אלא סיבה טכנית (של פטור נשים). אם כן, על פניו נראה שתוס' אינו מוטרד מעצם הכפילות בין עשה לבין לאו, כלומר מכך שלשניהם יש תוכן מעשי זהה. עצם העובדה שיש עשה ולאו עם תוכן חופף אינה נראית לתוס' בעייתית, אלא רק פטור נשים.

לדעתם אם יש לאו ועשה כפולים נשים חייבות בשניהם. המסקנה היא שאין ללמוד מדברי תוס׳ שהוא אינו מקבל את דברינו שלמעלה.

אמנם לכאורה מסתבר יותר שתוס׳ אכן מסכים ל**סמ״ק**, והסיבה לכך שהוא מחייב נשים בכפילות ללא נפ״מ תוכנית היא שלדעתו מדובר באותה מצווה. הדבר תלוי בשאלה מדוע במצבים בהם יש לאו ועשה כפולים נשים חייבות? האם זה בגלל הזהות בין שני הציוויים, או שמא בגלל הלאו הן חייבות לבצע את הדבר, וממילא אין טעם לפטור אותן מהעשה. הרי גם נשים אמורות להגיע למצב האהבה העליון באמצעות קיום מצוות העשה, אלא שהן נפטרות מכך מסיבה כלשהי. אבל אם הלאו יאלץ אותן בין כה וכה לבצע את הדבר (לבנות מעקה), אזי אין סיבה לפטור אותן מהעשה. לפי תפיסה זו החיוב של נשים בעשה שנכפל לו לאו אינה בגלל הזהות ביניהם, אלא בגלל הזהות בתוכן הביצועי בלבד. לפי זה אין כל סיבה להסיק שתוס׳ נוטה מדרכם של רוב הראשונים בהבנת ההבדל בין עשה ללאו.

ושוב, נפ״מ של תוצאה

ישנה כאן הערה מעניינת של בעל ה**פני יהושע**, שטוען שלולא דברי התוס׳ הוא היה מפרש שיש הבדל בין העשה לבין הלאו לעניין זה שבעשה יש מצווה בו יותר מבשלוחו. כלומר אם עשיית המעקה היא מצוות עשה, אזי יש מצווה לעשות אותו בעצמנו. אך אם מדובר רק בלאו, אז אין כל עניין לעשות את המעקה, ובודאי לא בעצמנו. מה שמוטל עלינו הוא לוודא שלא יהיה מצב בו הגג יישאר ללא מעקה, ואין מניעה מוידוא באמצעות שליח.

כוונתו לומר שגם אם אין שום הבדל תוכני בין העשה לבין הלאו, ישנן השלכות הלכתיות להגדרתם כעשה או כלאו. לכן לא קשה קושיית התוס׳, שכן אם מעקה היתה מצווה שהזמן גרמא, אזי נשים אמנם היו צריכות לדאוג לכך שהגג לא יישאר בלי מעקה, אך לא היתה מוטלת עליהן חובה לעשות זאת בעצמן. הן יכלו למנות שליח, שכן חובתן היה רק מכוח הלאו (ומהעשה הן היו פטורות). ולזה מתכוונת הגמרא באומרה שמעקה אינו מצווה שהזמן גרמא, לומר לנו שגם הנשים חייבות לעשות את המעקה בעצמן. בעצם יוצא שלפי

הפנ"י במצב כפול הנשים נפטרות מהעשה. מה שהן חייבות בביצוע הפעולה הוא רק מכוח הלאו. לפי **הפנ"י** אין משמעות לכפילות בין לאו לעשה, והם ממשיכים להיות לגמרי נפרדים, ולכן כל אחד נדון לגופו. ברור מדבריו שהוא רואה את הלאו והעשה כבלתי תלויים.

יש לשים לב לכך ש**הפנ"י** מניח שאין כל הבחנה מעשית, או ביצועית, בין תוכן העשה לבין תוכן הלאו, ובכל זאת הוא טוען שתהיה השלכה הלכתית להגדרת המצווה כעשה או כלאו. זה כמובן מחדד מאד את הקשיים שהעלינו למעלה, וכבר עמדנו על כך שהשלכות הלכתיות שהן תוצאה של הגדרת המצווה כעשה או כלאו אינן יכולות להוות פתרון מהותי לבעייה. **הפנ"י** מציע בדיוק השלכה כזו. ברור שגם היא אינה אלא ביטוי להבחנה אותה עשינו למעלה בין לאו לעשה. נוספה כאן עוד השלכה (מעבר להוצאת הממון, הדחייה של לאו על ידי עשה, דחייה משום כבוד הבריות וכדו'): בעשה יש מצווה מן המובחר לעשות בעצמו, ובלאו המצווה יכולה להתקיים (או לא להיעבר) באותה רמה גם על ידי שליח.

שיטת ר' יוסף מארץ ישראל

בהמשך התוס' מובא הסבר נוסף לקושיא:

> ***וי"מ דמ"מ איכא נפקותא כשיהיה לאשה לקיים מצות עשה דאי הוה אמינא דנשים פטורות מעשה דלאו הזמן גרמא כמו כן יהיו פטורות מן הלאוין דאיכא למימר דאתי עשה ודחי ל"ת אבל כשהן חייבות בעשה דלאו הזמן גרמא אז לא יבא עשה אחר וידחנו דאין עשה דוחה לא תעשה ועשה.***

תוס' מעלה אפשרות שעל אף שיש לאו במעקה, בכל זאת חשוב לחדש שממצוות העשה נשים לא פטורות. לטענתו ההשלכה היא במצב בו ישנה מצוות עשה שעומדת כנגד מצוות מעקה. במצב כזה, אם נשים היו פטורות מהעשה (כי הזמן גרמו) אזי נותר שם רק לאו. אם כן, העשה שעומד כנגדו

היה צריך לדחות אותו. לעומת זאת לגבי גברים העשה לא ידחה את מצוות מעקה, שכן לגביהם יש שם גם לאו וגם עשה, ועשה אינו דוחה ל״ת ועשה.[39] נציין כי זוהי תפיסה דומה למה שראינו בדברי **הפנ״י** שהובאו לעיל, שכן גם תוס׳ סובר שכשיש עשה ולאו כל אחד עומד לעצמו. אלו הן שתי מצוות שונות, וכשעומד מולן עשה הוא פועל על כל אחת משתיהן בנפרד. מה שנשים חייבות בעשה שהזמן גרמו כשצמוד לו לאו, זה לא מפני שהן באמת חייבות בעשה, אלא מפני שהן חייבות בלאו. מהעשה הן פטורות גם במצב כזה.

הסיטואציה שבה תבוא עמדה זו לידי ביטוי, מתוארת בהמשך התוס׳, בתוך הקושיא של ר׳ יוסף מארץ ישראל על הגישה שתוארה לעיל:

> ***אך הקשה הר״ר יוסף מארץ ישראל על פירוש זה א״כ גבי אין מדליקין בשמן שריפה ביו״ט (שבת דף כה.) משום די״ט עשה ולא תעשה ושריפת קדשים אינה אלא עשה אשה שאינה חייבת בעשה די״ט דהוי זמן גרמא וכי תוכל להדליק בשמן שריפה בי״ט? וכ״ת אין הכי נמי, אמאי לא לישתמיט תנא דלא אמר לך?***

המצב של שריפת תרומה טמאה ביו״ט הוא בדיוק המצב שתואר למעלה. יש מצוות עשה לשרוף את התרומה שנטמאה, וכנגדה יש איסור מלאכה ביו״ט, שמורכב מלאו ועשה. לכאורה לפי דברי התוס׳ הנ״ל יוצא שנשים תוכלנה לשרוף קדשים (כמו תרומה) שנטמאו ביו״ט, הרי מלאכה ביו״ט אסורה על נשים רק בלאו ולא בעשה (כי העשה הוא תלוי בזמן ונשים פטורות ממנו, על אף שצמוד לו לאו). וכנגד העשה הזה עומד הלאו של שריפת תרומה, שדוחה אותו. אצל נשים העשה עומד רק כנגד לאו ולא כנגד העשה הנגדי, ולכן הן יכולות לשרוף תרומה טמאה ביו״ט.

זה מה שצריך לצאת לפי הצעת התוס׳. אך ר׳ יוסף עצמו טוען שלא מצינו אף פוסק, בתלמוד או אחריו, שהתיר לנשים לשרוף תרומה טמאה ביו״ט. לכן הוא דוחה את דברים האלה באומרו:

---

[39] תוס׳ כאן מניח את התפיסה שאם יש לאו ועשה כנגד עשה, אזי העשה דוחה את הלאו, ומה שנותר מולו הוא רק העשה. כלומר שניתן להפריד בין הלאו לעשה. אך זה גופו תלוי במחלוקת בין בעלי התוס׳ בכמה מקומות, ונתייחס לכך בהמשך דברינו.

אלא מאי אית לך למימר דעשה שיש עמו לאו אף הלאו אלים ולא דחי ליה עשה אף הכא הלאו אלים.

ר׳ יוסף טוען שכאשר יש לאו שבא עם עשה חופף בתוכנו, הלאו עצמו נעשה חמור יותר. לאו כזה אינו נדחה בפני מצוות עשה. זהו ההסבר שהוא מציע מדוע גם לנשים אסור לשרוף תרומה טמאה ביו״ט. הוא ממשיך ואומר שלפי זה נדחית הצעת התוס׳ שהובאה לעיל, שכן גם אם הלאו והעשה במעקה הם חופפים בתוכנם, הימצאות העשה מאלימה את תוקפו של הלאו, ואף עשה אחר לא ידחה אותו.

חשוב להבין שכאן מצויה נקודת החידוש שלו, כנגד התוס׳ וכנגד **הפנ״י** שהובא לעיל. הם סברו שאין שום קשר בין העשה ללאו, וכל אחד מהם נדון לעצמו. לכן בהתנגשות בין עשה לבין לאו ועשה – הלאו כשלעצמו נדחה מפני העשה, ומה שנותר זה רק העשה. ובנשים במצב כפול בו יש לאו ועשה חופפים – העשה מבוטל ומה שנותר הוא רק לאו. לעומתם סובר ר׳ יוסף שכאשר יש לאו ועשה חופפים בתוכן, הלאו נעשה חזק יותר, ולכן העשה אינו דוחה אותו.

יש לשים לב שגם הוא אינו מותיר את חיוב העשה לנשים. גם לדעתו נשים נפטרות מעשה שהזמן גרמו, גם אם יש לאו צמוד לו. אבל הוא טוען שקיומו של העשה מחזק את הלאו, ולכן על אף שבנשים קיים רק הלאו – הוא לא נדחה בפני העשה לשרוף תרומה.

הדברים תמוהים מכמה פנים. ראשית, לא ברור כיצד מתרחש החיזוק הזה של הלאו? מדוע העובדה שניצב לידו עשה מחזקת אותו? בכך נדון בהמשך כשנלמד את שיטת הרמב״ן בסוגיא.

יתר על כן, לא ברור מדוע ר׳ יוסף רואה זיקה בין הלאו לעשה? אם בנשים העשה נעלם והלאו לא, משמע שאלו שני ציוויים בלתי תלויים. אז מדוע לעניין התוקף הם כן בעלי זיקה הדדית? שנית, אם אכן גם במצב של כפילות בין עשה ללאו העשה אינו קיים ביחס לנשים, אז מדוע הלאו שנותר הוא חזק יותר? החוזק של הלאו נובע מהעשה שבצידו, ולדעת ר׳ יוסף העשה לא קיים לגבי נשים. אולי היה מקום אפילו לומר את ההיפך: אם התורה צריכה היתה להוסיף מצוות עשה מסתבר שהלאו כשלעצמו הוא חלש מלאו רגיל.

מסתבר שר׳ יוסף סובר שהלאו והעשה אינם נמנים כשתי מצוות נפרדות. עצם הימצאותם של שני ציוויים כאלה בתורה מעידה שהתורה רואה באיסור הזה משהו חמור. הוא נמנה כלאו בלבד, אך זהו לאו חמור שכן הוא הודגש פעמיים, ולכן הוא לא יידחה בפני עשה אחר. אם כן, נראה כי תפיסתו של ר׳ יוסף היא שלאו ועשה זו אכן כפילות רגילה, כמו שני לאוין או שני עשין. וכפי שראינו בשורש התשיעי לרמב״ם, כפילות רגילה רק מעידה על יתר חומרה אך היא ודאי לא נמנית כשתי מצוות. לשיטה זו נראה שבאמת אין שום הבדל מהותי בין עשה ללאו פרט למישור הלשוני (כלשונו של אהרן שמש).

דומה כי לשיטת ר׳ יוסף יוצא שהצירוף של לאו ועשה הוא חזק יותר, ולכן הוא עומד בפני העשה. אין כוונתו לומר שהנשים אכן פטורות מהעשה וחייבות רק בלאו, אלא הן חייבות בצירוף הזה, והצירוף הוא חזק יותר מעשה רגיל ולכן אינו נדחה בפניו. כלומר הוא באמת לא רואה כאן שתי מצוות שונות זו לצד זו, אלא צירוף אחד.

ועדיין לא ברור מדוע לדעתו התורה בוחרת להוסיף כאן עשה ולא שני לאוין או שני עשין? אם בעיני ר׳ יוסף אין לכך כל משמעות, וכל המטרה היא רק לחזק את הלאו, ניתן היה לעשות זאת על ידי תוספת עוד לאו. יותר מכך, מדוע לא נתייחס לצירוף הזה כעשה, ולא כלאו? מדוע הוא רואה כאן לאו מחוזק ולא עשה מחוזק? ובכלל, כיצד הוא מסביר באופן כללי את ההבדל בין לאו לעשה? הרי ההבדל הביצועי אינו קיים, כי הוא מוכן לראות לאו ועשה לגבי מלאכה ביו״ט, על אף שהתוכן הביצועי הוא מחדל. אז מה בכל זאת ההבדל? האם זו רק הלשון המקראית? ואם כן, אז מדוע התורה משתמשת בלשונות משני סוגים כאלו, הרי אין הבדל תוכני ביניהן?

בשורה התחתונה, נראה שלפי ר׳ יוסף אין שום הבדל עקרוני בין לאו לעשה, פרט לניסוח של התורה. צירוף של לאו ועשה הוא איסור חזק, ולכן הוא אינו נדחה בפני עשה אחר.

השוואה לשיטת רס״ג

נראה מדברי ר׳ יוסף שהמצווה האחת הזו היתה נמנית אצלו כלאו ולא כעשה (הוא קורא לו ׳לאו אלימתא׳). מהי הסיבה לכך שהוא בוחר למנות זאת דווקא כלאו? נראה שהוא סובר כרס״ג שיש למנות את המצווה המתאימה לאופי התוכני של הציווי. אלא שיש לשים לב לכך שלגבי יו״ט, ששם לדעתו התוכן אכן חופף, הוא מונה דווקא את הלאו ולא את העשה. זאת בניגוד לרס״ג שכפי שראינו למעלה מונה בשבת וביו״ט דווקא את העשה.

נראה שיש כאן תפיסה שדומה לרס״ג מבחינה אחת ושונה ממנו מבחינה אחרת: ר׳ יוסף מסכים לרס״ג שעשה ולאו בעלי תוכן חופף מהווים כפילות רגילה (בניגוד לעמדת הרמב״ם), ולכן יש למנות כאן רק מצווה אחת מבין שניהם. אך לפי רס״ג ראינו שהמנייה אינה תלויה דווקא בתוכן המעשי של המצווה, שהרי בשבת התוכן המעשי הוא שוא״ת, ובכל זאת רס״ג מונה אותה כמצוות עשה. על כך חולק ר׳ יוסף, ולדעתו מה שקובע הוא אך ורק האופי המעשי של המצווה: לדעתו מצוות עשה היא מצווה שבקו״ע, גם אם הניסוח בתורה הוא פסיבי, ולאו הוא מצווה שבשוא״ת, גם אם הניסוח בתורה הוא אקטיבי. מבחינתי האופי הביצועי הוא הקובע, והניסוח המקראי אינו רלוונטי (הוא כנראה נכתב רק לתפארת המליצה, או מפני שיקולים לשוניים כלשהם). זוהי בדיוק שיטת **הסמ״ק** שראינו למעלה. הקשיים על שיטת **הסמ״ק** נותרים בעינם גם לשיטת ר׳ יוסף.

שיטת הרמב״ן: לאו שתומך בעשה

והנה הרמב״ן (וכן הוא בריטב״א על אתר) בחידושיו לסוגיית קידושין מביא את קושיית התוס׳, ודוחה את תירוצם. לבסוף הוא מציע אלטרנטיבה משלו ליישב את הקושי:

> ***ולי נראה שעיקר מצותו עשה, שאין לאו שבו אלא לקיים העשה, דכתב רחמנא ועשית מעקה תחלה והדר לא תשים דמים בביתך כלומר לא תעכב מלעשות מצוה זו, ולאו שאין בו מעשה אחר אלא קיום עשה שבו הוא, ואלו היו נשים פטורות מעשה היו פטורות אף***

מן הלאו, שאין הלאו אלא קיום העשה, אבל בשאר מצוות עשה שיש בהם לאו ועשה חייבות הן בשניהן כדאמרינן בשבת (כ״ד ב׳) ובביצה (ח׳ ב׳) שבתון עשה הוא ולא אתי עשה ודחי לא תעשה ועשה, ואיש ואשה שוין בדבר.

הרמב״ן מסביר שאם מעקה היתה מצוות עשה שהזמן גרמא נשים היו פטורות ממנה על אף שקיים במקביל לה גם לאו. נדגיש, זו שיטה מנוגדת לכל השיטות שראינו עד כה, שכן לדעתו במצב של כפילות הנשים פטורות גם מהעשה וגם מהלאו. במעקה יש עשה ולאו, ובכל זאת אם הוא היה תלוי בזמן נשים היו פטורות מבניית מעקה, הן מהעשה שבו והן מהלאו שבו.

מאידך, ישנן כפילויות אחרות, כמו איסור מלאכה ביו״ט, שיש בהן לאו ועשה, ושם על אף שהן תלויות בזמן נשים חייבות, ושוב החיוב הוא הן בלאו והן בעשה. מדוע הוא רואה הבדל בין שני סוגי הכפילות הללו? הוא לא ממש מסביר זאת, אבל ננסה לדייק בדבריו.

נראה מלשונו שבמעקה הכפילות היא מלאכותית, שכן אין כאן באמת לאו ליד העשה, אלא כל עניינו של הלאו הוא לוודא שנקיים את העשה. במצב כזה, מי שפטור מהעשה ודאי שלא חל עליו הלאו. לעומת זאת, בשבת ויו״ט הכפילות היא מהותית. יש תכנים שונים לעשה וללאו, כפי שראינו למעלה בשיטת הרמב״ם וסיעתו: העשה מורה לנו על השביתה כמצב רצוי, ואילו הלאו מורה לנו על עשיית מלאכה כמצב שאינו רצוי. הלאו אינו תומך בעשה, וכנראה שגם העשה אינו תומך בלאו, אלא לכל אחד יש מקום כשלעצמו. לכן במצב כזה נשים וגברים שווים. במקרה של מעקה, כפי שטוען הרמב״ן, הלאו אינו אלא קיר תמך לעשה. הלאו אינו בא לומר שהמצב של אי-קיום מעקה הוא פסול, אלא אך ורק לחזק את העשה על מנת לוודא שנבצע אותו (שנגיע למצב החיובי).

נראה שהרמב״ן מסכים גם הוא להבחנה אותה עשינו בין לאו לעשה. טענתו היא שבמקרה של מעקה מופיע לאו חריג. כאן הלאו אינו מצביע על מצב לא רצוי, כפי שלאו עושה בדרך כלל, אלא רק מחזק מצוות עשה. מתוך הגדרה כזו ברור שאם הנשים היו פטורות מן העשה, הן היו נפטרות גם מהלאו. אם

היה כאן לאו רגיל, אזי גם אם הוא היה תלוי בזמן, הפטור מעשה אינו מהווה פטור מהלאו. הפטור הוא מהעלייה למדרגה גבוהה, אך אין פטור מהימנעות מהידרדרות וכישלון, גם אם אלו תלויים בזמן.[40]

שתי הבנות אפשריות בדברי הרמב״ן

הרמב״ן טוען שבמצב בו יש לאו חריג שכל עניינו הוא תמיכה וחיזוק של עשה מקביל, אזי אם שניהם תלויים בזמן נשים תהיינה פטורות מהעשה וגם מהלאו. ניתן להבין את דברי הרמב״ן הללו בשני אופנים:

1. במצב בו יש לאו שתומך בעשה הלאו מקבל גם הוא גדר של עשה. לפי זה, באופן עקרוני לא צריכים להעניש על לאו כזה, שכן על חובת עשה לא מענישים. כפי שהסברנו למעלה, אין עונש על אי התעלות אלא רק על הידרדרות, ואם הלאו הזה אינו מורה לנו על מצב שלילי אלא רק מחזק את המצב החיובי, אין להעניש עליו.

   אמנם, כפי שכבר הזכרנו קודם, הרמב״ן עצמו בהשגות לשורש התשיעי אינו מוכן לקבל את קיומו של ציווי חוזר שבא לחיזוק בלבד, ושאין לו שום השלכה מעשית. לכן הוא טוען, כדעת רוב הראשונים (פרט לרמב״ם), שבכל לאו חוזר נוספות עוד ארבעים מלקות. על כן נראה שיש להבין את דבריו כאן באופן שונה:

2. אמנם לאו ועשה הם אכן שתי מצוות. לאו שתומך בעשה הוא עדיין לאו, ולכן מי שעובר עליו נענש. למעשה, תמיכתו בעשה נעשית בדיוק באופן הזה: הוא מטיל עונש על אי-קיום העשה. לשון אחר: הלאו הופך את העלייה בדרגה לחובה בסיסית, ואת ההימנעות ממנה לכישלון. ממילא מי ש'נכשל' בזה צריך גם להיענש.

   אם כן, מדוע במצב בו הלאו והעשה היו תלויים בזמן נשים היו פטורות גם מהלאו? לכאורה זהו לאו ככל לאו אחר, ונשים חייבות בו. מה לי כישלון אמיתי, ומה לי כישלון בהגדרתו הפורמלית?

---

[40] ראה על כך ביתר פירוט במאמרי **מידה טובה** לשורש ג וי״ג.

התשובה לכך היא פשוטה מאד. אם הנשים היו פטורות מן העשה, אין כל היגיון לחייב אותן בלאו. הרי כל מטרת הלאו היא לוודא שמי שמחוייב בעשה מקיים אותו. אם כן, כאשר אין חיוב בעשה ברור שאין במה לתמוך. לכן אם היה מצב שנשים היו פטורות מן העשה, הן כמובן היו נפטרות גם מהלאו. לא בגלל התלות שלו בזמן, שהרי הוא עצמו לאו רגיל אין פטור מלאוין שהזמן גרמם. הפטור הוא מחמת התוכן הספציפי של הלאו, שאינו רלוונטי לנשים. מטרת הלאו היא לוודא שנעלה במדרגה ונקיים את העשה, אבל מי שאינו חייב בזה ודאי שאין טעם להחיל לגביו את הלאו.

כעת יש מקום לדון לגבי כל ההבדלים בין לאוין לבין עשין, מי מהם יחול לגבי הלאו הזה ומי לא. לדוגמא, כמה ממון נצטרך להוציא כדי לא לעבור על מצוות מעקה? לכאורה רק חומש, שכן המטרה היא לקיים את העשה, והלאו מיועד רק לוודא שנקיים אותו. אמנם יש לדחות ולומר שבדיוק בגלל זה התורה הוסיפה כאן לאו כדי לומר לנו שעל מעקה יש להוציא את כל ממוננו. אבל מבחינת מהות האיסור קשה לקבל זאת, שכן הלאו כאן במהותו הוא עשה (או תמיכה בעשה), ולא סביר שהוא מרחיב את תחולת החיוב בעשה. הוא אמור רק להעמיק את החיוב אך לא להרחיב אותו. לכן עונש אמנם יהיה עליו, אבל לא יהיו חיובים מעבר למה ולמי שמחוייב בעשה.

יישום לגבי האכלת קטנים ביו״כ ולגבי צדקה

נעיר כי האחרונים מיישמים את דברי הרמב״ן המחודשים הללו בכמה הקשרים. כמה מפרשים מקשים כיצד מותר להאכיל קטנים ביום הכיפורים, הרי יש איסור על ספיית איסור לקטן בידיים (שנדרש מ׳לא תאכלום׳ – לא תאכילום. ראה יבמות קיג ע״א).[41] חלקם מסבירים שזה בגלל פיקוח נפש, אך

---

[41] איסור זה הוא גם על קטן בן יומו. זהו איסור דאורייתא, והוא אינו קשור לדיני חינוך שאינם אלא חיוב דרבנן מגיל חינוך. האיסור הזה מוטל על כל גדול, ולא דווקא על ההורים, בניגוד לחיוב חינוך שמוטל אך ורק על ההורים.

הדבר תמוה, שכן קשה לקבל שכל קטן שלא אוכל ביו״כ נכנס לפיקוח נפש, ובודאי אם הוא יאכל בעצמו ולא שהוריו יאכילו אותו.

בעל **דברי יחזקאל**, סי׳ טו סקי״ח, מביא שיטות פוסקים שאין איסור על ספיית איסור לקטן אלא בלאו ולא בעשה. כעת הוא ממשיך ואומר שהלאו (=איסור אכילה) ביו״כ מיועד לתמוך בעשה (=חובת העינוי), ולכן במקרה זה מותר להאכיל את הקטנים ולעבור גם על הלאו. הנימוק שלו הוא שמי שאינו מחוייב בעשה לא יהיה מחוייב גם בלאו, בדיוק כמו שראינו למעלה בדברי הרמב״ן על מעקה.

גם לגבי צדקה הקשו כמה אחרונים,[42] מדוע אין חובה לתת בשעת הצורך את כל ממונו לצדקה? הרי מי שאינו נותן צדקה עובר על איסור לאו (״לא תקפוץ את ידך״, או ״לא תאמץ את לבבך״), וכדי לא לעבור על לאו חובה על אדם להוציא את כל ממונו? תשובה אפשרית לקושיא זו היא לאור דברי הרמב״ן הללו.[43] הלאו בצדקה מיועד לוודא שנקיים את העשה. כאשר אדם נתן כבר חומש מממונו לצדקה, אין עליו חובה לתת עוד. ממילא גם הלאו לא רלוונטי לגביו.

עיון נוסף בדברי הרמב״ן: הקשר בין קו״ע לבין מצוות עשה

בסופו של דבר, עלינו לשאול את עצמנו מדוע הרמב״ן החליט שבמעקה זהו עשה, ולא לאו? למה הוא לא קבע שדווקא העשה הוא המיועד לתמוך בלאו? נוסיף לשאול: מדוע לגבי שבת הוא אינו אומר דבר דומה? למה שם, גם לפי תפיסתו, נשים כן חייבות?

לגבי שבת ויו״ט כבר הערנו שהכפילות בין לאו לעשה היא רגילה, ולכן הלאו והעשה הם בעלי מעמד עצמאי. הלאו מורה שעשיית מלאכה היא בעייתית והעשה מורה שהשביתה היא חיובית, לכן אין קשר הכרחי בין שני הצדדים

---

[42] ראה **צדקה ומשפט**, פ״א הערה כג.

[43] ראה שו״ת מהרי״ל דיסקין, ח״א סי׳ כד, שיישב את הקושיא כך.

הללו.[44] לעומת זאת, בנדון דידן הלאו אינו בעל תוכן בלתי תלוי. כל עניינו הוא תמיכה וחיזוק של העשה. לכן כאן הוא נגרר בתר העשה.

אמנם עדיין יש לדון מדוע הרמב״ן מבין שדווקא העשה הוא העיקרי והלאו הוא התומך, ולא להיפך? אך זוהי שאלה פרשנית מקומית, והיא אינה נוגעת לעיקרון הכללי. ייתכן שהסיבה לכך היא שהמצווה להקים מעקה ביסודה היא מצווה שמקויימת באמצעות מעשה, ולכן עניינה בא לידי ביטוי בעשה יותר מאשר בלאו. כלומר הרמב״ן מכריע לפי אופי הקיום בפועל. כמובן, כמו שראינו למעלה לגבי רס״ג, גם הרמב״ן מסכים שישנם לאוין שאין בהם מעשה, כלומר הוא אינו קושר את החלוקה בין עשה ללאו עם החלוקה בין קו״ע לשוא״ת (כמו שעולה מדברי **הסמ״ק** ור׳ יוסף מארץ ישראל והגריפ״פ שהובאו לעיל).

בנוסף, לא ברור באיזה מובן התוספת הזו מחזקת את העשה, ובמה היא שונה מהוספת לאו נוסף? האם מישהו שמוכן לעבור על מצוות עשה ייךתע בגלל שיש כאן לאו? ובפרט במעקה שמדובר בלאו שאין בו מעשה, ולכן לא לוקים עליו. אין כאן תוספת עונש, אז מדוע בכלל התוספת הזו מחזקת את העשה?

משמעות ה׳חיזוק׳ לשיטת הרמב״ם ולשיטת הרמב״ן

לפי הרמב״ם נראה שקל יותר להבין מדוע התורה מוסיפה לאו על גבי עשה או להיפך. כבר הזכרנו שבשורש התשיעי הרמב״ם כותב שאין מניעה שיהיו בתורה פסוקים שכל עניינם הוא חיזוק של מצווה כלשהי, עשה או לאו. לא כל פסוק צריך לחדש משהו (פרט הלכתי, או עונש, כפי שכותב הרמב״ן שם). רק לפי הרמב״ן חיזוק חייב לבוא לידי ביטוי בהחמרת הענישה.

[44] אמנם ישנו עוד כלל, שאם יש לאו שנשים לא נפטרות ממנו, אזי הן אינן נפטרות גם מהעשה. יש שרואים בזה עיקרון שמיוחד דווקא לשמירת שבת, שם נאמר ׳שמור׳ ו׳זכור׳ בדיבור אחד, אך לדעתם אין עיקרון כללי כזה לגבי כל מצבי הכפילות. אך לרוב הדעות זהו עיקרון כללי, שכל אימת שיש לאו נשים תהיינה חייבות גם בעשה. הסברא לכך היא פשוטה מאד, שהרי הפטור מהעשה הוא מסיבה כלשהי (או כאבודרהם שמטרת הפטור היא לפנות אותן למלאכות הבית, או כהצעתנו במאמרים לשורש ג וי״ג, שהפשטה אינה משימה שמוטלת על נשים, ע״ש). אך אם הן בין כה וכה יתחייבו לפעול כך מחמת הלאו, אז אין כל טעם לפטור אותן גם מהעשה. זה לא יקל עליהם ולא ישיג שום מטרה אחרת, שכן האילוץ הזמני הזה בכל אופן מחייב אותן.

אם כן, במקרה של לאו ועשה כפולים ודאי אין מניעה שהתורה תוסיף לאו על גבי עשה או להיפך, שכן כאן היא לא רק מחזקת את המצווה הראשונה אלא גם מחדשת אספקט נוסף. אם העשה מגלה לנו כי מצב א הוא רצוי, הלאו מגלה שמצב ב (ההפוך) הוא מצב לא רצוי.

לפי הרמב״ם בשורש התשיעי, החיזוק אינו חייב לבוא לידי ביטוי בהחמרת העונש. גם הוספת עוד פסוק שאוסר את המעשה היא חיזוק. אם כן, הוספת פן מהותי שמסביר שיש גם ערך חיובי מעבר לשלילי, או להיפך, היא ודאי חיזוק. מי שלא ירצה לעשות משהו שמהווה התעלות עדיין יירתע מלהיכשל ולהידרדר למטה. וגם מי שמוכן להידרדר ורוצה לעסוק רק בעבודה מאהבה (תופעה כזו, שאולי פעם לא היתה מובנת, הפכה מצויה מאד בדורנו), יכול למצוא חיזוק בכך שמעשה כלשהו מהווה גם עבודה מהאהבה ולא רק מיראה. בנוסח שהצענו למעלה, יש כאן 'מקל' ו'גזר', ויש שמתחזק מה'מקל' ויש שמתחזק מה'גזר'.

בעניין זה הרמב״ן יכול להסכים עם הרמב״ם. לדוגמא, לגבי שבת הרמב״ן אינו רואה מניעה לכך שיהיו לאו ועשה עם תוכן חופף. הוא לא רואה את הלאו כמיותר (זה ברור, כי הלאו מוסיף עונש), אך גם לא את העשה (על אף שהוא אינו מוסיף עונש). והסיבה לכך היא שזה אינו דומה לתוספת לאו על גבי לאו. כאן ישנו חידוש, שיש גם פן של אהבה/יראה, ולכן יש מקום לשני הציוויים.

נמצא שלאור דברינו למעלה בביאור ההבחנה בין לאו לעשה ניתן להבין מדוע התורה בוחרת בחיזוקים של לאו על גבי עשה, ומדוע זה בכלל מחזק את העשה. כפי שראינו יש כאן צירוף של מקל וגזר, וזה ודאי מחזק את הציווי ואת הסנקציות שמוטלות על מי שעובר עליו. כעת ניתן להבין שגם מי שמוכן לעבור על העשה יירתע מעבירת לאו, שכן זו פעולה חזיתית נגד רצון ה' (קו״ע נורמטיבי).

יישוב קושיות הגריפ״פ

ראינו כבר כיצד מתיישבת הקושיא שהעלה הגריפ״פ מה ההבדל בין כפילות של לאו ועשה לבין כפילות של שני עשין או שני לאוין. לאור דברינו עד כאן, התשובה היא שלאו ועשה הם בעלי תוכן שונה, גם אם המעשים שנגזרים מהם נראים זהים. ההבחנה נובעת מעצם היותם לאו או עשה, ולזה בדיוק מכוין הרמב״ם את דבריו בשורש זה.

אמנם הגריפ״פ העלה שאלה נוספת, לגבי ראיית הרמב״ם ממה שחז״ל נוקטים לפעמים בלשון ״עשה שבה״ או ״לאו שבה״. מכאן הוכיח הרמב״ם שעשה ולאו הם שתי מצוות. על כך הקשה הגריפ״פ שעצם קיומן של שתי מצוות אינו גורר בהכרח שיש למנות אותן בנפרד, כפי שראינו בשורש התשיעי. אם כן, לא ברור מה ראיית הרמב״ם מלשונות אלו?

כעת, לאחר שהבנו את ההבדל המהותי בין לאו לעשה, נוכל להבין גם את ראייתו זו של הרמב״ם. לשיטת הגריפ״פ עצמו, לכאורה חז״ל היו צריכים לומר שישנם כאן שני איסורים או שתי מצוות, אולם לא לאו ועשה. לשיטתו לאו ועשה בדבר אחד הם עניין בלתי אפשרי, שהרי מהות המצווה נקבעת על פי עיקר עניינה (גם אם זה לא בהכרח אופן קיומה הפיזי). מעקה, למשל, היא מצוות עשה ולכן גם הלאו ד״לא תשים דמים בביתך״ נתפס מהותית כציווי של עשה. לכן, טוען הרמב״ם, אם אכן היה הרס״ג צודק, אזי חז״ל היו צריכים לומר במקרים אלו שישנם שני איסורים מאותו סוג, ולא ״עשה שבה״ ו״לאו שבה״.

ראייתו של רמב״ם מלשונות חז״ל אינה באה להראות את עצם העובדה ששני אלו נמנים כשני איסורים שונים במניין המצוות, שהרי לכך באמת אין כל ראיה מכאן, כפי שהסביר הגריפ״פ בצדק. ראייתו של הרמב״ם מבוססת על ההתייחסות לשני אלו כלאו ועשה, ולא כשני לאוין או שני עשין. ראיית הרמב״ם נועדה להראות רק את עצם האפשרות לתפוס ציווי בעל אופי מעשי מסויים אחד, גם כלאו וגם עשה. הראייה שוללת את הטענה שאופייה המהותי של המצווה מכתיב שהיא תהיה עשה או לא.

לטענה זו ישנה בהחלט הוכחה מלשונות אלו בחז״ל, ובזה הרמב״ם דוחה את עמדת רס״ג שמבין כי שתי אלו הן מצוות מאותו סוג. לאחר שהרמב״ם מוכיח שישנם כאן עשה ולאו, ההחלטה למנותם כשתי מצוות נפרדות אינה נובעת מדברי חז״ל הללו אלא מעצם ההבנה שאכן אלו שני איסורים נפרדים, ושהתכנים אינם באמת חופפים. ככאלו, הם אינם כפופים לנאמר בשורש התשיעי (שתקף רק למצוות מאותו סוג).

כבר ראינו שרס״ג אינו חולק על עצם הבחנה בין לאו ועשה כביטויים לדרישות של הימנעות ממצב שלילי או הגעה למצב חיובי. רס״ג, בניגוד לרמב״ם וסיעתו, כנראה מבין שהביטויים 'עשה שבה' ו'לאו שבה' מבטאים את ההבנה שביסוד מצוות אלו, ולא את המעמד ההלכתי שלהן עצמן. ייתכן שגם רס״ג יסכים שעשה מבטא דרישה להתקרב למצב רצוי ולאו מבטא הרחקה ממצב לא רצוי, אלא שלדעתו המיון ההלכתי ללאוין ועשין אינו מבוסס על הבדל תיאורטי זה אלא על הניסוח והאופי המעשי והמהותי של הדרישות השונות. ההלכה לפי תפיסתו היא מערכת של ציוויים מעשיים ולא מערכת הרעיונות שעומדת בבסיסם, ולכן המיון לקטגוריות הלכתיות (כמו לאוין ועשין) צריך גם הוא להתנהל במישור הפעולות המעשיות.

הערה על חידושו השני של הרמב״ם

ראינו למעלה שבכותרת השורש השישי ישנן שתי קביעות של הרמב״ם: 1. במצב של כפילות של לאו ועשה יש למנות את שתי המצוות בנפרד. 2. יש למנות את העשה עם מצוות העשה ואת הלאו עם הלאוין.

החידוש בקביעה הראשונה הוא ברור. להבדיל מכפילויות אחרות שנדונות בשורש התשיעי, כאן יש לכלול את שתי המצוות במניין המצוות. האם יש חידוש כלשהו גם בקביעה השנייה? לאור דברינו כאן, נראה שכן. ראשית, היה מקום לא להבחין בין עשה ללאו, אלא לפי המישור הביצועי. במצב כזה הלאו והעשה צריכים להימנות כעשין (במקרה של חיוב בניית מעקה) או כלאוין (במקרה של איסור מלאכה בשבת ויו״ט). חידושו של הרמב״ם הוא שהאחד נמנה כלאו והשני כעשה, כלומר הקריטריון הביצועי אינו קובע את אופי

המצווה. מה שמבחין בין לאו ועשה הוא הקריטריון של מטרת התורה, ולא אופן הביצוע.

יתר על כן, כאשר ישנה כפילות בין לאו לעשה, הרמב״ן גם הוא מסכים שיש למנות את שתי המצוות בנפרד (כלומר החידוש הראשון). מאידך, לפחות במקרים מסויימים של מצבי כפילות כאלה, הלאו נחשב כעשה או להיפך, שכן כל עניינו של הלאו הוא תמיכה בעשה. במצבים כאלה, היה מקום לחשוב שאין לכלול את הלאו עם הלאוין אלא עם העשין. הרמב״ם בחידושו השני קובע שגם במקרים אלו הלאו הוא לאו והעשה הוא עשה.

חשוב לציין שגם הרמב״ן מסכים לזה, ובמניין המצוות גם הוא מתייחס ללאו ד״לא תשים דמים בביתך״ כלאו, אף שמבחינת מעמדו וגדריו ההלכתיים הוא נראה דומה מאד לעשה, כמושנ״ת לעיל.

סיכום שיטות הראשונים ביחס להבחנה בין לאו לעשה ובשאלת הכפילות

ממה שראינו עד כה עולה כי ישנן ארבע שיטות יסודיות בראשונים בנושא זה:

1. **הסמ״ק** והגריפ״פ בדעת רס״ג מבינים את החלוקה בין לאו לעשה כחלוקה שתלויה רק במישור הביצועי. ברור שכפילות בין לאו לעשה תימנה כמצווה אחת, לפי האופי הביצועי של החובה המוטלת בהן. ההבחנה בין לאו לעשה היא על בסיס קו״ע ושוא״ת ביצועי.
2. ר׳ יוסף מארץ ישראל נראה כשיטה מעט שונה. הוא רואה את החלוקה כמשהו שמבוסס רק על המישור הלשוני, ולא מצאנו לכך שורש מהותי כלשהו (הקשיים נותרים בעינם, כמו שהערנו על דיונו של אהרן שמש). לשיטה זו לכאורה יוצא שאם יש כפילות בין לאו לעשה הוא ימנה שתי מצוות שונות, בגלל ההבדל הלשוני. אמנם בפועל נראה שכשיש כפילות הוא מפרש זאת רק כחיזוק, ולכן הוא מונה לאו אחד. ייתכן שהקריטריון למנייה הוא ביצועי, והדבר צל״ע.
3. הרמב״ם רואה את ההבחנה כמבוססת על אופיו של רצון התורה (האם היא מצביעה על מצב/פעולה חיוביים, או שוללת מצב שלילי).

במצב של כפילות של לאו ועשה, הרמב״ם מונה שתי מצוות, בגלל ההבדל בתוכן המהותי שלהן (קו״ע ושוא״ת נורמטיבי).

4. רס״ג רואה גם הוא את ההבחנה בין לאו לעשה כמבוססת על אופיו של רצון התורה, בדיוק כרמב״ם (קו״ע ושוא״ת נורמטיבי). אמנם כשיש כפילות הוא מונה רק מצווה אחת, **כסמ״ק**. אלא שהוא לא בוחר את המצווה שתימנה לפי האופי הביצועי אלא לפי מהות רצון התורה בהקשר זה. לכן בשבת הוא בוחר למנות כמצוות עשה, ולא כלאו.

פרק שמיני

הבחנות בין קו״ע לשוא״ת

מבוא

עד כאן עסקנו בהגדרה הבסיסית של מצוות עשה ולאוין, וראינו שישנה מחלוקת ראשונים בשאלה האם היא מקבילה לחלוקה בין קו״ע לשוא״ת, או לא. לשיטת **הסמ״ק** וסיעתו הזיהוי בין שתי החלוקות הללו הוא נכון. ראינו שהאינטואיציה הראשונית של כולנו גם היא קושרת ביניהן. אך לפי הרמב״ם וסיעתו מצוות עשה היא מצווה שמצביעה לנו על מצב רצוי, ואיסור לאו מצביע על מצב לא רצוי. גם לשיטתם קיימת קורלציה כלשהי, גם אם לא מוחלטת, בין שתי החלוקות. בדרך כלל מצוות עשה מקויימות במעשה ולאוים נעברים במעשה. הדוגמאות המנוגדות הן חריגות. לפי שיטה זו, ההבחנה בין לאו לעשה מבוססת על הבחנה בין שוא״ת לקו״ע נורמטיביים.

מה שמוצג כאן הוא בעצם הגדרה שונה למושגים ההלכתיים ׳שוא״ת׳ ו׳קו״ע׳. אנו רואים את הביטוי הפיסי להגדרות המקובלות הללו כשולי. עיקר הקולא בעבירת שוא״ת נובע מכך שאין כאן פעולה אקטיבית נגד רצון ה׳. על כן, הפיסיות של הפעולה אינה אלא אינדיקציה לקולא. לפי הצעתנו, גם מחדל שמשמעותו היא הימצאות במצב שלילי (ולא אי-הימצאות במצב חיובי), נחשבת כעבירת קו״ע מכל בחינה מהותית, שכן יש בה הליכה חזיתית נגד רצון ה׳. לעומת זאת, אי הימצאות במצב חיובי היא עבירת שוא״ת, שכן היא אינה עומדת בניגוד חזיתי נגד רצון ה׳.

בפרק זה נבחן כמה השלכות הלכתיות ופרשניות של ההפשטה הזו.

השלכות

ההבדל בין קו"ע ושוא"ת מופיע בהקשרים שונים בש"ס. חכמים עוקרים דבר מה"ת בשוא"ת ולא בקו"ע (ראה יבמות פט ע"ב - צ ע"א). כבוד הבריות דוחה איסור תורה בשוא"ת ולא בקו"ע (ראה ברכות יט ע"ב – כ ע"א) ועוד.

ראשונים ואחרונים נחלקו בכמה מן ההקשרים הללו בשאלה מהו גדרם של קו"ע ושוא"ת. יש שהבינו זאת כהבחנה בין מצוות עשה ולאוין, כלומר שכבוד הבריות מאפשר ביטול עשה אך לא מעבר על לאו וכדו'. לעומתם, אחרים מבינים שזוהי הבחנה שונה. לשיטתם, כבוד הבריות דוחה גם לאו, אם המעבר עליו הוא בשוא"ת (כמו הלאו ד"לא תשים דמים בביתך"), ואינו דוחה אפילו עשה אם המעבר עליו הוא בקו"ע (כמו השביתה בשבת).[45]

לאחר שנציג את המחלוקות השונות, נחזור ונראה שביסודן של כמה מהעמדות הללו עומדת אותה הפשטה למושגים 'שוא"ת' ו'קו"ע' אותה הצענו למעלה.

עקירת דבר מן התורה: הוכחה מדברי הרשב"א בר"ה

הזכרנו שהגמרא ביבמות קובעת כי חכמים יכולים לעקור דבר מן התורה בשוא"ת. נראה כעת מחלוקת ביחס למשמעות הביטוי 'שוא"ת' בהקשר זה.

הגמרא בר"ה טז ע"א-ע"ב דנה בשאלה מדוע תוקעים בשופר במיושב ובמעומד:

> ***למה תוקעין ומריעין כשהן יושבין, ותוקעין ומריעין כשהן עומדין? כדי לערבב השטן. ואמר רבי יצחק: כל שנה שאין תוקעין לה בתחלתה - מריעין לה בסופה. מאי טעמא - דלא איערבב שטן.***

הראשונים שם מקשים כיצד חכמים יכולים לתקן תקנה כזו לקיים מצווה פעמיים, הרי יש כאן 'בל תוסיף'? בתוד"ה 'ותוקעים', שם ברע"ב, כתבו:

> ***ותוקעים ומריעין כשהן עומדין - תימה הא קעבר משום בל תוסיף וכי תימא כיון דכבר יצא הוה ליה שלא בזמנו דלא עבר הא אמרינן***

---

45 עסק בכך בהרחבה ר' אלחנן וסרמן, ב**קונטרס דברי סופרים**, סי' ג ע"ש.

> ***בסוף ראוהו ב"ד (לקמן דף כח: ושם) גבי ברכת כהנים דאין מוסיף ברכה אחת משלו משום דלא עבר עליה זימניה כיון דאילו מתרמי ליה צבורא אחרינא הדר מברך להו ה"נ אי מתרמי ליה צבורא הדר תקע להו וי"ל דאין שייך בל תוסיף בעשיית מצוה אחת ב' פעמים כגון כהן אם מברך וחוזר ומברך אותו צבור עצמו או נוטל לולב וחוזר ונוטל וכן תוקע וחוזר ותוקע וגבי מתנות בכור נמי אם נותן בקרן אחד ב' פעמים אין זה בל תוסיף.***

תוס' טוענים שקיום מצווה פעמיים אין בו משום 'בל תוסיף'. הרשב"א שם בסוע"א מקשה את אותה קושיא, ולאחר שהוא מביא את דברי התוס', הוא כותב:

> ***והם ז"ל*** [=בעלי התוס'] ***טרחו להעמיד שיטה זו ולא עלתה יפה בידם. ומסתברא דלא קשה כלל, דלא אמרו התם דאיכא משום בל תוסיף אלא במה שהוא מוסיף מדעת עצמו כגון כהן שהוסיף ברכה משלו ואי נמי ישן בשמיני בסוכה במתכוין למצוה ואי נמי במה שאירע במקרה שנתערב מתן אחת במתן ארבע וכיוצא באלו, אבל במה שעמדו חכמים ותקנו לצורך אין כאן בל תוסיף דכבר אמרה תורה על פי התורה אשר יורוך. ותדע לך דהא שמיני של סוכה בזמן הזה מצוה של דבריהם וישנין ואוכלין בה למצוה ואע"ג דבקיאינן השתא בקיבועא דירחא, ומכריז ר' יוחנן היכא דמטי שלוחי ניסן ולא מטו שלוחי תשרי ליעבדו תרי יומי גזירה ניסן אטו תשרי אלמא כל לצורך ב"ד גוזרין ומוסיפין והרשות בידן, וה"ה בבל תגרע לצורך כגון י"ט של ראש השנה שחל להיות בשבת אע"ג דאמרה תורה תקעו עמדו וגזרו שלא לתקוע וכל זה לצורך והכא נמי לצורך ראו לתקוע ולחזור ולתקוע ומצוה לשמוע לדברים חכמים מלא תסור כן נ"ל:***

הוא טוען שחכמים, כאשר הם פועלים למיגדר מילתא או לצורך כלשהו, אינם כפופים לאיסור 'בל תוסיף'. הוא מביא ראיות מכך שחכמים יכולים להוסיף מצוות ולגרוע מצוות בשוא"ת, אף שלכאורה יש בזה איסור 'בל תגרע'.

בעל **טורי אבן** (שם, רע״ב) הקשה על ראיית הרשב״א, דכמו שהם עקרו את גוף המצווה הם יכולים גם לעקור את הלאו ד׳בל תגרע׳, שהרי שניהם נעשים בשוא״ת, ולכן אין להביא ראיה מ׳בל תגרע׳ לנדון דידן (שהרי הוספת מצווה היא עבירה על ׳בל תוסיף׳ בקו״ע).

ו**בקונטרס דברי סופרים** (=קונד״ס), סי׳ ג סק״י-יא, ביאר את דברי הרשב״א, שלשיטתו ההבחנה בין קו״ע לשוא״ת אינה תלויה בשאלה האם זוהי עבירה שנעשית במעשה פיסי או לא, אלא האם זהו לאו או עשה. וכשהכלל קובע שחכמים אינם יכולים לעקור דבר מן התורה בקו״ע, הכוונה היא שהם אינם יכולים להתיר לנו לעבור על לאו. אם כן, גם הלאו ד׳בל תגרע׳ הוא לאו, אפילו שעוברים עליו בלי מעשה פיסי, ולכן חכמים אינם יכולים לעקור אותו. כמובן שבעל **טורי אבן** סובר שהחילוק אינו בין לאו לעשה אלא בין שני אופני הביצוע הפיסי של העבירה, במעשה או במחדל.

נדגיש כי נראה ששניהם מסכימים שהחילוק בין עשה ללאו אינו תלוי בשאלה האם העבירה נעשית במעשה או בלי מעשה, שכן לדעת שניהם ׳בל תגרע׳ הוא לאו, על אף שבדרך כלל אין בו מעשה. המחלוקת שלהם עוסקת בשאלה מהו גדר ההיתר של חכמים לעקור דבר מן התורה בשוא״ת, האם הכוונה היא כפשוטו לעבירה ללא מעשה או שהכוונה היא לביטול עשה (ולא עבירת לאו). ההשלכה היא לעניין עקירת לאו שאין בו מעשה, כמו ׳בל תגרע׳, וכנ״ל.

כבוד הבריות: ׳קונד״ס׳ ו׳קה״י׳

הזכרנו למעלה שהסוגיא בברכות קובעת שכבוד הבריות דוחה איסור תורה בשוא״ת. והנה בעל **קה״י**, ברכות סי׳ י (ועיין גם ב**קונד״ס**, סי׳ ג בתחילתו לגבי עקירת דבר מן התורה, ובסקכ״ח-לא הוא דן בזה לגבי כבוד הבריות), מעלה שתי אפשרויות לגבי הבנת הקביעה שערך כלשהו, כמו כבוד הבריות, דוחה איסור תורה בשוא״ת ולא בקו״ע:

1. ההבנה הפשוטה: מעבר על איסור שוא״ת הוא קל יותר, ולכן הוא נדחה בפני הערך הנדון. עבירה בקו״ע היא חמורה, ולכן היא אינה נדחית.

מעבר לשאלת הראיות, ההבחנה הזו נראית בעייתית על פניה, שכן לפיה היה עלינו לחלק בין איסורים קלים וחמורים. לכאורה נראה שמעבר בשוא״ת על איסור חמור צריך להיות חמור יותר מאשר עבירת קו״ע על איסור קל.

2. אפשרות נוספת: אין הבדל בחומרת העבירה על דברי תורה, בין עבירת שוא״ת לבין עבירת קו״ע. הכלל הוא שהערך הנדון (=כבוד הבריות, במקרה זה) שקול במעמדו למצוות התורה לסוגיהן השונים, ולכן, כמו בכל מצב של התנגשות בין ערכים שווים, ההכרעה היא ׳שב ואל תעשה עדיף׳.

לפי הבנה זו, כאשר כבוד הבריות מתנגש עם איסור בקו״ע, כמו לבישת כלאיים, אזי יישום הכלל שוא״ת עדיף, מתפרש כך: יש לישב ולא ללבוש כלאיים. קביעה שפירושה דה-פקטו הוא שאיסור הלאו לא נדחה בפני כבוד הבריות. לעומת זאת, כאשר ישנה התנגשות בין הערך הנ״ל לבין איסור בשוא״ת, כמו למשל אי השבת אבידה (לדוגמא, במקרה של זקן ואינה לפי כבודו), גם אז ההתנגשות שקולה, ולכן אנחנו שוב פוסקים שוא״ת עדיף. אלא שבמקרה זה פירושה של קביעה זו הוא שיש היתר לשבת ולא להשיב את האבידה. אם כן, במקרה זה מצוות השבת אבידה ׳נדחתה׳ דה-פקטו, ולכן אין חובה לקיים אותה.

המכניזם הזה גורס שאין הבדל בחומרה בין עבירת שוא״ת ובין עבירת קו״ע. ההבדל בהכרעה ההלכתית נובעת מהמשמעות העובדתית (ביצועית) של יישום הכלל ׳שב ואל תעשה עדיף׳. במקרה של עבירת שוא״ת הוא מתפרש כמעבר על העבירה, ובמקרה של עבירת קו״ע הוא מתפרש כהימנעות מהעבירה. זה אינו כלל דחייה אלא ביטוי מעשי שונה של ההנחייה להיוותר פסיבי במצב של התנגשויות בין ערכים שקולים.

בשני המקורות הנ״ל מובאות דעות שחלוקות במחלוקת זו. לדוגמא, בתוד״ה ׳אבלי׳, שבועות ל ע״ב, כתבו (בתירוץ השני) שעל אף שיש על כל אדם חובה

להעיד, אם הוא ת״ח ואינו יכול להעיד בפני בי״ד שקטן ממנו הוא פטור, שכן כבוד הבריות דוחה איסור בשוא״ת. אמנם אם אדם אחר עושה איסור על ידו, במקרה כזה אסור לו להימנע מלהעיד, שכן העבירה של האחר תיחשב כעבירת קו״ע שלו עצמו. לפי הבנה שהדחייה של כבוד הבריות היא מכוח העיקרון של שוא״ת עדיף, לא ניתן להבין את הקביעה הזאת, שהרי כאן ההנחייה שוא״ת לגבי העד היא לא להעיד. על כורחנו התירוץ הזה בתוס׳ סובר שהדחייה היא מכוח חומרת העבירה בקו״ע, ולכן הוא קובע שגם עבירה של אחר הופכת את העבירה שלי לחמורה כקו״ע, ולכן אין לי רשות להימנע מלהעיד.

בקה״י שם מביא מחלוקת רמב״ם ורא״ש לגבי מי שמוצא כלאיים בבגד של חברו, האם הוא מחוייב להפשיט אותו, ובכך לפגוע בכבודו, או לא. הרמב״ם סובר שכן, ומכאן רואים שעל אף שההימנעות מכך היתה שוא״ת מבחינת המפשיט, מכיון שחברו עובר בקו״ע זה נחשב כקו״ע שלו עצמו. הרמב״ם סובר כנראה כתוס׳, וכהבנה 1 לעיל, שהדחייה היא מפני קולת העבירה של שוא״ת. לעומת זאת, הרא״ש סובר שהחובה הזו קיימת רק כאשר הוא מוצא כלאיים בבגדו שלו. ייתכן שהוא חולק על הרמב״ם ותוס׳, ולדעתו הדחייה היא בגלל העיקרון שוא״ת עדיף, וכאפשרות 2 לעיל. אמנם לדעת הרא״ש זה לא הכרחי, שכן ייתכן שגם הוא מסכים להבנה 1, אלא שהוא חולק על הסברא שניתן להחשיב עבירת קו״ע של זולתי כעבירת קו״ע שלי, גם אם אני עצמי עושה אותה בשוא״ת. לדעתו עבירת שוא״ת שלי היא קלה יותר, גם אם זולתי מוצא עצמו מכוח זה עובר בקו״ע.

הקשר בין שתי השאלות, וביניהן לנדון דידן

ראינו שתי שאלות שנוגעות לדחיות בעבירות קו״ע ושוא״ת: 1. האם הכוונה היא למעשה פיסי או ללאו. 2. האם העיקרון של הדחייה הוא בגלל חומרת העבירה בקו״ע, או בגלל עיקרון של שוא״ת עדיף.

לכאורה אלו הן שתי שאלות בלתי תלויות, אך מבט נוסף מעלה שבכל זאת ישנו קשר ביניהן. אם ההבנה בעקרון הדחייה היא כאפשרות 2, שהדחייה

אינה בגלל החומרה אלא בגלל שוא״ת עדיף, אזי ברור שהחילוק בין קו״ע לבין שוא״ת נוגע לשאלה האם העבירה היא באמצעות מעשה פיסי, ולא לשאלה האם זהו לאו או עשה. ואם ההבנה בעקרון הדחייה היא שהוא נובע מחומרת העבירה, כאן שתי האפשרויות פתוחות. השאלה היא האם חומרה של עבירה נקבעת על פי האופי הפיסי של העבירה או על פי ההגדרה ההלכתית שלה (עשה או לאו).

כיצד שתי השאלות הללו קשורות, אם בכלל, לנדון דידן, כלומר לעצם ההגדרה של לאו ועשה? ברור שאם ההגדרה היתה פיסית במהותה, כדעת **הסמ״ק**, אזי השאלה הראשונה כלל אינה רלוונטית, שכן שתי האפשרויות המוצעות בה הן זהות. אמנם השאלה השנייה נותרת פתוחה גם במקרה זה. אך אם ההבנה היא כדעת הרמב״ם והרמב״ן ורס״ג ורוב הראשונים, שהגדרת עשה ולאו אינה קשורה בהכרח לאופי הפיסי של העבירה, אזי שתי השאלות הן פתוחות לדיון.

לפי הצעתנו לעיל, תפיסת הרמב״ם והרמב״ן היא שעשה ולאו נקבעים על פי היחס לרצון ה׳ (הצבעה על מצב רצוי, או שלילת מצב לא רצוי), ולא על פי האופי הפיסי של העבירה/מצווה. ראינו לפי דברי הרמב״ן בפ׳ יתרו שאיסור לאו הוא חמור יותר, שכן הוא מהווה התנגשות חזיתית עם רצון ה׳ (=הימצאות במצב שלילי). אם כן, שתי האפשרויות פתוחות: ייתכן להבין שדחיית עבירה בשוא״ת מכוונת לדחייה עשה וייתכן גם להבין שהכוונה היא לדחיית עבירה שנעברת פיסית בשוא״ת. גם ביחס לשאלה השנייה נותרות שתי האפשרויות פתוחות, שכן לאו הוא חמור יותר, ולכן ייתכן שהדחייה של העשה היא מפני שהוא קל יותר. אמנם מלשון הרמב״ן משתמע בבירור שהכלל עשה דוחה לא-תעשה מבוסס על כך שהלאו קל יותר מהעשה (וכך הבין בו גם **השדי חמד**, בכרך ה כלל מא).

בכל אופן, דבר אחד כן עולה מהניתוח כאן, והוא שנראה כי יש קשר בין שתי השאלות: אם הדחייה היא מפני הכלל שוא״ת עדיף, אזי ברור שהפירוש הוא מעשה פיסי ולא מעמד הלכתי. ואם הדחייה היא מפני שעבירת קו״ע היא חמורה יותר, אזי מסתבר שמדובר דווקא על לאו, שכן הוא המגדיר חומרה

ולא האופי הפיסי של המעשה. בלשון אחרת נאמר כי מעבר על לאו הוא עבירת קו״ע במשמעות המהותית (לאו דווקא הפיסית), ולכן הוא חמור יותר (יש בו התנגשות חזיתית עם רצון ה׳).

כעת נוכל לראות שרמב״ם שהביא **הקה״י** הנ״ל סובר שהדחייה היא מפני חומרת העבירה. על כורחנו, המשמעות היא שמה שנדחה הוא עשה ולא כל עבירה שנעשית במחדל (=בלי מעשה פיסי). ייתכן שהרא״ש חולק על כך, וכנ״ל.

הפשטת המושגים ׳שוא״ת ו׳קו״ע׳

בכל אופן, ברור שישנה כאן הדגמה לטענתנו דלעיל, לפיה גם המושגים ׳שוא״ת׳ ו׳קו״ע׳ עצמם (ולא רק המושגים הנורמטיביים בעליל, ׳לאו׳ ו׳עשה׳) עוברים הפשטה, והופכים להיות מושגים לא פיסיים. בשני ההקשרים הללו החלוקה בה משתמשת הגמרא היא בין ׳שוא״ת׳ לבין ׳קו״ע׳. ובכל זאת, יש מן המפרשים שרואים בזה ביטוי לחלוקה בין לאוין לעשין, על אף שהחלוקה לאו-עשה אינה בהכרח חופפת לחלוקה שוא״ת-קו״ע. על כורחנו שהמושגים הללו עצמם עבור הפשטה, וכל ביטול עשה נראה בעיניהם כעבירת שוא״ת וכל עבירת לאו נראית כעבירה בקו״ע. זוהי בדיוק ההגדרה המופשטת שהצענו למעלה למושגים ׳שוא״ת׳ ו׳קו״ע׳.

פרק תשיעי

מצוות חיוביות וקיומיות

מבוא

ראינו שלרוב הדעות בראשונים, ההבחנה בין עשה ללאו אינה מבוססת על אופייה הפיסי של העבירה, אלא על האופי ההלכתי והעקרוני שלה. למעשה, אנחנו מחליפים את המשמעות של המונחים 'שוא"ת' ו'קו"ע', מהמשמעות הפיסית המקובלת שלהם, למשמעות נורמטיבית (צורת הקיום/התנגשות של/עם רצון ה': חזיתית או עקיפה).

לפי הצעתנו, ציווי שמצביע על מצב רצוי הוא עשה, ועליו עוברים בשוא"ת מהותי (=אי הגעה למצב הרצוי. הימצאות במצב אחר) ומקיימים בקו"ע מהותי (=הגעה למצב הרצוי). ציווי שמצביע על מצב לא רצוי הוא לאו, ועליו עוברים בקו"ע מהותי (=נמצאים במצב השלילי), ומקיימים אותו בשוא"ת מהותי (=לא נמצאים במצב השלילי, אלא במצב אחר). כאמור, קו"ע ושוא"ת במשמעותם הפיסית אינם משחקים כאן תפקיד של ממש.

הגדרות אלו מעוררות קושי לא פשוט ביחס להבחנה הלכתית רווחת, בין מצוות קיומיות וחיוביות. במבט ראשוני נראה לכאורה שהבחנה זו כלל אינה קיימת במסגרת המושגית אותה הצענו.

מצוות חיוביות וקיומיות

תוס' ריב"א בפ' בא (הביאו ב**קובץ שיעורים** קידושין, סי' קמג) כותב כך:

> ***יש לך דברים שמקבלים שכר עליהם בעשיתן ואין מקבלין עליהם עונש כשאין עושים אותה. כגון מצה מליל ראשון ואילך רשות, ומ"מ כתב באכילת הששה עשה, שנאמר "שבעת ימים מצות תאכלו". וזהו שפירש במכילתא לפי שנא' 'ימים', כלומר אם אכל מצה כל ז' ימים קיים שבעת ימים מצות תאכלו. לילות מנין? כלומר אם אכל***

מצה כל שבעה לילות מנין שקיים פסוק ומקבל שכר? ת"ל: "עד יום האחד ועשרים".

בעקבות הדברים הללו ועוד, האחרונים נוהגים להבחין בין שני סוגי מצוות עשה: מצוות עשה חיוביות וקיומיות. הבחנה זו נפוצה אצל האחרונים, ולכן לא נפרט כאן לגביה.[46] באופן כללי נאמר כי מצווה חיובית היא מצווה שמטילה עלינו חובה אקטיבית, ומי שלא קיים את החובה הזו עבר עבירה של ביטול עשה. לדוגמא, יש מצווה חיובית להניח תפילין בכל יום. אין אפשרות להימלט מהחיוב הזה, וכל אדם צריך לעשות כל מה שלאל ידו כדי לקיים אותו. מי שלא עשה את חובתו עבר בכך עבירה, והוא עתיד להיענש על כך (בדיני שמים, שכן אין עונשי בי"ד על ביטול מצוות עשה).

לעומת זאת, ישנן מצוות שמכונות 'קיומיות'. מצוות אלו אינן מטילות עלינו חובה כלשהי, ולכן מי שלא קיים אותן לא עבר עבירה ואין לו עונש, גם לא בדיני שמים.[47] אמנם מי שמחליט לקיים אותן יש לו על כך שכר מצווה. לדוגמא, המצווה ללמוד תורה, מעבר לפרק אחד בבוקר ובערב שהוא חובה לכל הדעות, לפחות לפי חלק מהראשונים היא מצווה קיומית (ראה, לדוגמא, בפי' הרא"ש לנדרים ח ע"א, והשווה לר"ן שם). ומכאן, שמי שלא עשה זאת לא עבר עבירה, אבל מי שלמד יש לו שכר על מצווה קיומית של תלמוד תורה. דוגמא נוספת היא מצוות צדקה. ישנו שיעור מינימלי של מתן צדקה, ובו חייב כל אחד ("אפילו עני שבישראל אל יפחת משליש השקל בשנה". ראה רמב"ם, הל' מתנות עניים, פ"א ה"ח ועוד). אמנם אם מישהו נותן יותר הוא מקיים בכך מצוות צדקה, אבל אם הוא לא נותן אין בכך עבירה.

---

[46] ראה, לדוגמא, במאמר **מידה טובה** לפרשת וישב, תשסז, ועוד

[47] אמנם יש מקורות מהם רואים שיש גם עונש על ביטול מצוות כאלה, כמו ביטול תורה, או ענישה בעידנא דריתחא על הימנעות מלבישת בגד של ארבע כנפות (ראה מנחות מא ע"א), אך כל אלו הם עונשים שאינם ניתנים על ביטול עשה, אלא על אופי כללי של עבודת ה'.

נעיר כי בסוגיית מנחות מדובר על ביטול מצווה מותנה ולא על ביטול מצווה קיומית (ראה בהערה לעיל על ההבדל ביניהן). יש לשים לב שהגמרא שם מקשה: "ענשיתו אעשה?", כלומר מה שמטריד אותה הוא כיצד ניתן עונש על ביטול עשה בכלל, ולא כיצד ניתן עונש על ביטול עשה קיומי בדווקא.

כל הדוגמאות הללו עוסקות בפרטים של מצוות חיוביות. מצוות צדקה או תלמוד תורה היא חיובית. אלא שיש רף שממנו והלאה לא חייבים לעשות, ורק יש קיום מצווה ושכר למי שעושה זאת. ישנה דוגמא מובהקת אחת למצווה שהיא כולה קיומית, והיא מצוות ישוב ארץ ישראל, לפי הבנת ר' משה פיינשטיין. וכך הוא כותב בשו"ת **אגרות משה**, אבהע"ז ח"א סי' קב:

> ***ובדבר שאלתך אם יש מצוה עכשיו לדור בא"י כהרמב"ן או כהר' חיים בתוס' כתובות דף ק"י דאינה מצוה בזה"ז. הנה רוב הפוסקים סברי דהוא מצוה. אבל פשוט שאין זה בזה"ז מצוה חיובית שעל הגוף דא"כ היה ממילא נמצא שאסור לדור בחו"ל משום שעובר על עשה כמו מי שילבש בגד של ד' כנפות בלא ציצית שיש איסור ללבוש כדי שלא יעבור על עשה דציצית, ולא הוזכר איסור אלא על הדר בא"י שאסור לצאת ע"מ לשכון בחו"ל ברמב"ם פ"ה ממלכים ה"ט, וג"כ הא ודאי אינו איסור לאו ואם היה איסור גם לאנשי חו"ל הי"ל לרמב"ם לומר סתם אסור לשכון בחו"ל אא"כ חזק בא"י הרעב משמע דרק ליושבי א"י יש איסור שאסרו חכמים אבל מצד העשה אינה חיובית אלא כשדר שם מקיים מצוה. ובחדושי הארכתי הרבה בדברי ר"ח שבתוס' כתובות. וכיון שאינה מצוה חיובית יש ודאי להתחשב בהחשש של הר"ח בתוס' אם יוכל ליזהר במצות התלויות בארץ.***

לדעתו מצוות יישוב ארץ ישראל אינה מטילה חובה על אף אחד לעלות לארץ. כל מה שהיא אומרת הוא שמי שיושב בארץ קיים בכך מצווה. רבים חלקו עליו בעניין זה, ואחת הטענות העיקריות שלהם היא שלא תיתכן מצווה שהיא כולה קיומית (רק מצב של פרטים קיומיים במצווה חיובית קיים בהלכה).[48]

---

[48] ראה שו"ת **ציץ אליעזר** חלק יד סימן עב סק"ז, ועוד הרבה.

מצוות עשה שהזמן גרמן

ישנו סוג נוסף של מצוות שנקשרות למצוות קיומיות, והוא מצוות עשה שהזמן גרמן עבור נשים. כידוע, נשים פטורות מכל מצוות עשה שהזמן גרמן (למעט חריגים בודדים). מה קורה אם אישה בכל זאת רוצה לקיים מצווה כזו? הראשונים חלוקים על כך. יש שטוענים שאסור לה לקיים את המצוות הללו, משום 'בל תוסיף'. יש הטוענים שמותר לה לקיימן כמי שאינה מצווה ועושה. ויש שפוסקים שמותר לה אף לברך על קיום מצווה כזו, למרות שהיא אינה חייבת בה.

מקור ראשוני לתפיסה כזו נמצא בדברי הראב"ד, בתחילת פירושו ל**תו"כ** (ריש פרשתא ב). הראב"ד שם דן במחלוקת התנאים לגבי סמיכת נשים על קרבנות, שהיא רק רשות, וכותב כך:

> ***ור' יוסי ור' שמעון אומרים נשים סומכות רשות. איכא מ"ד לדעת ר' יוסי ור' שמעון אפילו סמיכה גדולה עליו מותרת בנשים שכך נתנה בתורה לאנשים חובה ולנשים רשות והנשים דומיא דאנשים לכל מנות עשה שהזמן גרמא אף על פי שיש בה איסור תורה כגון ציצית של תכלת לנשים. והא דאמר ר' יוסי סח לי אבא אלעזר פעם אחת היה לנו עגל של זבחי שלמים והוציאנוהו לעזרת נשים וסמכו עליו נשים וכו' דמוקמינן לה במסכת חגיגה שם דאמרינן אקיפו ידייכו התם משום שלא היה להם חלק בקרבן אלא שהאנשים היו מקריבין ומשום נחת רוח דנשים עבוד שם הסמיכה אבל הנשים המקריבות עושות סמיכה כאנשים לר' יוסי אף על פי שהיא עבודה בקדשים. ומיהו לדעת ת"ק לא עבדי כלל לא לסמוך בכח ולא אפי' להקפות שמא יבאו לידי קלקול. והיינו דקא מייתי ראיה ר' יוסי ממעשה דאבא אלעזר ואף על פי שלא היתה סמיכתו סמיכה גמורה. ואיכא מ"ד דאפילו לדעת ר' יוסי ור' שמעון לא שרינן להו לנשים למעבד איסור דאורייתא משום דידהו, וסמיכה דשרי ר' יוסי בנשים אינה אלא להקפות ידיהם כמעשי דאבא אלעזר וכדמתרץ לה***

באקפויי ידא. ומסתברא כפירוש' קמא דסומכות דר' יוסי כסומכות דת"ק.

הדעה הראשונה סוברת שלפי ר' יוסי מעמד הנשים במצוות שהן פטורות מהן הוא כאנשים, אלא שאין עליהן חובה. ההשלכה שהוא מביא היא במצב שיש התנגשות בין לאו לעשה שהזמן גרמו. במצב כזה הכלל הוא שעשה דוחה ל"ת. אבל נשים פטורות מהעשה וחייבות בלאו, ובכל זאת כותב הראב"ד שקיום העשה מתיר להן לעבור על הלאו (עבודה בקרבנות משום סמיכה, וכלאיים משום ציצית), וזאת על אף שהן אינן חייבות בעשה עצמו (ראה שם בהמשך את כל הדיון, גם לגבי כלאיים בציצית).

כיצד ניתן להבין זאת? הרי הנשים אינן חייבות בעשה שהזמן גרמו, אז כיצד קיום העשה הזה דוחה את הלאו של כלאיים, או של עבודה בקדשים? רואים שיש כאן מצוות עשה קיומית. הנשים אינן חייבות לקיים אותה, אבל אם הן מקיימות אותה זוהי מצוות עשה לכל דבר ועניין.

מהי הדעה החולקת? לכאורה היא סוברת שעשה קיומי אינו דוחה לאו. אבל **בקו"ש** קידושין סי' קמד סובר שגם הם מסכימים שעשה קיומי דוחה לאו, והמחלוקת היא האם נשים שמקיימות עשה שהזמן גרמו, יש להן מצווה קיומית.[49]

הקושי

מצוות עשה קיומית היא מצווה שאי קיומה אינו עבירה. באי ביצוע מצוות קיומיות אין עבירת ביטול עשה. לעומת זאת, מצוות עשה חיוביות, שהן רוב מצוות העשה, יש עבירת ביטול עשה באי קיומן. כעת עולה קושי בהבנת המושג 'מצווה חיובית'.

ראינו שרוב הראשונים סוברים כי יסוד ההבחנה בין לאו לעשה הוא בכך שהימנעות מקיום מצוות עשה אינה פעולה חזיתית נגד רצון ה', לעומת עבירה על מצוות ל"ת שהיא פעולה חזיתית כנגד רצון ה'. מהו בעצם ההבדל בין

---

[49] ראה על כך עוד במאמר **מידה טובה**, לפ' וישב, תשסז. להלן בחלק השלישי, כשנעסוק בכללי הדחייה נדון בכך ביתר פירוט.

עבירת עשה לעבירת לאו? שבעבירת עשה אמנם לא עשינו משהו חיובי (לא התעלינו), אבל אין בעבירה כזו משהו שלילי מצד עצמו (=הידרדרות). במונחים אלו, לכאורה מצוות העשה עליהן דיברנו עד כאן הן מצוות העשה הקיומיות בלבד. מצוות עשה חיובית מובחנת מזו הקיומית בדיוק בזה שאי-קיום שלה הוא עבירה (=ביטול עשה), ולא רק היעדר תועלת חיובית. אם כן, גם במצוות עשה יש מצב שאי העשייה הוא הידרדרות, ולא רק אי התעלות. רק מצוות עשה קיומית היא מצווה שמורה לנו על מצב חיובי, ולא שוללת מצב שלילי. נראה לכאורה שדברינו למעלה לכאורה מתאימים אך ורק למצוות עשה קיומיות ולא מצוות עשה חיוביות. ולפי זה חוזרת השאלה בה עסקנו למעלה, מהו בעצם ההבדל המהותי בין לאו לעשה?

כאמור, רובן המוחלט של מצוות העשה הן מצוות חיוביות. יתר על כן, אין שם הבחנה משמעותית בין שני סוגי מצוות העשה הללו, ולכן בהסבר המחלוקת בין רס״ג לרמב״ם עלינו להתייחס לשני הסוגים. שני סוגי מצוות העשה אמורות לקיים את הקריטריון של מצוות עשה, ולא ברור כיצד זה קורה.

ההבדל בין מצוות עשה חיוביות וקיומיות

ברור שגם הימנעות מקיום מצוות עשה חיובית אינה כמו עבירה על לאו. זוהי עבירה מסוג אחר. דוגמא לכך היא דברי הרמב״ן בפירושו לויקרא (פ״א פס׳ ד), שם הוא קובע שקרבן עולה שמכפר על עשין אינו בבחינת מכפר מכיון שאין על מה לכפר. זוהי מתנה לריצוי האדון על אי עשיית רצונו.[50] עולה מכאן שאי עשיית מצוות עשה אינה עבירה במובן המקובל, שיש לכפר עליה. ישנה כאן תפיסה שאמנם ישנן מצוות עשה חיוביות, שהרמב״ן כמובן מודע לקיומן, ובכל זאת אי קיומן אינו עבירה כמו עבירת לאו. אלו הן מצוות עשה באופיין,

---

[50] יש לציין שדבריו שם אמורים רק על שוגג, אולם בכ״ז עולה מכאן ששוגג בלאו שונה משוגג בעשה, דבר שכנראה נובע מהבדל מהותי בין עשה ולאו. אמנם עיין שם שמצדד שאפילו לאוין מסויימים בשוגג אינם בבחינת עבירה, והדברים עתיקים.
נציין שעצם העובדה שהכפרה היא על ידי עולה מצביעה על כך שישנה כאן עבירה בלב ולא במעשה (ראה שם ברש״י ורמב״ן ועוד). זהו חסרון מעלה ולא כישלון.

וכאלו הן מצביעות על מצב רצוי ולא מונעות מצב לא רצוי, אלא שלגבי חלק מן המצבים הללו התורה מוצאת לנכון להעמיד דרישה לפני כל אדם להגיע אליהם. עבירת ביטול עשה היא עבירה של אי התעלות, ולא של הידרדרות. ישנן התעלויות שהתורה דורשת אותן מכל אחד, ולכן היא מטילה אותן עלינו כמצוות עשה, ואלו מצוות העשה החיוביות. התעלויות אחרות אינן מוטלות עלינו כחובה, אלא מוצגות כאופציה. אלו הן מצוות העשה הקיומיות.

נסביר זאת בהקדמת כאן מימד נוסף הנוגע להבחנה בין עשין ללאוין. מצוות עשה היא דרישה מהאדם להתעלות, ומצוות ל״ת היא דרישה לא להיכשל. לכן אין עונש על מי שאינו מתעלה, ויש עונש על מי שמידרדר. יתר על כן, היה מקום לומר שדרישות להתעלות אינן פונות לכל אחד, אלא רק למי שהוא בר הכי. קשה להפנות דרישה לכל אדם להתעלות. הדרישה הבסיסית יותר היא לא להיכשל (ראה לעיל בדברי הרמב״ן פ׳ יתרו, על ההבחנה בין בסיסי לבין גבוה).

דוגמא לדבר היא מערכת החוק של מדינה מודרנית. החוקים כולם נתפסים במערכות החוק כלאוין ולא עשין. החוק אינו מטיל מצוות עשה אלא רק אוסר פעולות או מצבים כלשהם. גם הוראות חוק שנראות כמו מצוות עשה (כלומר כאלו שמקיימים אותן במעשה, ועוברים עליהן במחדל ולא במעשה) באופן עקרוני הן לאוין ולא עשין. לדוגמא, ההוראה לשלם מיסים (או לשרת בצבא), לכאורה נראית כמצוות עשה. אך האם החוק מעניק שכר למי שמשלם את מיסיו כדין? ודאי שלא. החוק רק מעניש את מי שלא עושה זאת. מדוע באמת יש רק עונש ולא שכר? הסיבה לכך היא שתשלום המיסים הוא לאו ולא עשה. אין כאן קיום מצווה שראוי לפרס, ורק ההימנעות היא מעשה שלילי שראוי לעונש.

הניסוח בצורה חיובית כמצוות עשה נובע מכך שהמצב החיובי הוא מצב שמגיעים אליו באמצעות מעשה (=קו״ע פיסי) ולא באמצעות שוא״ת. אבל במהות מה שיש כאן הוא לאו. זהו לאו שאין בו מעשה, אך עדיין לאו. זוהי עוד דוגמא להבחנה בין המישור הביצועי לבין המעמד הנורמטיבי של החוק.

כאן האופי הביצועי הוא כשל מצוות עשה, אבל המעמד הנורמטיבי הוא כשל לאו.

מה מבחין בין שני המצבים הללו? המושג של 'קיום'. ביצוע של מצווה יש לו משמעות של 'קיום מצווה', ולכן יש עליו שכר. לאו אי אפשר לקיים, אפשר רק לא לעבור עליו. מעשה שאנחנו נדרשים לעשות כדי לא להיכשל, ולא כדי להתעלות, אינו מעשה מצווה, ואין בכך משום קיום של מצווה. לכל היותר, זוהי הימנעות אקטיבית מכישלון.

מסתבר שהחוק מגביל את עצמו אך ורק להוראות לאו ולא למצוות עשה, שכן הוא אינו רואה במצוות העשה חובות שניתן להטיל כדרישה בסיסית מכל אזרח. החוק מכיל רק את מה שניתן לדרוש מכל אזרח, ולכן גם להטיל סנקציה על מי שאינו מקיים את הדרישה הזו. ומצוות עשה שקשורות להתעלות רוחנית-ערכית וכדו', אינן נתפסות כדרישות בסיסיות דיין, ולכן החוק אינו מרשה לעצמו לדרוש אותן מכל אזרח (החוק אינו תופס את עצמו כמחנך). לעומת זאת, ההלכה רואה לעצמה זכות לדרוש מכל יהודי גם דרישות התעלות. אמנם גם היא אינה מטילה סנקציה (לפחות בבי"ד של מטה) על אי קיום הדרישה הזו, אבל היא בהחלט דורשת אותה. סנקציות מוטלות רק על מי שאינו מקיים את הדרישות הבסיסיות יותר, כלומר מי שעובר על לאו (מה שמחזיר אותנו שוב להבחנת הרמב"ן דלעיל בין הבסיסי לגבוה).

נושא אופיים של החוקים הללו (תשלום מיסים ושירות בצבא), האם אלו לאוין הבאים מכלל עשה או לאוין שאין בהם מעשה, יידון בהמשך דברינו.

כעת נוכל להבין את מעמדה ומהותה של מצוות עשה חיובית. מחד, היא עדיין מציגה בפנינו דרישה להגיע למצב רצוי, כלומר דרישת התעלות, ולא איסור על מצב לא רצוי (=הידרדרות, או כישלון). במובן זה, זוהי מצוות עשה לכל דבר ועניין. אולם היותה של מצוות העשה המסוימת מצווה חיובית (ולא קיומית), פירושו שהיא מהווה דרישה אלמנטרית שנדרשת מכל אחד, ולא רק הוראת התעלות שנשארת להכרעה אישית של כל אחד. התורה רואה בביטול עשה כזה, גם אם יש כאן רק אי התעלות, בעייה בסיסית מספיק כדי להגדיר

אותה כעבירה (ולא רק כהיעדר מצווה). בבי״ד של מעלה גם יענישו על כך. זוהי משמעותה של עבירת ביטול עשה.

אם כן, מצווה קיומית היא מצווה שמציבה בפנינו דרישה גבוהה יותר, שמי שמקיים אותה מגיע לרמות רוחניות גבוהות יותר, אבל דווקא בגלל זה אין באי-קיומה משום עבירה. לעומת זאת, מצוות עשה חיובית היא אמנם דרישה להתעלות, אך זוהי דרישה אלמנטרית יותר. אמנם עדיין מכיון שמדובר באי התעלות אנו לא מענישים על כך. לאוין הם דרישות לא להידרדר, ולכן מי שעובר עליהם (=ומתנגש בכך חזיתית עם רצון ה׳) נענש.

זה מוליך אותנו לשאלה מה בין מצוות עשה חיובית לבין לאו הבא מכלל עשה. לאו הבא מכלל עשה הוא לאו שמופיע בתורה כמצוות עשה, ואנחנו לומדים ממנו איסור על אי קיומו. בנקודה זו ניגע בפרק הבא.

האם יש הבחנה מקבילה בין לאוין קיומיים וחיוביים?

נסיים את הפרק בשאלה שנוגעת שוב באסימטריה בין לאו לעשה. ראינו שישנה הבחנה בין עשה חיובי לעשה קיומי. האם ישנה הבחנה מקבילה בתחום הלאוין? האם יש מקום להבחין בין לאו חיובי ללאו קיומי?

משיקולי סימטריה, לאו חיובי הוא לאו שאי היכשלות בו היא מצווה. לאו קיומי הוא לאו שההיכשלות בו היא עבירה אבל קיומו (=ההימנעות מלעבור עליו) אינו בגדר מצווה. אנחנו לא מכירים בספרות ההלכתית הבחנה כזו. בדרך כלל אי מעבר על לאו אינו נחשב כמצווה, כלומר כל הלאוין הם קיומיים ולא חיוביים.[51]

אמנם בספרות חז״ל (ועוד יותר בספרות הסוד) מדובר על מי שחשב לעשות עבירה ולא עשאה, שמקבל על כך שכר.[52] כאן ישנה מקבילה מסויימת (אמנם

---

[51] יש להיזהר מבלבול. אין הכוונה שהבחירה בידינו האם לקיים את הלאו או לא. כל לאו מחייב אותנו, וכל מעבר על לאו הוא פעולה שלילית. זה נובע מעצם היותו לאו, בדיוק כמו שבכל מצוות עשה הקיום שלה הוא מצווה. גם זה נובע מעצם הגדרתה כמצווה.
אנו מתכוונים כאן להגדרה המקבילה למה שמצאנו ביחס לעשין: לאו קיומי פירושו שאי מעבר עליו אינו נחשב כמצווה. אבל ברור שאסור להיכשל בו, וזה אינו מסור לבחירתנו.

[52] לדוגמא, ראה ירושלמי קידושין פ״א רה״ט:

לא במובנים של משמעות הלכתית) למושג 'לאו חיובי'. כמובן שאין מקום לדבר על שכר בכל רגע שמישהו אינו רוצח. השכר ניתן כאשר העבירה מזדמנת לאדם, ויש אפשרות ממשית שהוא יעבור עליה, ובכל זאת הוא מתגבר ולא עובר. במצב כזה יש מקורות שמדברים על כך שיש לאותו אדם כעין קיום מצווה. זהו נושא שלא נעסוק בו כאן, שכן אין לו משמעויות הלכתיות.

כל העושה מצוה אחת מטיבין לו כו' הא כל היושב ולא עבר עביר' נותנין לו שכר כעושה מצוה ואת אמר' אכן אלא כן אנן קיימין במחוצה עשה מצוה אחת מטיבין לו ומאריכין את ימיו ונוחל את הארץ והעובר עבירה אחת אין מטיבין לו ואין מאריכין ימיו ואינו נוחל את הארץ תמן תנינן הא כל היושב ולא עבר עבירה נותנין לו שכר כעושה מצוה אמר רבי זעירה מי שבאת לידו ספק עבירה ולא עשאה אמר רבי יוסי בי רבי בון מי שייחד לו מצוה ולא עבר עליה מימיו מה אית לך אמר רבי מר עוקבן כגון כיבוד אב ואם אמר רבי מנא אשרי תמימי דרך ההולכים בתורת יי' כהולכים בתורת יי' אמר רבי אבון אף לא פעלו עוולה בדרכיו הלכו כבדרכיו הלכו א"ר יוסי בי רבי בון מה כתיב אשרי האיש אשר לא הלך בעצת רשעים מכיון שלא הלך בעצת רשעים כמי שהלך בעצת צדיקים

וראה שם את כל הסוגיא. וכן במסכת כלה פ"א הי"ז, וכן בכלה רבתי פ"א ה"ה ופ"ב הי"ג ועוד.

פרק עשירי

לאו הבא מכלל עשה

מבוא

הרמב״ן בהשגותיו לשורש השישי מעלה את הסוגיא של לאו הבא מכלל עשה. לכאורה זהו דיון מנותק מן החלק הקודם שעסק במחלוקת רמב״ם ורס״ג (שם הרמב״ן הזדהה לחלוטין עם הרמב״ם). בחלק השני של מאמר **מידה טובה** לשורש השישי אנו עוסקים בנושא זה בהרחבה. כאן נבחן רק את האספקטים הנוגעים להבנת היחס בין לאו לעשה, כדי להשלים את התמונה שהוצגה עד כאן. נתמקד כאן בעיקר במסקנות המאמר ההוא, בלי להיכנס לפרטים והנמקות.

מהו לאו הבא מכלל עשה?

לאו הבא מכלל עשה הוא איסור שנלמד מפסוק שמופיע בלשון התורה כציווי חיובי (כלומר ציווי שהוא לכאורה מצוות עשה, אך הוא מתפרש כלאו). לדוגמא: ״זאת הבהמה אשר תאכלו״, שממנו לומדים איסור על אכילת בהמה טמאה. ״כל ציפור טהורה תאכלו״, כנ״ל לגבי ציפורים טמאות. ״לנכרי תשיך״, ממנו נלמד איסור על לקיחת ריבית מיהודי. ״והוא אישה בבתוליה יקח״, ממנו לומדים איסור בעולה לכהן גדול, וכדומה. הפסוק לכאורה מצווה עלינו לעשות פעולה כלשהי, וחכמים מפרשים אותו כאיסור לעשות את היפוכה. הם למעשה מוסיפים את המילה 'רק' בתחילת הציווי. לדוגמא, הציווי ״זאת הבהמה אשר תאכלו״, שאחריו מופיעה רשימת הבהמות הטהורות, מתפרש כאן: ״רק זאת הבהמה אשר תאכלו״, ולא את כל האחרות. כלומר יש כאן איסור על הבהמות הטמאות. יתר על כן, במקרים אלו בד״כ הפרשנות היא שאין כלל מצוות עשה בצד החיובי, כלומר שאין

מצוות עשה לאכול בהמות טהורות. הפסוק הוא רק הוראת איסור עקיפה, ותו לא.

בתלמוד חכמים נחלקו ביחס למעמדו של איסור כזה. יש הסוברים שלאו הבא מכלל עשה הוא לאו ויש סוברים שהוא מצוות עשה (ראה זבחים לד ע״א ובמקבילות). יש למחלוקת הזו כמה השלכות, שחלקן נמנו למעלה (כמה ממון להוציא על קיומו. האם לוקים עליו. האם הוא נדחה בפני עשה וכדו׳). מקובל שלהלכה נפסק שלאו הבא מכלל עשה הוא עשה. אמנם, כפי שנראה, הראשונים נחלקו במשמעותה של עמדה זו.

שיטות הראשונים

שיטת רס״ג לפי ביאור הגריפ״פ[53] היא שלאו הבא מכלל עשה הוא בעצם לאו, וכתיבתו בתורה בצורה של עשה נועדה רק ללמדנו שהוא קל יותר, כלומר שאין לוקים עליו. הוא מפרש את ההלכה שלאו הבא מכלל עשה – עשה, כקביעה שזהו לאו קל, אבל לא שבאופן מהותי מדובר כאן במצוות עשה. עמדה כזו צפויה מאד לפי שיטת הגריפ״פ שכפי שראינו סובר כי ההבחנה בין לאוין לעשין מבוססת על אופן הקיום הפיזי שלהם. לאו הבא מכלל עשה הוא מניעה, ולכן מסתבר שאלו יימנו אותו כלאו. אמנם, בשיטת רס״ג עצמו כבר ראינו שכנראה לא זו היתה תפיסתו, ולכן אין הכרח לפרש זאת כך (אבל זה עדיין אפשרי).

ברמב״ם, שכאמור מסווג לאוין ועשין לפי קריטריון אחר, נפתחת גם אפשרות להסביר לאו הבא מכלל עשה כעשה. ואכן, שיטת הרמב״ם בכמה מקומות שלאו הבא מכלל עשה הוא מצוות עשה ממש. כפי שהרמב״ן מעיר בהשגותיו לשורש זה, הרמב״ם מונה לאו הבא מכלל עשה כמצוות עשה (ראה עשה לח,

---

[53] ראה בהקדמתו בסי׳ ג, ושם בקטע המתייחס לשורש השישי, ובהפניות שלו שם למצוות בהן נתפרט עיקרון זה.

ס, קמט-קנב ועוד). לדוגמא, הרמב״ם מונה מצוות עשה לבדוק בסימני טהרה של בהמות, דגים וחגבים, ושכהן גדול יישא בתולה ועוד.[54]

שיטת הרמב״ן

דברי הרמב״ן עוררו פולמוסים רבים, והם נראים סותרים זה לזה. אולם במאמר **מידה טובה** הנ״ל הוכח שאם נתבונן בדברי הרמב״ן היטב, נראה שבשום מקום אין כוונתו לטעון שלאו הבא מכלל עשה הוא לאו, אלא רק שכאשר לאו הבא מכלל עשה כתוב בתורה בנוסף ללאו רגיל, או אז יש למנות רק את הלאו הרגיל ולא את הלאו הבא מכלל עשה. במקרים אלו הלאו הבא מכלל עשה אינו מוסיף מאומה על הלאו הרגיל.

וזו לשונו בהשגות לשורש הנוכחי:

> ***ובעל ההלכות לא מנאן מפני שאין בהן קום עשה והמניעה מן האיסורים כבר היא נמנית בלאוין ואין הלאו הנאמר בלשון עשה מוסיף בזה מנין כמו שלא יוסיף לאו אחר גמור, כמו שיאמר במניעה מן המניעות שנים או שלשה לאוין שכולן נמנין במצות לא תעשה אחת, וזה הדעת לבעל ההלכות מחסר מנינו.***

לדוגמא, ישנו איסור בפני עצמו על אכילת בהמות טמאות, או לקחת ריבית מיהודי, ולכן הלאוין הבאים מכלל עשין הללו הם נוספים ללאוין הרגילים שמופיעים בעניינים הללו. לאו הבא מכלל עשה במצב בו הוא נוסף ללאו רגיל,

---

[54] נציין כי הדעות חלוקות לגבי שיטת הרמב״ם בשאלה זו. הגריפ״פ שם סובר שגם הרמב״ם סובר שהוא לאו שלא לוקים עליו, וכ״כ ה**מגילת אסתר** בשורש זה ובהשגותיו על עשה י בהוספות הרמב״ן (ראה גם **קנאת סופרים** בשורש זה ועל עשה לח). אמנם הרמב״ן בהשגותיו כאן, ה**לב שמח** כאן ועוד מפרשים, כתבו ששי׳ הרמב״ם היא שזהו עשה. כך הוא פשט לשון הרמב״ם, שכפי שהזכרנו למעלה מנה כמה עשין כאלו. אנו נניח להלן ברמב״ם ששיטתו היא שזהו עשה. לעניין זה ראה גם במפרשים על השורש השישי, ועוד ברמב״ם הל׳ איסורי מזבח פ״ה ה״ו וב**מל״מ** וב**ספר המפתח** במהדורת פרנקל שם, ובהל׳ אישות פ״א ה״ח וב**מל״מ** **וספר המפתח** לפרנקל שם.

הגריפ״פ הוכיח ממצרי ואדומי ראשון ושני שאסורים בלאו הבא מכלל עשה, והרמב״ם לא מנאם, שהרמב״ם כלל לא מונה מצוות כאלו. הוא תמה עליו שם מדוע לא מנאם (ועי׳ **מלבושי יו״ט**). אמנם ראה בשו״ת **חת״ס** אה״ע ח״א סוס״י קנא שביאר דברי הרמב״ם.

הגריפ״פ בריש סי׳ ג הניח שגם הרמב״ן סובר כרס״ג שזהו לאו שאין לוקים עליו, ובעצמו תמה עליו ועל הרמב״ם מכמה סתירות בדבריהם. מסיבות אלו הוכיחו המחברים ב**מאמר מידה** טובה הנ״ל ששי׳ הרמב״ם היא שלאו הבא מכלל עשה הוא עשה ממש, וכך גם ברמב״ן.

לדעת הרמב״ן אינו נמנה. כך גם מפורש בדברי הרמב״ן בסוף השגותיו לשורש הראשון (עמ׳ מח, במהדורת פרנקל. ועיין עוד בהשגות לשורש הרביעי, עמ׳ קיא). לעומת זאת, לאו הבא מכלל עשה שמופיע לבדו, אכן נמנה כמצוות עשה, גם לדעתו.

הרמב״ם כנראה לא מבחין בין הסיטואציות, ולדעתו גם לאו הבא מכלל עשה שמופיע במקביל ללאו רגיל נמנה כעשה. בנקודה זו חלוק עליו הרמב״ן, אך לא בעצם הבנת לאו הבא מכלל עשה, שגם לדעתו הוא עשה רגיל.

שיטת הרמב״ן בזה טעונה ביאור. הגריפ״פ בשיטת רס״ג הולך כאן בכיוון הביצועי: מכיון שלאו הבא מכלל עשה אינו מורה לנו על פעולה בקו״ע, אזי זהו לאו. הרמב״ם הולך כאן לשיטתו, שהכל תלוי באופי המהותי של המצווה, ולכן הוא רואה את הלאו הבא מכלל עשה כסוג של עשה (אמנם גם לשיטתו נצטרך להבין מה בכל זאת מבחין בין זה לבין עשה רגיל, ולמה התורה בוחרת בניסוח עקיף כזה, ומדוע אנחנו בכלל מתייחסים לזה בשם ׳לאו׳). ואילו הרמב״ן סובר כשיטת הרמב״ם שההבדל אינו ביצועי אלא מהותי, ובכל זאת הוא אינו מסיק מכך את המסקנה המתבקשת לעניין הכפילות.

בעייה כללית יותר

ישנה בעיה יסודית בעצם הבנת לאו הבא מכלל עשה, בעיה שקיימת לכל שיטות הראשונים. לכאורה ניתן לקרוא כל ציווי כזה כמצוות עשה רגילה. לדוגמא, ״לנכרי תשיך״ לכאורה הוא מצוות עשה להלוות בריבית לנכרי. או המצווה ״וזאת הבהמה אשר תאכלו״, היא לכאורה מצוות עשה לאכול בהמה טהורה. על פניו אין כל סיבה טכסטואלית נראית לעין לקרוא את המצוות הללו באופן שונה ממצוות עשה רגילה. מדוע, אם כן, חז״ל והראשונים מתייחסים לציוויים אלו כלאוין הבאים מכלל עשה, ולא כמצוות עשה רגילות?

במבט שטחי נראה כאילו בעיה זו אינה קיימת לשיטת הרמב״ם. הרמב״ם אכן מונה לאוין הבאים מכלל עשין כמצוות עשה רגילות. ראינו שהוא מונה למשל מצות עשה להלוות לנכרי בריבית, ומצוות עשה לבדוק בסימני בהמות

עופות ודגים (ראה רמב״ן בהשגותיו לשורש זה). אם אכן זוהי התמונה, אזי הדיון בגמרא האם לאו הבא מכלל עשה הוא עשה או לאו מתפרש לפי הרמב״ם (כמו לפי רס״ג) כדיון האם ישנו כאן עשה רגיל, או לאו רגיל. הרמב״ם, לפי תמונה זו, פוסק שזהו עשה, ולכן באמת נראה שיש כאן מצוות עשה רגילה (לאכול בהמה טהורה ולהלוות נכרי בריבית).

אולם נראה בבירור כי גם בדעת הרמב״ם לא ניתן לפרש כך. הרמב״ם טורח בכמה מקומות להסביר שהוא מונה את הציווי המסוים כעשה בגלל שקי״ל שלאו הבא מכלל עשה הוא עשה (ראה למשל עשה לח, ס, קמט, קנב ועוד). לכאורה, אם אכן היתה כאן מצוות עשה רגילה, לא היה עליו להסביר מאומה. גם בגדריהן של חלק מהמצוות הללו רואים שבעצם התכנים הם שליליים ולא חיוביים. לדוגמא, יש איסור לסחור בפירות שביעית, שהוא נלמד מהמצווה ״והיו לכם פירות הארץ לאכלה״, ודרשו מכאן חז״ל: ״ ׳לאכלה׳ - ולא לסחורה״. האם הרמב״ם רואה במצווה כזו מצוות עשה רגילה (כפי שמשתמע בבירור ברמב״ן)? האם לשיטתו יש אכן מצווה לאכול פירות שביעית, או שמא זהו רק ניסוח עקיף לאיסור לסחור בהם? בפ״ו ה״א מהל׳ שביעית הרמב״ם קובע בפירוש שיש איסור לסחור, אבל הוא אינו כותב בשום מקום שיש מצווה לאכול מפירות שביעית. וכך הוא גם במצוות עשה ס, לח קנב ועוד (אנו נדון בהן ביתר פירוט להלן). אם כן, ברור שגם הרמב״ם מבין שאלו הם בעצם לאוין, אלא שלהלכה יש למנותם כעשין.

נמצא כי גם לשיטת הרמב״ם מצוות אלו הן לאו הבא מכלל עשה, ולא עשה רגיל. המסקנה היא ששאלתנו הבסיסית קיימת גם לפי שיטת הרמב״ם: מדוע אנחנו לא מפרשים את הציוויים הללו כמצוות עשה רגילות? ואם לא, אז במה זה שונה מלאו רגיל?

נציין כי במאמר **מידה טובה** לשורש השישי נסקרו כמה וכמה סוגים שלך לאו הבא מכלל עשה בשיטת הרמב״ם, וראינו שם שיש כאלה שנחשבים אצלו כמצוות עשה רגילות, ויש שמוסיפים פרט ללאו, ויש שהם לאו הבא מכלל עשה, ויש שהם אזהרה שלא לוקים עליה, ויש שהם בגדר ׳מתיר׳, ועוד כמה וכמה סוגים. כאן לא ניכנס לכך, ונישאר בדיון העקרוני.

סיכום השאלות לבירור

1. פרשנית: מדוע בכלל יש לפרש את הציוויים הללו כלאוין (הבאים מכלל עשה), ולא כעשין רגילים? למה מי שאוכל בהמה טהורה כלל אינו מקיים מצווה, ורק מי שאוכל טמאה עובר על לאו הבא מכלל עשה? כפי שראינו, בעיה זו קיימת לפי כל שיטות הראשונים.
2. מהותית: מה משמעות יש לכך שציוויים אלו מסווגים כלאו הבא מכלל עשה? מה ההבדל בינם לבין לאו רגיל? ומדוע התורה בחרה בניסוח כאילו היתה זו מצוות עשה? לשון אחר: אם אכן אלו הם איסורים ולא מצוות, אז מדוע הם נמנים במסגרת מצוות העשה ולא במסגרת הלאוין? בעיה זו לא קיימת כמובן בשיטת רס״ג הסובר שאלו לאוין.[55] אפשר להוסיף כאן את השאלה מה ההבדל בין אלו לבין עשה רגיל, כלומר מדוע עבירה עליהם אינה ביטול עשה גרידא?
3. סמנטית: שאלה נוספת היא כיצד עלינו לפרש את לאו הבא מכלל עשה במונחים שהוצעו כאן? כלומר האם יש כאן הצבעה על מצב רצוי או אזהרה ממצב לא רצוי? היכן הוא עומד בין לאו לעשה במובן המהותי שלהם?
4. סתירה לכאורה בשיטת הרמב״ן: אם אכן לאו הבא מכלל עשה הוא עשה, כפי שראינו ברמב״ן, מדוע כאשר הוא מופיע בנוסף ללאו רגיל הוא אינו נמנה בפני עצמו? מתוך נימוקיו של הרמב״ן בהשגותיו לשורש זה נראה כי הוא מתייחס ללאו הבא מכלל עשה במקרה כזה כלאו ולא כעשה. לא ברור כיצד התייחסותו ללאוין הבאים מכלל עשין יכולה להשתנות לפי ההקשר.

נחדד זאת יותר על ידי התייחסות לציווי 'לנכרי תשיך'. אם אכן הרמב״ן ממאן לראות אותו כציווי חיובי להלוות בריבית לנכרי (כפי

---

[55] נעיר כי לא סביר לומר שאלו הם לאוין רגילים, וצורת הכתיבה המיוחדת שלהם מיועדת רק לחדש שלא לוקים על האיסורים הללו. היעדר המלקות הוא תוצאה של ההבדל, אך הוא אינו יכול להוות את ההבדל עצמו (ראה בדיון למעלה על טענתו של שמש).

שהרמב״ם אכן מונה), הרי שזהו למעשה לאו. מדוע התייחסות אל ציווי זה כלאו תהיה תלויה בכך שישנו ציווי מקביל ״לאחיך לא תשיך״, שהוא לאו האוסר ריבית לישראל? אם אכן אין כאן ציווי חיובי, הדבר נכון לכאורה גם אם אין לאו רגיל בנוסף לציווי זה.
שאלה זו תתברר לאחר שנציע את הסמנטיקה הכללית של לאו הבא מכלל עשה.

הסבר ההיבט הפרשני

כאמור, השאלה הראשונה היא משותפת לכל השיטות, ולכן נפתח את הדיון בה. לצורך כך נתבונן שוב בציווי האומר: ״לנכרי תשיך״. לכאורה יש כאן מצוות עשה רגילה לקחת ריבית מן הנכרי. שאלנו, מדוע בכלל ציווי זה מתפרש כלאו הבא מכלל עשה, ולא כמצוות עשה רגילה?

אפשר היה לומר במבט ראשון שבכל זאת ניסוח זה הוא שונה. כמצוות עשה רגילה היינו מצפים שתהיה מנוסחת בצורה הבאה: ׳והיה כי יהיה לך ממון הלוה אותו בנשך לנכרי׳. הניסוח ׳לנכרי תשיך׳, מצלצל כמו ׳רק לנכרי תשיך׳, אף שבפועל חסרה כאן המילה ׳רק׳. לכן אולי מפרשים חכמים את הפסוק הזה כלאו הבא מכלל עשה. כך גם לגבי ״והוא אישה בבתוליה יקח״, שנראה כי הכוונה היא ׳רק אשה בבתוליה יקח׳. שוב חסרה כאן המילה ׳רק׳. זהו שיקול של ניסוח.

במקרים נוספים ייתכן שנימוקים טכסטואליים גרידא כן יספיקו להסביר את סיווגם של ציוויים כלאוין הבאים מכלל עשה. לדוגמא, ״וזאת אשר תאכלו מן הבהמה הטהורה״, יכול להתפרש טכסטואלית כמתן היתר ולא כציווי. זהו היתר לאכול מבהמה טהורה ולא מצוות עשה לאכול ממנה. אמנם קשה להגדיר שיקולים טכסטואליים כאלו באופן חד משמעי, ולכן מסתבר שישנם גם שיקולים נוספים.

שיקול אחד כזה יכול להיות עיקרון שאינו טכסטואלי אלא הנחה שנעוצה בתוכן הציווי. קביעה שיש כאן לאו הבא מכלל עשה יכולה להיות מבוססת על הבנה אפריורית שלא תיתכן מצוות עשה כזו. הבנה כזו יכולה להיגזר

מתפיסה מוסרית-ערכית, המבינה שלא ייתכן שנצטווינו להלוות בריבית אפילו לנכרי, אלא לכל היותר התורה מתירה לנו לעשות כן.[56] מסקנה כזו יכולה לעלות גם ממקורות מקבילים בטכסט המקראי עצמו (ולא רק מסברא אפריורית), שמלמדים אותנו שלא תיתכן מצווה כזו.

מעבר לשיקולים אלו, יכולה להיות ברקע הפרשנות הזו גם מסורת פרשנית. כלומר בתורה שבעל-פה, הנמסרת במקביל לתורה שבכתב, נאמר לנו לפרש את הפסוקים הללו כלאו הבא מכלל עשה ולא כעשה רגיל. לדוגמא, במצווה "וזאת הבהמה אשר תאכלו", או "והוא אישה בבתוליה יקח", לא נראה שישנה בעייה מוסרית-ערכית כלשהי.[57] מסתבר, אם כן, שלפחות במקרים מסוימים כמו אלו, הקביעה שאלו לאוין הבאים מכלל עשה (ולא מצוות עשה גרידא) מבוססת על מסורת, או לפחות על שיקול טכסטואלי מורכב יותר (שאולי מבוסס על מקורות אחרים, בנוסף לפסוק הנדון).

חשוב לציין כאן, שהרמב"ם מונה את המצוות להשיך ולנגוש את הנכרי (עשין קמב וקצ"ח) כמצוות עשה חלוטות. נראה שלשיטתו אלו כלל אינם לאוין הבאים מכלל עשה, אלא מצוות עשה רגילות. מכיון שכך מסתבר שלרמב"ם השיקול הטכסטואלי אשר 'שומע' בטכסט את הצורך בתוספת של המילה 'רק' במקרים אלו, כנראה לא קיים. נשארו כמובן האפשרויות האחרות.

---

[56] להשפעה של ערכים על פרשנות המקרא וציווייו, ראה ספרו של משה הלברטל **מהפיכות פרשניות בהתהוותן**, בעיקר בפרק הראשון והאחרון העוסקים בדיון העקרוני, אולם גם בדוגמאות הנדונות לכל אורך הספר. גם שם עולות שתי האפשרויות למקורם של הערכים העומדים ביסוד הפרשנות: הם יכולים להיות שאובים ממקומות שונים בתורה, או מעקרונות מוסריים-ערכיים אפריוריים.

[57] כידוע, רס"ג מונה את המצווה "והיה כי ירחיב ה' גבולך ואכלת בשר", כמצות עשה לאכול בשר חולין. לשיטתו, אין ספק שתיתכן מצוות עשה של "וזאת הבהמה אשר תאכלו" מבחינה ערכית. לפיכך, כאן עלינו להסביר שישנה מסורת האומרת שזהו לאו הבא מכלל עשה. נזכיר, שרס"ג כנראה מבין לאוין הבאים מכלל עשה כלאוין. כלומר ישנה כאן מסורת שזהו לאו קל שלא לוקים עליו.

אעיר כאן שלולא דברי רס"ג בהחלט תיתכן תפיסה אפריורית שלא ייתכן לקבוע מצוות עשה על אכילת בשר. ידועה הגישה שאכילת בשר חולין הותרה לנו בדיעבד, לאחר חטא עץ הדעת, וכדי שלא להשוות בני אדם לבהמות וכו' (ראה למשל 'חזון הצמחונות והשלום' לנזיר הירושלמי, ועוד). אם כן, לפי תפיסה זו ברור שלא ייתכן לראות בציווי לאכול בשר מצוות עשה מחייבת. לכל היותר ישנו כאן היתר בדיעבד, עד שנגיע למצב מוסרי גבוה יותר.

לפי דברינו אלו, ניתן גם לומר שמניית מצוות אכילת בשר חולין על ידי רס"ג, מראה כי הוא לא שותף לגישה הנ"ל. בעיניו אין בעיה מוסרית, גם לכתחילה, בשחיטת בהמות לאכילת בשרן. ככל הנראה הוא אינו שותף ל'חזון הצמחונות והשלום'.

מהו לאו הבא מכלל עשה? הסבר מהותי

נעבור כעת לבירור השאלה השנייה. ראינו שהגריפ״פ מסביר בדעת הרס״ג שלאו הבא מכלל עשה הוא בעצם לאו רגיל. צורת הכתיבה העקיפה שלו (כאילו היה עשה) מיועדת רק ללמדנו שחומרת העבירה כאן היא קלה יותר. לדעתו אין הבדל מהותי בין לאו הבא מכלל עשה לבין לאו רגיל. ההשוואה לעשה היא רק לומר לנו שאין נענשים על לאו כזה, ובמובן זה הוא דומה לעשה. מבחינה מהותית זהו לאו לכל דבר ועניין.

לעומת זאת, מכל האמור עד כאן עולה בבירור שהרמב״ם סובר שלא ניתן להבין את הלאו הבא מכלל עשה כלאו, ובודאי שגם לא כמצוות עשה רגילה, כנראה מן הסיבות שתוארו למעלה. לכן הוא מגיע למסקנה שלאוין הבאים מכלל עשה הם בעלי מעמד מיוחד. כאן ננסה להגדיר זאת מעט יותר.

מאפיין נוסף אותו אנו מגלים הוא שאמנם כל לאו הבא מכלל עשה נחשב כעשה, אבל את העשה הזה ניתן רק לבטל ולא לקיים. לדוגמא, מי שהקריב בהמה בת למעלה משמונה ימים לא קיים בכך מצוות עשה (בעצם ההקרבה כן, אבל לא בעובדה שהיא היתה בת למעלה משמונה ימים). לעומת זאת, מי שהקריב בהמה צעירה יותר - עבר על איסור, שהוא אמנם לא לאו אלא רק ביטול עשה (שכן לאו הבא מכלל עשה הוא עשה).

אם כן, המצוות הללו הן מצוות עשה בעלות אופי חריג. במצוות עשה רגילה כאשר אנחנו מקיימים אותה - יש לנו קיום מצווה (וגם יש שכר על כך). וכאשר אנחנו לא מקיימים אותה, אזי אם היא חיובית – ביטלנו עשה, ואם היא קיומית - אין כל בעייה בביטולה (לפחות מעיקר הדין). כלומר באופן בסיסי בעשה רגיל יש קיום, ולא תמיד יש ביטול (תלוי אם הוא חיובי או קיומי). לעומת זאת, בלאו הבא מכלל עשה לקיום אין ערך מצד עצמו, אבל לביטול יש ערך שלילי. במובן זה, ניתן לומר שאלו הם 'איסורי עשה' ולא מצוות עשה (כך אכן מתבטאים כמה מפרשים לגבי לאו הבא מכלל עשה).

נמצאנו למדים שהתשובה לשאלה השנייה היא כדלהלן: יש שלושה סוגים של מצוות עשה, ולאו הבא מכלל עשה הוא אחד מהם:

1. עשה חיובי – קיומו הוא מצווה, וביטולו הוא איסור של ביטול עשה.
2. עשה קיומי – קיומו הוא מצווה, ולביטולו אין משמעות הלכתית.
3. לאו הבא מכלל עשה – קיומו חסר משמעות הלכתית, וביטולו הוא איסור ביטול עשה.

אמנם כעת עולה השאלה במה האיסור הזה שונה מלאו רגיל? ובאופן כללי יותר עלינו לבחון כיצד הגדרות אלו נקשרות להבחנה שהוצגה לעיל בין לאו לעשה: כיצד יש להבין את משמעותו של לאו הבא מכלל לעשה במונחי הצבעה על מצב ראוי (=עשה) או הרחקה ממצב שלילי (=לאו)? לחילופין, כיצד המעבר על לאו הבא מכלל עשה מוצב ביחס לרצון ה'? האם ההתנגשות עם רצון ה' במקרה כזה היא עקיפה או ישירה?

מזווית אחרת, השאלה היא מה משותף לשלושת סוגי העשה הללו? מדוע כולם מוגדרים 'מצוות עשה'? זה מוליך אותנו לדיון בשאלה השלישית מלמעלה.

הסמנטיקה של לאו הבא מכלל עשה: אפשרות ראשונה

בשאלה השלישית שאלנו מהי המשמעות של היותה של מצווה כלשהי לאו הבא מכלל עשה? כיצד זה ממוקם ביחס ללאו ולעשה מבחינת היחס לרצון ה'?

משמעות התמונה אותה ראינו למעלה היא שלאו הבא מכלל עשה הוא מצוות עשה שיש לה רק ביטול ולא קיום. מאידך, הביטול אינו איסור לאו, שכן הוא מהווה רק התנגשות עקיפה עם רצון ה', ולא התנגשות חזיתית. לא נכון שהקב"ה רוצה שנקריב בן למעלה משמונה ימים (=עשה רגיל, שמצביע על מצב רצוי). לא נכון גם שהקב"ה לא רוצה שנקריב פחות משמונה ימים (לאו רגיל, שאוסר מצב לא רצוי). מה שנכון הוא שאם הקרבנו בן למטה משמונה ימים לא עשינו את רצונו (ולא שעברנו על רצונו).

מכאן עולה האפשרות ראשונה להגדיר לאו הבא מכלל עשה. אמנם יש כאן הצבעה על מצב חיובי, בדיוק כמו מצוות עשה, אלא שהתורה אינה מגדירה

את הרצון הזה כמצווה ממש. זהו רצון שאינו כלול בהלכה הפורמלית, ולכן הוא כשלעצמו אינו מצווה. מאידך, מי שלא עושה זאת הוא מבטל עשה, וזה כן איסור הלכתי פורמלי, אמנם קל יותר.

לפי הגדרה זו, בהחלט יש ערך לקיום מה שהתורה מצווה בפשט לשונה (להקריב בן למעלה משמונה ימים), אלא שהקיום הזה אינו קיום מצווה ממש. מעשה זה לא עובר את הרף כדי שיוכל להיכנס להלכה הפורמלית. אם כן, במהות זה דומה למצוות עשה, שכן היסוד הוא הצבעה על מצב חיובי, אלא שזה חלש יותר, שכן החובה הזו אינה נראית לתורה דרישה מספיק אלמנטרית כדי לכלול אותה בהלכה המחייבת. הביטול של המצווה הזו כן עובר את הרף, ולכן הוא כן נכנס להלכה.

אמנם הגדרה כזו היא בעייתית מאד. למעלה ראינו שביטול עשה נחשב כעבירה (לפחות בעשה חיובי), אבל זוהי עבירה חלשה יותר (כפי שהסביר הרמב״ן על פי׳ יתרו), שכן החובה היא בסיסית פחות מאשר עשה חיובית, ובודאי מאשר החובה לא להיכשל בלאו. ראינו בדברי הרמב״ן שמידת העבירה שבביטול עשה היא פונקציה הפוכה למידת החשיבות של קיום המצווה: ככל שהקיום הוא גבוה יותר הביטול הוא פחות בסיסי ואיסורו פחות חמור.

מתוך כך נראה מייד שאם נרצה לדרג את דרגת החובה לקיים את המצווה נגיע להירכיה הבאה: עשה חיובי – עשה קיומי – לאו הבא מכלל עשה. עשה חיובי הוא חובה גמורה, ולכן ביטולה הוא עבירה (אמנם פחות מעבירת לאו). עשה קיומי אינו חובה כלל, אף שיש בקיומו מצווה, ולכן ביטולו אינו עבירה בכלל. לאו הבא מכלל עשה כלל אינו מצווה, ואף מי שמקיים אותו לא קיים מצווה (אלא אולי עשה את רצון ה׳), אם כן היינו מצפים שהאיסור הכרוך בביטול מצווה כזו יהיה נמוך מזה של ביטול מצווה קיומית. אבל ביטול מצווה קיומית כלל אינו עבירה, ואילו כאן זה מוגדר כאיסור הלכתי גמור.

המסקנה היא שלא ניתן למקם את הלאו הבא מכלל עשה בין לאו לעשה על ציר החומרה (או הדרגה הרוחנית). ההבדל אינו נעוץ בעוצמת הרצון (או עוצמת הציווי) אלא בסוגו. עלינו לחפש הגדרה שמוצאת במצווה כזו סוג

רצון/ציווי שונה מאשר זה שבא לידי ביטוי בלאו או בעשה. אך האם ישנו סוג רצון כזה? איזה סוג ציווי נוסף יכול להיות מעבר לציווי שמצווה על הימצאות במצב חיובי (=עשה רגיל), או ציווי שאוסר הימצאות במצב שלילי (=לאו רגיל)?

הגדרה מהותית ללאו הבא מכלל עשה: אפשרות שנייה

ראינו למעלה שישנו 'קיר' שמבחין בין עולם הלאוין (=יראה) לעולם העשין (=אהבה). ה'קיר' הזה בא לידי ביטוי בקיומם של המצבים הנייטרליים, שלגביהם הלאו והעשה אינם מתייחסים. לדוגמא, מצוות עשה להקים מעקה היא מצווה להימצא במצב החיובי בו לבית יש מעקה. מצוות לא תעשה היא ציווי שאוסר עליי להימצא במצב השלילי שבו לבית אין מעקה. ראינו שיש מצבים נייטרליים, כמו מצב בו אין לי כלל בית. אם אני מצוי במצב כזה - אזי את מצוות העשה לא קיימתי אבל את הלאו כן קיימתי (כלומר לא עברתי עליו). מאידך, לגבי העשה ודאי אין כאן ביטול עשה, כלומר הפן השלילי לא מופיע במצב כזה גם ביחס למצוות העשה. ההבדל בין העשה ללאו מופיע רק ביחס לקיום שלהם ולא ביחס לביטול שלהם.[58]

כיצד נוכל להגדיר לאו הבא מכלל עשה להקים מעקה? ממה שראינו למעלה, מצווה כזו אינה מורה לנו להקים מעקה, ולכן המקים מעקה לא קיים שום מצווה (במובן זה המצב דומה ללאו). מאידך, היא גם לא אוסרת באופן ישיר להימצא במצב שבביתי לא יהיה מעקה, ובמובן זה היא אינה דומה ללאו. אך אם בביתי לא יהיה מעקה אזי אני אחשב רק כמבטל עשה (במובן זה המצווה הזו דומה לעשה). המסקנה היא שלאו הבא מכלל לעשה במצב של אי קיום הוא דומה לעשה, ובמצב של קיום הוא דומה ללאו.

הנחה הכרחית ברקע הדברים היא ששני הצדדים של לאו (קיומו וביטולו), וכן לגבי עשה, אינם תלויים זה בזה. לכן יכולה להיות מצווה שדומה ללאו, וכך

[58] הדברים מפורשים ברמב"ן בהשגותיו לשורש הרביעי (ראה מהדורת פרנקל, עמ' קיא).

גם לעשה, רק מצד אחד ולא מצד שני. כלומר ניתן להפריד בין הצדדים בכל אחד משני סוגי המצוות הללו. זוהי השלכה של ה'קיר' אותו תיארנו לעיל.

נראה שההגדרה המהותית ללאו הבא מכלל עשה יכולה להיות הבאה: התורה מטילה עלינו חובה להשתדל לא להימצא במצב השלילי. עצם ההימצאות במצב השלילי אינה בעייתית באופן ישיר, אלא אם היא מבטאת חוסר השתדלות להימלט ממצב זה. מאידך, ההימצאות במצב המנוגד אינה חיובית מצד עצמה, אלא במידה שהיא מבטאת הימלטות מהמצב השלילי. הגדרת המצווה הזו כעשה נובעת מן העובדה שהיא מטילה עלינו חובה, ולא אוסרת עלינו משהו (ושוב, בלי קשר הכרחי לשאלה האם החובה הזו מקויימת בשוא"ת או בקו"ע). אבל החובה שהיא מטילה עלינו אינה הימצאות במצב אלא הימלטות ממצב. בלאו רגיל ההימלטות אינה עצם החובה ההלכתית, אלא רק אמצעי כדי לא להימצא במצב השלילי. המצווה היא לא להימצא במצב השלילי, ולכן זהו לאו. כאן ההימלטות עצמה היא החובה, ולא אי ההימצאות במצב. אמנם לא בהכרח יש לעשות מעשה, ואם ברור שאינני מגיע למצב השלילי אין מניעה לשבת ולא לעשות מאומה, וגם כך 'קויימה' מצוות העשה הזו.

בדוגמא של המעקה, אם היינו מתייחסים לציווי לעשות מעקה כלאו הבא מכלל עשה, אזי המצב של בית עם מעקה לא היה חיובי כשלעצמו, ובמובן זה יש כאן הבדל ממצוות עשה. מאידך, ההימצאות בלא מעקה גם היא אינה שלילית מצד עצמה, אלא במובן שהיא מעידה על היעדר השתדלות להקים מעקה, ובזה יש כאן הבדל מלאו.

האינדיקציה להבחנה זו היא במצב ה-0 הנייטרלי, כלומר כאשר אין לו כלל בית. אותו אדם אמנם לא קיים מצוות עשה, אך ודאי לא עבר על הלאו (=כלומר הוא אכן 'קיים' את הלאו). ומה באשר ללאו הבא מכלל עשה? יש כאן מקום להתלבט, שכן אמנם הוא לא עשה השתדלות, ולכאורה לא קויימה כאן המצווה, מאידך, ההשתדלות אינה אלא כדי שלא אהיה במצב השלילי (ללא מעקה), וכאן אכן זהו המצב. אין חובה לעשות מעשה אלא רק לוודא (גם בשוא"ת, אם זה מספיק) שלא אמצא במצב השלילי.

אם כן, מבחינת הקיום (=מי שעושה מעקה) הרי זה דומה ללאו, כלומר אין לכך ערך חיובי מצד עצמו. כפי שראינו, ללאו הבא מכלל עשה אין קיום (שאל״כ היתה כאן מצוות עשה רגילה). ומבחינת הביטול (=מי שלא עושה מעקה לביתו) זה דומה לעשה, שכן מה שיש לו הוא ביטול עשה ולא עבירת לאו. הסיבה היא שהבעיה אינה שהוא נמצא במצב השלילי אלא רק שהוא לא עושה השתדלות להימלט ממנו. לכן זה רק ביטול עשה ולא עבירת לאו.

זוהי התשובה לשאלה השלישית: לאו הבא מכלל עשה הוא הצבעה על מצב חיובי, ובמובן הזה הוא עשה. אלא שהחובה היא להשתדל להגיע למצב הזה ולאו דווקא להימצא בו. חובה זו היא שלילית: קיום החובה הזו כשלעצמה אינו מצווה, אבל אי קיומה הוא איסור. ובכל זאת, מכיון שמדובר בחתירה לקראת מצב חיובי ולא בריחה ממצב שלילי, מדובר כאן בעשה. זהו המשותף לשלושת סוגי מצוות העשה שנמנו למעלה: כולן עוסקות ביחס למצב חיובי ולא בבריחה ממצב שלילי.

כאן נוכל גם להבין מדוע מתעוררת מחלוקת בגמרא לגבי לאו הבא מכלל עשה, האם הוא עשה או לאו. יש מקום לראות את החתירה לקראת המצב החיובי כפעולה שהיא עצמה נשוא המצווה. ואם אכן ביצוע הפעולה אינו בעל ערך הלכתי, וכל מה שהתורה מורה לנו הוא לא להימצא במצב בו אנו לא מבצעים זאת, אזי ביחס למצב החתירה הזה עצמו יש כאן לאו ולא עשה. זוהי הוראה לא להימצא במצב שלילי, כאשר המצב השלילי הוא אי חתירה למצב חיובי. זהו הבסיס לתפיסה שרואה בלאו הבא מכלל עשה לאו ולא עשה. תפיסה זו רואה את מצב החתירה כנשוא המצווה, ולא את המצב שאליו חותרים. ביחס למצב החתירה יש כאן לאו ולא עשה. אך, כאמור, להלכה אנו פוסקים שלאו הבא מכלל עשה הוא עשה.

הגדרה מהותית ללאו הבא מכלל עשה: אפשרות שלישית

ניתן להעלות אלטרנטיבה נוספת להגדרת לאו הבא מכלל עשה. התורה מצביעה על מצב חיובי, ולכן זהו עשה. אבל היא אינה מטילה חובה להיות בו,

אלא איסור להימצא במצב ההפוך. המצב ההפוך אינו שלילי כשלעצמו, אלא מחמת העובדה שזה לא המצב הרצוי.

נבהיר כי ההגדרה הקודמת היתה שלאו הבא מכלל עשה הוא עשה מפני שהוא מטיל חובה ולא אוסר: חובת הימלטות ממצב שלילי. לפי ההצעה ההיא, בלאו הבא מכלל עשה התורה מצביעה על מצב שלילי, ולא על מצב חיובי. האלטרנטיבה הנוכחית מציעה תמונה הפוכה: לאו הבא מכלל עשה הוא מצווה שמצביעה על מצב חיובי, אבל היא לא מטילה חובה להיות בו, אלא איסור להיות במצב ההפוך.

לפי האפשרות הראשונה זוהי מצוות עשה בגלל אופי החובה שהיא מטילה, שזו חובה אקטיבית (=להימלט), ולא פסיבית (=לא להימצא). אבל ההצבעה היא על מצב שלילי. לפי האפשרות השנייה זוהי מצוות עשה בגלל שיש כאן הצבעה על מצב חיובי ולא על מצב שלילי. אבל אופי החובה הוא פסיבי (לא להימצא במצב שאינו המצב החיובי).

די קשה להכריע בין שתי האפשרויות הללו. אמנם נראה שדווקא השנייה היא הנכונה יותר, שכן לפי האפשרות הראשונה היה צריך להיות גם קיום ללאו הבא מכלל עשה. מי שנמלט מהמצב השלילי קיים בכך מצווה. אך כפי שראינו, ללאו הבא מכלל עשה יש רק ביטול ולא קיום. לכן סביר שההצעה השלישית והאחרונה שהצענו היא הנכונה יותר.

דוגמא: הסבר לשון הרמב"ם בעשין קמט-קנב

בעשין אלו הרמב"ם מדבר על סימני הטהרה בבעלי חיים (בהמות, עופות, חגבים ודגים). לשון הרמב"ם בעשין הללו היא דומה, והיא נראית מאד מבלבלת. מחד, הם מנוסחים כמצוות עשה רגילות ("מצווה לבדוק בסימני בהמה" וכדו'), ומאידך הרמב"ם עצמו קובע שאלו הם לאוין הבאים מכלל עשה. לדוגמא, בעשה קמט כותב הרמב"ם:

> ***והמצוה הקמ"ט היא שצונו לבדוק בסימני בהמה וחיה והוא שיהיו מעלים גרה ושוסעים שסע ואז יהיה מותר לאכלן. והיותנו מצווין לבדוק אותן באלו הסימנין הוא מצות עשה והוא אמרו ית' (שמיני***

יא) זאת החיה אשר תאכלו. ולשון ספרא (רפ"ג) אותה תאכלו אותה באכילה ואין בהמה טמאה באכילה. כלומר הבהמה שיהיו בה אלו הסימנים מותר לאכלה. ויורה זה שהבהמה שאין בה אלו הסימנים אינה מותרת באכילה. וזה לאו שבא מכלל עשה שהוא עשה, כמו שהוא שורש אצלנו (ע' לח וש"נ). ולכן אמרו אחר המאמר הזה אין לי אלא בעשה בלא תעשה מנין תלמוד לומר את הגמל וכו' כמו שנבאר במצות לא תעשה (קעב). הנה כבר התבאר שאמרו אותה תאכלו מצות עשה. והענין במצוה זו מה שזכרתי לך והוא שאנו מצווין לבדוק אלו הסימנים בכל בהמה וחיה ואז מותר לאכלן, והדין הזה הוא המצוה. וכבר התבארו משפטי מצוה זו במסכת בכורות (ו - ז א) ובמסכת חולין (נט א, סג ב):

הוא מנסח זאת כמצוות עשה לכל דבר, ולא כלאו הבא מכלל עשה. נראה מדבריו שהבדיקה היא מצוות עשה, ולא שאכילה של בהמות טמאות היא איסור. על כן, לא ייפלא שרבים ממפרשיו (כולל הרמב"ן) התייחסו לניסוח הזה כביטוי למצוות עשה רגילה, ולא כלאו הבא מכלל עשה. לדוגמא, הרמב"ן בתחילת השגותיו כאן כותב:

ואני רואה בו מחלוקת גדולה ואחת מן הדעות טועה בו בלא ספק, שיש עוד לאו ועשה בדבר אחד אלא שאין שניהם מצוה כענין בבהמות בדגים ובעופות המותרין והאסורין אמר הכתוב בהן עשה זאת הבהמה אשר תאכלו ודרשו בו (הו' בע' קמט) שהוא מצות עשה. וכן כל צפור טהורה תאכלו עשו אותה מצות עשה וכן את זה תאכלו מכל אשר במים (הו' בע' קן קנב). והדבר ידוע שאין הכוונה לומר שבאכלנו הבהמה או הדג בעלי הסימנין הטהורין נעשה מצוה ואם נצודם ולא נאכל אותם נעבור עליה, אבל הכוונה שאמר הכתוב אלא תאכלו ולא הטמאים. והוא לאו הבא מכלל עשה בטמאים כדי שיהא האוכל הטמאים עובר בלאו גמור ובלאו הבא מכלל עשה שהוא עשה לפי קבלתנו.

ואלו וכיוצא בהם מנאן הרב בכלל רמ"ח מצות עשה אמר (מ"ע קמט - קנב) לבדוק בסימני בהמה שנ' זאת הבהמה אשר תאכלו לבדוק בסימני העוף לבדוק בסימני חגבים לבדוק בסימני דגים. ובעל ההלכות לא מנאן מפני שאין בהן קום עשה והמניעה מן האיסורים כבר היא נמנית בלאוין ואין הלאו הנאמר בלשון עשה מוסיף בזה מנין כמו שלא יוסיף לאו אחר גמור, כמו שיאמר במניעה מן המניעות שנים או שלשה לאוין שכולן נמנין במצות לא תעשה אחת, וזה הדעת לבעל ההלכות מחסר מנינו.

נראה מלשון הרמב"ן שהוא רואה את דברי הרמב"ם כמצוות עשה גמורה לבדוק בסימני הטהרה, ובכך הוא תולה את ההחלטה של הרמב"ם למנות את המצוות הללו בנוסף ללאוין המקבילים להן. הרי מצוות אלו מוסיפות חובת עשה על האיסור לאכל בעלי חיים טמאים. ואילו הרמב"ן עצמו טוען (גם בשיטת **בה"ג**) שאין כאן אלא מניעה נוספת לא לאכול בעלי חיים טמאים, ולכן אין למנותם בנוסף ללאו שכבר קיים על כך.

אמנם הרמב"ן ושאר המשיגים מתעלמים בכך לחלוטין ממה שהרמב"ם עצמו כתב כאן שאלו לאוין הבאים מכלל עשה. כיצד ייתכנו לאוין הבאים מכלל עשה שמצווים אותנו ציווי פוזיטיבי? זה לא עומד בקריטריון הביצועי, אבל גם לא בקריטריון הלשוני והמהותי. הניסוח והתוכן הוא כשל מצוות עשה, אז באיזה מובן יש כאן לאו הבא מכלל עשה?

והנה, לאור דברינו למעלה בביאור הסמנטיקה של לאו הבא מכלל עשה (האפשרות השלישית), דומה כי אפשר להבין היטב את כוונת הרמב"ם כאן. אם אכן ההגדרה של לאו הבא מכלל עשה היא חובה להשתדל לא להימצא במצב מסויים, בלי האמירה שהמצב ההוא הוא בעייתי מצד עצמו, זוהי בדיוק הדרך לנסח זאת. אין כאן חובה לא לאכול בהמות טמאות (זה מה שיוצא מהלאו, אבל אנחנו עוסקים בלאו הבא מכלל עשה), ובוודאי גם לא חובה לאכול בהמות טהורות. הניסוח של הרמב"ם מבטא בדיוק את אופיין של המצוות הללו: חובה לבדוק בסימני הבהמות, כדי להימנע מאכילתן. חובת ההשתדלות (=ההימלטות מהמצב השלילי) היא היא מצוות העשה, בלי

להגדיר את עצם האכילה כעבירה (שזה מה שעושה הלאו הרגיל, שגם הוא קיים בזה).

ועדיין דברינו מלמעלה בעינם. גם עצם ההשתדלות הזו אין בה קיום מצווה. מי שבודק סימני טהרה של בהמה לא קיים מצוות עשה. גם על המצווה הזו ניתן רק לעבור אך לא ניתן לקיים, כמו כל לאו הבא מכלל עשה. לכן כשהוא אכל בעלי חיים טמאים, הוא מתחייב על הלאו שאוסר זאת, וגם על כך שהוא לא בדק את הסימנים. אבל לא נכון הוא שבדיקת הסימנים היא מצוות עשה רגילה ושאם הוא בדק סימנים הוא קיים בכך מצוות עשה. זוהי הדגמה לאפשרות השלישית בביאור לאו הבא מכלל עשה.

גם הנוסחים של הרמב״ם במצוות העשה לח וס׳, שהם פחות חד משמעיים בעניין זה (כי מהם נראה קצת שאלו מצוות עשה רגילות), יכולים כעת להתפרש בדיוק באותה צורה. זה מצביע על כך שכל סוגי הלאו הבא מכלל עשה שנמנו במאמר **מידה טובה** הנ״ל מתנקזים בסופו של דבר לאותה קטגוריה עצמה.

הערה על היעדר סימטריה

כעת כמובן עולה השאלה: האם אפשר להפריד לצד השני? כלומר האם ישנו סוג של מצוות הפוכות, שבצד הקיום הן כמו עשה ובצד הביטול הן כמו לאו? ניתן אולי לכנות אותן: ׳עשה הבא מכלל לאו׳. אלו צריכות להיות מצוות שהתורה משתמשת לגביהן בלשון שלילית, כאילו היה כאן לאו, אבל בעצם כוונתה היא לעשייה חיובית, כלומר לעשה.

הזכרנו שלאו הבא מכלל עשה הוא מצווה מינורית, שכן הוא מאופיין בצד הביטול כמו עשה (והרי בצד הביטול עשה הוא פחות חשוב, כפי שהסביר **השדי חמד** הנ״ל), ומצד הקיום הוא כמו לאו (הורי בצד הקיום הלאו הוא פחות חשוב מעשה). אם כן, לאו הבא מכלל עשה הוא צירוף של שני הצדדים המינוריים של הלאו והעשה. לעומת זאת, ׳עשה הבא מכלל לאו׳ יהיה דווקא מצווה קיצונית וחריפה מאד, כלומר צירוף של שני הצדדים החשובים של הלאו והעשה: בצד הקיום היא תהיה כמו עשה, וקיום של עשה הוא חשוב

יותר מקיום של לאו. ובצד הביטול היא תהיה כמו לאו, ובצד הביטול ראינו שעבירת לאו היא חמורה יותר מביטול עשה. כלומר במצוות כאלה, באם הן קיימות, כל צעד שנעשה יהיה משמעותי מאד, או קיום אקטיבי וישיר של רצון ה׳ (טיפוס במעלות האהבה, במונחי הרמב״ן), או עבירה אקטיבית וישירה על רצונו (הידרדרות במדרון היעדר היראה).

לכאורה מצב כזה ייווצר כאשר יהיה לנו עשה הבא מכלל לאו, אך איננו מכירים סוג מצווה כזה. שאלת היעדרותו של סוג כזה היא מעניינת מאד, ושווה עיון בפני עצמה, ואכ״מ.

הסבר שיטת הרמב״ן

כעת אנחנו עוברים לשאלה הרביעית. ראינו למעלה שהרמב״ן טוען שלאו הבא מכלל עשה הוא עשה, ובכל זאת כאשר הוא בא במקביל ללאו אין למנותו בנפרד. ציינו שהדברים הם תמוהים: אם זהו עשה, אזי הכפילות שלו עם לאו אינה כפילות. ואם הכפילות שלו עם לאו היא כפילות, אז זה אמור להיות לאו, ולא עשה.

לאור דברינו עד כאן, נוכל כעת לראות שהדברים מתיישבים בצורה פשוטה וברורה. ניטול שוב את דוגמת המעקה, ונניח שהלאו ״לא תשים דמים בביתך״ קיים במקביל למצוות ״ועשית מעקה לגגך״, שלצורך הדיון מתפרשת כאן כלאו הבא מכלל עשה (זה כמובן לא נכון. אנחנו רק מדגימים). הלאו אומר לנו שהמצב של בית ללא מעקה הוא מצב שלילי. הלאו הבא מכלל עשה הוא איסור על אי הימצאות במצב החיובי. כלומר החובה היא להשתדל להיות במצב החיובי, כלומר להשתדל שהבית יהיה עם מעקה.

ראינו מדוע חובה כזו נמנית כמצוות עשה, שכן יסודה הוא בהצבעה על מצב חיובי ולא באזהרה מפני מצב שלילי. כעת נוכל להבין מדוע על אף זאת כשמצווה כזו באה במקביל ללאו אין למנות אותה בנפרד. הלאו עצמו מורה לנו לבצע כל מה שאפשר כדי לא להיות במצב השלילי. ובמישור הפרקטי אי הימצאות במצב שלילי היא בדיוק כמו הימצאות במצב חיובי. לכן כשמדברים על השתדלות להימצא במצב חיובי, היא אינה מוסיפה מאומה על

החובה לברוח מהמצב השלילי. מסיבה זו, טוען הרמב״ן, כאשר יש לאו הבא מכלל עשה שבא במקביל ללאו רגיל אין למנות אותו בנפרד.

יש לשים לב, שאם היה לאו הבא מכלל עשה ביחד עם עשה, המצב היה מעניין יותר. שם לכאורה דווקא היה מקום למנות את שניהם, על אף שהלאו הבא מכלל עשה הוא עשה. מצוות העשה מורה לנו שחשוב להימצא במצב החיובי, והלאו הבא מכלל עשה מורה לנו על עשיית פעולות של השתדלות כדי להימצא בו. כאן אין כפילות מוחלטת, ויש מקום למנות את שניהם.

אמנם למיטב ידיעתנו מצב כזה כלל אינו קיים בהלכה. אנו לא מוצאים לאו הבא מכלל עשה במקביל לעשה. מדוע באמת אין מצב כזה? דומה כי הסיבה לכך נעוצה בניתוח הפרשני שהוצג למעלה. אם אכן הציווי הראשון מתפרש כמצוות עשה רגילה, אזי גם כאשר אנחנו פוגשים את הציווי השני אין כל מניעה לפרש אותו כעשה רגיל. כפי שראינו, לאו הבא מכלל עשה מנוסח ממש כמו עשה, ורק אילוץ פרשני או סברתי כלשהו גורם לנו לפרש אותו כלאו הבא מכלל עשה, ולא כעשה רגיל. אבל כאשר יש עשה רגיל שהוא חופף לאותו לאו הבא מכלל עשה, אזי האפשרות לפרש את הפסוק שלנו כעשה רגיל קיימת (שהרי יש בפועל עשה כזה. זה לא משולל אפשרות). ולכן במצב כזה או שהיינו מפרשים את שניהם כלאוין הבאים מכלל עשה, או שהיינו מפרשים את שניהם כעשין רגילים וחופפים (מצבים שנדונו בשורש התשיעי). בכל מקרה הם לא ייִמנו כשתי מצוות.

נעיר כי ההיעדר של כפילות מהסוג הזה היא גופא ראיה להצעתנו כאן. אם לאו הבא מכלל עשה היה לאו רגיל, וצורת הכתיבה העקיפה שלו מטרתה היתה רק ללמדנו שחומרת העבירה קלה יותר (כפי שמפרש הגריפ״פ ועוד), אזי לא היתה כל מניעה להימצאות מצבי כפילות כאלה. לפי הגריפ״פ מצוות כאלה היו מתפרשות כמצוות עשה קלושות יותר ממצוות עשה רגילות.

האם רש״י חולק על ההבנה הזו?

כעת נוכל לבחון טענה תמוהה של רש״י בפירושו לעניין ההלוואה בריבית לנכרי. בספר דברים כג, כא, אנו מוצאים את המצווה הבאה:

לַנָּכְרִי תַשִּׁיךְ וּלְאָחִיךָ לֹא תַשִּׁיךְ לְמַעַן יְבָרֶכְךָ יְקֹוָק אֱלֹהֶיךָ בְּכֹל מִשְׁלַח יָדֶךָ עַל הָאָרֶץ אֲשֶׁר אַתָּה בָא שָׁמָּה לְרִשְׁתָּהּ: ס

ו**בספרי** על אתר (דברים, פיסקה רסג) מובא:

לנכרי תשיך ולאחיך לא תשיך, לנכרי תשיך מצות עשה. ולאחיך לא תשיך, מצות לא תעשה.

והנה, ברש"י שם כותב:

לנכרי תשיך - ולא לאחיך. לאו הבא מכלל עשה, עשה, לעבור עליו בשני לאוין ועשה:

לא ברור למה מתכוין רש"י בכתבו שיש כאן שני לאוין ועשה? לכאורה יש כאן לאו ועשה בלבד, כפי שכותב ה**ספרי**.

מפרשי רש"י מתלבטים בזה, וחלקם מסבירים שיש כאן התייחסות לשאר הלאוין בריבית שלא מופיעים בפסוק הזה (כמו "לפני עיוור" ועוד), אך גם זה לא ברור שכן אם באמת נתייחס לכל האיסורים בעניין ריבית הרי ישנם יותר מאשר שני לאוין ועשה.

על כן נראה אולי להציע שכוונת רש"י היתה לומר שבפסוק הזה עצמו מופיעים שני לאוין ועשה. כיצד? לאו אחד הוא האיסור להשיך לישראל. הלאו השני הוא לאו הבא מכלל עשה, שמתוך הציווי "לנכרי תשיך" אנחנו למדים איסור נוסף על נשיכה בישראל. ויש עוד עשה שלישי להשיך לנכרי.[59]

אם כנים דברינו, אזי רש"י טוען כאן שלאו הבא מכלל עשה הוא צירוף של לאו ועשה גם יחד: יש חובת עשה כפי שכתוב בפסוק, והיא החובה להשיך לנכרי. בנוסף לכך, יש עוד איסור שבא מכללו, להשיך לישראל.

אמנם מפרשי רש"י לא פירשו כן, מפני הם הניחו שהבנה כזו שבלאו הבא מכלל עשה יש שתי מצוות אינה אפשרית (ראה בראב"ם על רש"י שם). אמנם עיין ב**אור החיים** הקדוש על אתר, ואכ"מ.

---

[59] אמנם בניסות זה לא ברור כיצד עוברים על שני לאוין ועשה. כאשר מלוים בריבית ליהודי עוברים על לאו ועל לאו הבא מכלל עשה. אבל על מצוות העשה לכאורה לא עוברים (אלא אם נאמר שיש מצווה להשיך בריבית דווקא לנכרי ולא לישראל, אבל זה חוזר שוב ללאו הבא מכלל עשה). ייתכן שכוונתו רק לומר שיש בפסוק הזה שני לאוין ועשה שניתן לעבור עליהם, אבל לא בחדא מחתא.

חובות מכשיריות

הגדרנו את הלאו הבא מכלל עשה כחובה של פעולה שמטרתה להגיע למצב חיובי ולהימנע מהמצב השלילי. התורה אינה מצביעה, או אינה מחייבת את מה שהיא באמת רוצה (המצב החיובי), אלא על הדרך להשתדל להגיע לכך. אנחנו מכירים בהלכה כמה חובות כאלה, ונביא כאן כמה דוגמאות:

1. הכלל שבידינו הוא שספק דאורייתא לחומרא. אולם ישנם כמה מקרים שבהם הכלל הוא הפוך: ספיקם לקולא. לדוגמא, ספק בכור, ספק אבל, ספק ממזר, ספק ערלה בחו"ל, ספק טומאה ברה"ר ועוד. מגדיל לעשות הר"ן (ראה על כך בספר **שב שמעתתא**, שמעתתא א, ובתחילת ספר **שערי יושר** ועוד הרבה), שכותב שאדם יכול לקחת פירות ערלה בחו"ל, אף שהוא יודע בוודאות שאלו הם פירות ערלה, ולתת מהם לחברו שאינו יודע על כך. הסיבה לכך היא שאותו חבר אינו יודע על הערלה, ולכן מבחינתו זהו ספק, וספק ערלה בחו"ל הרי הוא מותר לכתחילה.

   מדוע באמת ניתן להקל בכל אותם מקרים? האם אין חשש שנעבור על איסור תורה? הרי יש כאן 50% של איסור לאו! ועוד, כיצד ייתכן שהר"ן מתיר אפילו להכשיל לכתחילה באיסור ערלה?

   והנה ר' אלחנן וסרמן, במאמר **באוהל תורה** (חוברת ג, סי' ד, בעיקר בסק"ט), יצא לחדש חידוש גדול מאד. ראשית, הוא טוען שדברי הר"ן לא נאמרו רק על המקרה של ערלה, אלא על כל המקרים שספיקם מן התורה לקולא. הוא מסביר זאת בכך שכל האיסורים הללו הם איסורי תודעה. התורה אינה אוסרת את פירות הערלה בחו"ל, אלא את פעולת האכילה המודעת של פירות ערלה. אין לתורה כל בעיה שהאדם אוכל פירות ערלה מצד עצם המצב, אלא רק עם פעולת האכילה תוך מודעות של פירות שהאדם יודע שהם פירות ערלה.

כך הוא מסביר את כל המקרים שבהם הדין הוא שספיקם לקולא. הרי החשש לעבור על איסור תורה קיים בכל המקרים הללו. ואם אכן בדרך כלל חשש של 50% לעבירת לאו מספיק כדי לאסור עלינו את הפעולה, לא ברור מדוע במקרים אלו אנחנו מאפשרים לאנשים להיכנס למצבים כאלה שבהם רבים מהם יעברו בוודאות איסורי תורה?[60]

טענתו של הגרא״ו היא שבכל המקרים הללו אין בכלל איסור עובדתי. המצב שבו נעבר האיסור אינו בעייתי בעיני התורה, ולכן אין לה כל בעיה עם זה שאנשים יעברו על האיסור עובדתית. הבעייה שקיימת באותם מקרים היא רק הבעייה התודעתית-סובייקטיבית, שהאדם עושה את פעולת האיסור באופן מודע.

הגדרה זו דומה ללאו הבא מכלל עשה. גם בלאו הבא מכלל עשה אין לתורה בעייה עם המצב כשלעצמו, והיא רק מורה לנו לעשות פעולות שמטרתן להגיע אליו ולהימנע מהיפוכו. כלומר המטרה היסודית של ההלכה היא התודעה של האדם והפעילות שלו, ולא המצב בו הוא נמצא, כלומר התוצאה.

2. ישנה מצווה בהלכה להיטיב את הנרות במנורה בבית המקדש. במאמר **מידה טובה** לפרשת תצווה, תשסז, הוכיחו המחברים שבמצווה זו התורה מעוניינת בכך שאנחנו נעשה את ההשתדלות להדלקת נרות המנורה בבית המקדש (=ההטבה), אבל ההדלקה עצמה יכולה להיעשות בדרך של ממילא (אפילו בזר, בבחינת ״שתהא שלהבת עולה מאליה״). גם שם המצב הרצוי לתורה הוא שהכהן יעסוק בהכנות להדלקה. ההדלקה עצמה באמת לא ממש חשובה לתורה (לפחות לא כחובה שמוטלת עלינו. ראה שם את ההסברים ההגותיים לכך).

---

[60] באמת באיסורי דרבנן שבהם אנחנו מקילים בספיקות, רבים מן האחרונים מסבירים שזה מפני שאין איסור עובדתי אלא רק סובייקטיבי. ראה על כך במאמרינו לשני השורשים הראשונים באורך.

3. מקרה דומה הוא מצוות מילה (ראה בסוף המאמר לפרשת תצווה, תשסז, הנ״ל). גם שם לפי חלק מהראשונים ישנה חובה על האב להשתדל במילת בנו, אבל המצווה (=התוצאה) לא מוטלת עליו. אחת ההשלכות לכך היא שהוא אינו צריך למנות את המוהל כשלוחו, שכן אין עניין שהוא עצמו יעשה זאת. המטרה היא לעשות השתדלות כדי לוודא שהבן יהיה מהול. החובה שמוטלת על האב היא רק ההשתדלות. אמנם שם ברור שהמטרה היא המצב (=שהבן יהיה מהול). הגדר ההלכתי הוא ההשתדלות להגיע למצב הזה, או להימנע מהיפוכו.

בשתי דוגמאות האחרונות ישנם מצבים שהם לכאורה רק 'מכשירים' למצב תוצאתי כלשהו. ולכאורה החובה במצב המכשירי אמורה להיגזר מהיחס לתוצאת המצב הזה. ובכל זאת אנחנו רואים שהיחס למכשיר הוא בלתי תלוי ביחס לתוצאה שלו. זהו בדיוק המצב במקרה של לאו הבא מכלל עשה. גם שם התורה רואה את הערך העיקרי בהשתדלות להימנע מהמצב ולא בעצם ההימצאות.[61]

השלכות: משמעות האיסור של מאכלות אסורות

אם נחזור כעת לדוגמאות של לאוין הבאים מכלל עשה, נוכל לבחון האם הדברים מתיישבים, ולחילופין להבין מתוך ההגדרות הללו את מגמת התורה באותם מצבים.

לדוגמא, המצוות שהוזכרו למעלה, לבדוק בסימני טהרה של בהמות ודגים וכדו׳, מוגדרות כלאו הבא מכלל עשה. הבדיקה הזו אינה ערך חיובי מצד עצמה, ומטרתה היא למנוע הימצאות במצב של אכילת בהמה טמאה. ובכל זאת, ההגדרה כלאו הבא מכלל עשה אומרת שמבחינת המצווה הזו אין בעייה בעצם האכילה, אלא יש חובת הימנעות. אולי קיומם של לאוין רגילים

---

[61] ובכל זאת, הטבת הנרות (ואולי גם המצווה על האב למול את בנו) היא מצוות עשה ולא לאו הבא מכלל עשה.

במקביל, היא שמוסיפה את הבעייתיות שבעצם האכילה של בעלי חיים טמאים.

והנה, אם אכן זה היה המצב, אזי האיסור על האכילה היה צריך להיות לאו, שכן הוא שולל את המצב של אכילת בעל חי טמא. אם אנחנו מגדירים זאת כלאו הבא מכלל עשה, המסקנה היא שאכילת בעלי חיים טמאים אינה יוצרת את טמטום הלב, אלא רק האכילה הרשלנית (כלומר בלי בדיקה). זוהי תוצאה של תודעה עבריינית ולא של פעולת העבירה מצד עצמה.

אחת ההשלכות של תפיסה כזו היא לגבי טמטום הלב שנוצר מאכילת מאכלות אסורות.[62] בפסוק הבא ישנו חסר בכתיבה (ויקרא יא, מג):

אַל תְּשַׁקְּצוּ אֶת נַפְשֹׁתֵיכֶם בְּכָל הַשֶּׁרֶץ הַשֹּׁרֵץ וְלֹא תִטַּמְּאוּ בָּהֶם וְנִטְמֵתֶם בָּם:

כתוב 'ונטמתם' במקום 'ונטמאתם', ומכאן לומדים חז"ל (יומא לט ע"א):

תנא דבי רבי ישמעאל: עבירה מטמטמת לבו של אדם, שנאמר +ויקרא יא+ ולא תטמאו בהם ונטמתם בם אל תקרי ונטמאתם אלא ונטמטם. תנו רבנן: (אל) +מסורת הש"ס: [ולא]+ תטמאו בהם ונטמתם בם, אדם מטמא עצמו מעט - מטמאין אותו הרבה, מלמטה - מטמאין אותו מלמעלה, בעולם הזה - מטמאין אותו לעולם הבא.

הראשונים מסבירים שמדובר בעיקר במאכלות אסורות (ולא בכל עבירה).

והנה הרמ"א בשו"ע חיו"ד סי' פא ה"ז, כותב:

חלב כותית כחלב ישראל, ומ"מ לא יניקו תינוק מן הכותית, אם אפשר בישראלית, דחלב כותית מטמטם הלב (ר"נ פא"מ בשם הרשב"א). וכן לא תאכל המינקת, אפי' ישראלית, דברים האסורים (הגהות אשי"רי). וכן התינוק בעצמו, כי כל זה מזיק לו בזקנותו.

הוא מבחין בפירוש בין השאלה ההלכתית לבין השאלה של טמטום הלב. ברור שהדיון שלו עוסק במצבים שבהם מותר לאכול מאכלות אסורות, או לינוק מנכרית (ובכלל לא מוסכם שיש בזה איסור). והוא כותב שאפילו במצבים

---

[62] ואין כוונתנו למשהו פיסי, אלא לתוצאה רוחנית, אבל כזו שאינה רק קביעה נורמטיבית, אלא שיש לה קיום והשלכה במציאות במובן מטפיסי כלשהו.

כאלו יש עניין שלא לעשות זאת מפני שזה מוליד טבע רע ומזיק. ובכלל, הרי הוא כותב זאת אפילו לגבי תינוק, שבודאי אינו מודע לאיסור, ולכן ברור שלא ניתן לפרש זאת כתוצאה של תודעת עבירה. כאן ברור שישנה תפיסה שזוהי תוצאה פיסית של המעשה עצמו. וכך כותב הש״ך שם בסקכ״ה-כו:

> ***וכן לא תאכל המינקת אפילו ישראלית כו׳ - כלומר אע״פ שאסור לה בלא״ה לאכול דברים האסורים מ״מ גם בשביל התינוק לא תאכל ונ״מ אם היא חולה בענין שצריך להאכילה דברים האסורי׳ לא יתן האב לתינוק לינק ממנה אלא ישכור לו מינקת אחרת ישראלית:***
>
> ***וכן התינוק בעצמו כו׳ - כלומר אע״פ דקטן האוכל דברים האסורים מדרבנן אין אביו מצווה להפרישו וכמו שנתבאר בא״ח סי׳ שמ״ג היינו מדינא אבל מ״מ יפרישו מפני שמזיק לו בזקנותו שמטמטם הלב וגורם לו טבע רע:***

אמנם בביאור הגר״א שם סקל״א נראה שהבין שזהו דין ייחודי לניקת חלב, שהיונקים מקבלים את טבע המניקה:

> ***חלב עובדת כוכבים כו׳. מתני׳ וגמ׳ ע״ז כ״ו א׳ וירושלמי שם אבל עובדת כוכבים מניקה בנה של ישראל דכתיב והיו מלכים אומניך ושרותיהם מיניקותיך.***
>
> ***אלא שר״ח כתב דוקא במקום סכנה דבירושלמי מסיים שם תני יונק תינוק מן העובדת כוכבים ומבהמה טמאה ומביאין לו חלב מ״מ ואינו חושש לא משום יונק שקץ ולא משום טומאה אלמא דומיא דבהמה טמאה הוא וכן בגמ׳ דידן בס״פ חרש קי״ד א׳ וקאמר שם התם משום סכנה א״ה כו׳ וכ״מ בתוספתא דשבת דתנא שם אין יונקין מן העובדת כוכבים ומן בהמה טמאה.***
>
> ***אבל רשב״א כתב דממדות חסידות הוא לפי שחלב מגדל טבע כיוצא בו לכן עריבו בהדי בהמה טמאה ובמ״ר פ׳ שמות וקראתי לך אשה מינקת כו׳ וכי אסור היה למשה לינוק מחלב עובדת כוכבים לא כן תנינא אבל עובדת כוכבים מניקה כו׳ פה שעתיד לדבר כו׳ וז״ש***

ומ"מ כו' דחלב כו'. ר"נ רפ"ב דע"ז ועתוס' שם י' ב' ד"ה א"ל כו' (ע"כ):

וראה עוד ב**תורה תמימה** על הפסוק הנ"ל בויקרא, וכן בראשונים (ראה גם בסוגיית כתובות ס) ישנו דיון רחב יותר בכל זה, ואכ"מ.

אנו רואים שלפחות לחלק מהפוסקים ההבנה היא שלא החלב הוא המטמטם את הנפש, אלא האכילה האסורה שלו. כלומר זו תוצאה מטפיסית של הפעולה, ולא של המצב אותו היא באה למנוע.

האם עשה דוחה לאו הבא מכלל עשה?

יש מהפוסקים שכתבו שאם עשה דוחה לאו, אז הוא ודאי דוחה לאו הבא מכלל עשה, שכן זה איסור קל יותר מלאו. מאידך, רוב הפוסקים נקטו שלאו הבא מכלל עשה הוא עשה, ולכן עשה אינו דוחה אותו.

לאור דברינו ניתן להבין את השיטה השנייה. לאו הבא מכלל עשה הוא חובה לא להימצא במצב שאינו המצב החיובי. כלומר מה שמונח על הכף הוא הימצאות במצב חיובי (אי מעבר על לאו הבא מכלל עשה, ואי קיום הלאו), או במצב החיובי שעליו מצווה העשה הרגיל. לכן יש כאן מצב חיובי מול חיובי, וההנחייה היא 'שב ואל תעשה עדיף'. השיטה שסוברת שעשה דוחה לאו הבא מכלל עשה, כנראה הבינה שלאו הבא מכלל עשה הוא סוג של לאו חלש.

אנו נפרט מעט יותר ונביא מקורות בעניין זה, להלן בפרק שלושה-עשר (בדיון על כללי היישום הבסיסיים).

חלק שלישי

הלוגיקה הדאונטית של ההלכה – ה׳יבוא׳

בחלק הראשון של הספר הצגנו מבוא קצר ללוגיקה דאונטית. בחלק השני עמדנו על הרקע ההלכתי של הדיון, וניסינו להבהיר את ההבחנה ההלכתית בין מצוות ל״ת (לאוין) לבין מצוות עשה (עשין). כבר במהלך הדברים עמדנו על כך שהלוגיקה הדאונטית הסטנדרטית אינה יכולה לתאר אל נכון את התמונה ההלכתית. בחלק זה נרחיב את היריעה, ונציג לוגיקה דאונטית משופרת, שמתארת אל נכון את התמונה ההלכתית. זה יהיה חלק ה׳יבוא׳ שעליו דיברנו במבוא לספר. בהמשך נראה שהלוגיקה הזו פותרת כמה מהבעיות שמעוררת הלוגיקה הדאונטית הסטנדרטית (כמה מהן תוארו בחלק הראשון), ואף משליכה על הבנתנו לגבי מערכות נורמטיביות נוספות. זה יהיה מרכיב ה׳יצוא׳ שתואר שם. לכל אורך הדיון אנחנו נניח את התמונה של הרמב״ם וסיעתו (רוב מוחלט של הראשונים), שאינם ממקבלים את הזהות בין ההבחנה הביצועית לבין ההבחנה בין לאוין לעשין.

פרק אחד-עשר

המישור הדאונטי והמישור הנורמטיבי

מבוא

בפרק זה נציע מבט ראשוני על הלוגיקה הדאונטית של ההלכה, לאור מה שתיארנו עד כה. אנחנו נראה שבתמונה ההלכתית אין מנוס מהבחנה בין שני מישורי דיון, שנכנה אותם 'נורמטיבי' ו'דאונטי'. על הקשרים ביניהם, אם בכלל ישנם כאלה, נעמוד בפרק הבא.

הסימול הלוגי והסמנטיקה של ההבחנה הביצועית

כפי שראינו למעלה, ישנן מצוות שמורות לנו על עשייה ויש שמורות לנו על מחדל. עוד ראינו שאין לזהות בין הראשונות לבין מצוות עשה, כמו גם בין השניות לבין לאוין. על כן נתחיל את הדיון בהבחנה הביצועית, ולאחר מכן נעבור לקשר בינה לבין הדאונטיקה.

כאשר אנחנו מדברים על ציווי לבצע מעשה, בין אם מדובר בלאו ובין אם במצוות עשה, כוונתנו היא לאו דווקא למעשה פיסי, אלא גם למצב מנטלי וכדו'. אי עשייה, או מחדל, הם שלילה לוגית של העשייה. נקודת מוצא לתמונה הזו ניתן למצוא בדברי הרמב"ם בתחילת השורש התשיעי:[63]

> ***דע שכל צוויי התורה ואזהרותיה הנה הם בארבעה דברים. בדעות ובפעולות ובמדות ובדבור. וזה שהוא צונו להאמין דעת אחת מן הדעות כמו מה שצונו להאמין היחוד ואהבת האל ית' ויראתו (ע' ב - ד). או שהזהירנו מהאמין דעת אחת מן הדעות כמו מה שהזהירנו (ל"ת א) מהאמין האדנות לזולתו. וכן צונו בפעולה מן הפעולות. כמו מה שצונו להקריב הקרבנות (ע' כז - ח לט - נא נה סב - עב עו - ז פד) ובנות המקדש (ע' כ). והזהירנו מפעולה מן הפעולות כמו מה***

---

[63] על המיקום של ההבחנות הללו דווקא בתחילת השורש התשיעי, ראה במאמר **מידה טובה** לשורש זה.

שהזהירנו (ל׳ ה - ז) מהקריב לזולת האל יתעלה ומהשתחוות לנעבד זולתו. וכן צונו להתנהג במדה מהמדות. כמו מה שצונו בחמלה והרחמנות והצדקה והחסד והוא אמרו (לעיל עמ׳ נה ומ״ע רו) ואהבת לרעך כמוך. והזהירנו במדה מן המדות כמו מה שהזהירנו מהשנאה והנטירה והנקימה (ל׳ שב - ה) ודרישת הדם (על״ת רצב) וזולת זה מן המדות הרעות כמו שאבאר. וצונו לומר מאמר מן המאמרים. כמו מה שצונו לשבחו ולהתפלל אליו (ע׳ ה) ולהתודות על העונות ועל הפשעים (ע׳ עג) והדומה לזה ממה שיתבאר. והזהירנו מדבור אחד מן הדבורים כמו מה שהזהירנו מהשבע לשקר (ל׳ סא סג רמט) והרכילות (ל׳ שא) ולשון הרע (סוף ל׳ רפא) והקללה (שטו - יח) וזולת זה.

אם כן, ציוויי התורה יכולים להיות מארבעה טיפוסים: א. ציווי על אמונה או דעה, כמו אמונת הייחוד. הציווי להאמין באל אחד הוא מצוות עשה. ב. ציווי על פעולה, כגון הקרבת קרבנות. גם אלו כמובן מצוות עשה. ג. ציווי על המידות, כגון איסור על שנאה לאדם מישראל, או ציווי על אהבה (אהבת ה׳, אהבת ישראל, אהבת הגר וכדו׳). ד. ציווי על אמירה, כגון מצוות וידוי או אזהרה משבועת שקר.

הרמב״ם מקפיד לציין בכל אחד מהסוגים הללו, שכלולות בו הן מצוות עשה והן לאוין. משמעות הדברים היא שההבחנה בין לאו לעשה אינה יכולה להתבסס על הסוג של הציווי (כלומר היותו על מחשבה או על מעשה וכדו׳). כל אחד מהסוגים הללו מכיל מצוות עשה ולאוין.

אם כן, ההבחנה הביצועית שקודמת להבחנה בין לאו לעשה אמורה לחול על ארבע הקטגוריות הללו. כל אחת מהן מכילה מצוות משני הסוגים: מצוות לביצוע ומצוות על מחדל. המצווה להניח תפילין היא מצוות עשה פשוטה, שכן היא מצווה על עשייה. אך גם המצווה להאמין באלוהים היא מצוות עשה, שכן היא מצווה על פעולה, גם אם אינה פיסית. הוא הדין לגבי ציוויים כמו לאהוב או להתפלל. לגבי מצוות לא-תעשה, המצב הוא דומה: המצווה לא לשנוא היא איסור לאו, כמו האיסור לאכול חזיר. כך גם איסור לדבר לשון

הרע, או איסור להאמין באמונה לא נכונה. כל אלו הם לאוין, גם אם הביטויים הביצועיים שלהם אינם תמיד פיסיים.

כעת נסמן את שני סוגי הפעולות הללו באופן הבא:

- ביצוע פעולה: A.
- אי-עשייה (=מחדל): $\neg A$.

אנו רואים שהאחד הוא שלילתו הלוגית של השני. הנחת תפילין היא שלילה לוגית של אי הנחת תפילין. בניית מעקה היא השלילה הלוגית של אי הקמת מעקה. אמונה באלוהים היא שלילה לוגית של אי אמונה, ושנאה היא שלילה לוגית של אי שנאה. אם כן, הלוגיקה ששולטת על הפעולות היא הלוגיקה הרגילה.

עד כאן עסקנו בתוכן הביצועי של הציוויים, וכעת עלינו לעבור לדון בלוגיקה של הנורמות ההלכתיות (מצוות עשה ולאוין).

מצוות עשה ולא-תעשה ולוגיקה דאונטית

כפי שראינו בחלקים הקודמים, ההבחנה בין לאו לעשה אינה תלויה בהבחנה הביצועית. כלומר, אם הנורמה $O(A)$ מסמלת מצוות עשה, אזי לא נכון לומר שהנורמה $O(\neg A)$ היא לאו. הנורמה $O(\neg A)$ גם היא מצוות עשה, אלא שזוהי מצוות עשה שמורה לנו על מחדל. היא דומה ללאו אך אינה לאו. במונחיו של הרמב״ן בפי׳ יתרו שדבריו הובאו למעלה, ניתן לומר שזוהי נורמה ששייכת לספירת האהבה, ולא לספירת היראה, ולכן מדובר בעשה ולא בלאו.

אם כן, הציווי שלא לגנוב, שבלוגיקה הדאונטית הרגילה מסומן $O(\neg A)$, אינו לאו אלא מצוות עשה. אז כיצד עלינו לסמן את הלאוין? בלוגיקה הדאונטית הסטנדרטית סימנו את האיסורים באופרטור $F(A)$, שפירושו אסור לעשות A. על כן גם בלוגיקה ההלכתית נסמן זאת כך. ההבדל הוא שבלוגיקה הדאונטית הסטנדרטית קיים הקשר: $F(A) = O(\neg A)$, ואילו

בלוגיקה הדאונטית של ההלכה הוא אינו קיים. כאן שני האופרטורים הללו הם בלתי תלויים. כפי שראינו, יש ביניהם 'קיר' שמונע כל קשר ביניהם.

אם כן, התרגום של המשפט 'אסור לעשות A' לשפת הלוגיקה הדאונטית, יכול להיעשות בשתי הצורות, השקולות זו לזו: $O(\neg A)$ ו-$F(A)$. אך בלוגיקה ההלכתית ציווי כזה יכול לקבל שתי משמעויות שונות. כדי לדעת איך לתרגם אותו עלינו לדעת האם מדובר במצוות עשה או בלאו. אם מדובר במצוות עשה, התרגום הוא: $O(\neg A)$. ואם מדובר בלאו, התרגום הוא: $F(A)$.

נמצאנו למדים שיש שני סוגי מצוות עשה: כאלה שמורות לנו על מעשה (כמו עשה על עשיית מעקה) - $O(A)$, וכאלה שמורות לנו על מחדל (כמו עשה על שביתה בשבת) - $O(\neg A)$. כך ישנן גם שני סוגי מצוות לא-תעשה: כאלה שמורות לנו על איסור לעשות משהו (כמו לאו על שביתה בשבת) – $F(A)$, וכאלה שאוסרות עלינו מחדל (כמו לאו על אי עשיית מעקה) - $F(\neg A)$. זוהי המשמעות הלוגית של אי התלות ההלכתית בין המישור הנורמטיבי למישור הביצועי.

ההבחנה בין מצוות עשה לבין לאו אינה מבוססת על המישור הביצועי (האם מדובר בציווי על A או על $\neg A$), אלא על המישור הדאונטי (לפי סוג האופרטור המופיע במצוה): האופרטור O תמיד מייצג מצות עשה, ואילו האופרטור F תמיד מייצג לאו, בלי תלות באופי הארגומנט עליו פועלים האופרטורים הללו.

מה בדבר הקשרים הדאונטיים אותם פגשנו בחלק הראשון? הקשרים בין החובות והאיסורים לבין ההיתרים נראים לכאורה תקפים גם כאן (שכן גם בהלכה היתר הוא היעדר איסור, ואם יש חובה לעשות A אז ודאי יש גם היתר לעשות זאת), אבל הקשרים בין חובה לבין איסור, כלומר הקשר: $O(A) \equiv F(\neg A)$, אינו מתקיים. העובדה שיש מצוות עשה לעשות A אינה אומרת

שיש איסור לאו על A ¬, ולהיפך. במינוח ההלכתי נאמר כי במקרה הראשון יש על A ¬ איסור של ביטול עשה, אבל לא לאו.

למעלה בפרק התשיעי הגדרנו את המושג 'מצווה קיומית'. מצוות אלה מורות לנו על O(A), וכוונתן היא שאין חובה לעשות זאת, ואין איסור אם מישהו לא יעשה כן. במקרה זה, אם מישהו בכל זאת יעשה A ¬ (או לא יעשה A), הוא לא יעבור כלל על איסור, אפילו לא על ביטול עשה. תופעה זו מחדדת מאד את טענתנו, לפיה יש נתק מוחלט בין שני סוגי החובות (יש 'קיר' ביניהן), ולכן הקשרים הדאונטיים המקובלים לא פועלים בהקשר ההלכתי.

מישור דאונטי ומישור נורמטיבי

ראינו שבמישור הנורמטיבי לא מתקיימת הלוגיקה הדאונטית. כלומר הנורמות (=מצוות עשה ולאוין) אינן קשורות זו לזו בקשרים הדאונטיים המקובלים. אך ניתן להעביר את הדיון למישור אחר, ושם יתקיימו הקשרים הדאונטיים הרגילים.

מאידך, בשורה התחתונה, אם ההלכה אומרת שיש חובה לעשות A כי אז יש איסור לא לעשות אותו (או לעשות A¬). ואם ההלכה אוסרת לעשות A כי אז יש חובה לעשות A¬. אם יש איסור הלכתי לרצוח במצב מסויים, כי אז במישור הפרקטי ודאי חלה עלינו החובה שלא לרצוח.

המסקנה היא שאם נתייחס לשאלה האם יש חובה הלכתית או איסור הלכתי, בהתעלם מהשאלה האם החובה או האיסור הללו נובעים מעבירת לאו או ממצוות עשה, אזי גם בהלכה יתקיימו הקשרים הדאונטיים הרגילים. אלו אינם מתקיימים בין מצוות עשה לבין לאוין, אבל הם מתקיימים ביחס למסקנה ההלכתית במישור הפרקטי (=מה עלינו לעשות בפועל).

ניטול כעת דוגמא חדה יותר, של קונפליקט נורמטיבי. נניח שיש לנו שתי נורמות סותרות לגבי אותו מעשה: O(A) ו-F(A), כלומר המעשה A אסור בלאו F ומחוייב בעשה O. לדוגמא, אדם לובש בגד של ארבע כנפות, ולכן

מוטלת עליו מצוות עשה להטיל ציציות בכנפי הבגד. מאידך, הציצית היא מצמר והבגד מפשתן, כלומר יש כאן לאו של כלאיים. מה עליו לעשות במצב כזה?

במישור המעשי לא ניתן לתרגם זאת להוראה פרקטית, שכן עלינו להיזקק לכלל שקובע מה לעשות במקרים של סתירות מסוגים אלו. מתברר שיש בהלכה כלל כזה, שקובע: עשה דוחה לא-תעשה, כלומר החובה (=מצוות העשה) גוברת על האיסור (=הלאו). לאחר יישום הכלל אנחנו יכולים להגדיר הוראת שורה תחתונה במישור המעשי, ולפיה יש חובה לעשות A (=להטיל ציציות בכנפות הבגד). כעת כבר ברור שאסור לנו להשאיר את הבגד ללא ציציות.

המסקנה היא שהיחס הדאונטי בין חובה חיובית ושלילית מתקיים גם בהקשר ההלכתי, אבל רק במישור הפרקטי. במישור הנורמטיבי-תיאורטי שעוסק במצוות עשה ולאוין הוא לא מתקיים. קיומו של עשה להטיל ציצית אינו אומר שיש לאו שלא להטיל ציצית, ולהיפך. אבל בהוראות הפרקטיות היחס הדאונטי נשמר.

המסקנה המתבקשת היא שבהקשר ההלכתי עלינו להגדיר שתי מערכות מקבילות של אופרטורים, האחת נוגעת למצוות במישור הנורמטיבי-תיאורטי, והשנייה נוגעת להוראות מעשיות במישור הפרקטי. את האופרטורים הדאונטיים שנוגעים להוראות ההלכתיות הסופיות במישור הפרקטי נסמן באינדכס תחתון D (=דאונטי), ואת האופרטורים שנוגעים למישור הנורמטיבי של לאו ועשה נסמן באינדכס תחתון T (=תלמודי).

האופרטורים של ההוראות הפרקטיות הם: O_D, F_D ו-E_D, והם מתנהגים כמו אופרטורים דאונטיים סטנדרטיים, שאת הקשרים ביניהם סקרנו בקצרה בחלק הראשון. לעומת זאת, כדי לבטא את משמעויותיהם ההלכתיות של לאו ועשה, אנו זקוקים לאופרטורים נוספים: O_T, F_T ו-E_T. כפי שראינו, האופרטורים הללו אינם מקיימים את הקשרים הדאונטיים הרגילים, ולמעשה כלל לא 'מדברים' זה עם זה. במונחיו של הרמב"ן שהבאנו למעלה,

האופרטורים O_T מתייחסים לספירת האהבה, וכל אחד כזה מייצג הוראת אהבה אחרת (=מצוות עשה). האופרטורים F_T מתייחסים לספירת היראה, וכל אחד מהם מייצג הוראת יראה שונה (=מצוות לא-תעשה). בין שתי אלו עומד ה'קיר' החוצץ אותו הזכרנו.

בניסוח אחר, ניתן לומר שביחס לכל מעשה ניתן לשאול שני סוגי שאלות:

א. ישנה שאלה נורמטיבית-תיאורטית: האם על מעשה זה מוטלת חובת עשה או איסור לאו, או אולי שניהם? על שאלה זו עונים תוך שימוש באופרטורים התלמודיים. אם יש חובת עשה עלינו לכתוב $O_T(A)$, ואם יש לאו עלינו לכתוב $F_T(A)$.

ב. וישנה השאלה הפרקטית-דאונטית: האם על פי ההלכה יש עלינו חובה או איסור לעשות את המעשה הזה או לא? על שאלה זו עונים תוך שימוש באופרטורים הדאונטיים הסטנדרטיים: אם יש חובה – אנו כותבים $O_D(A)$, ואם יש איסור – כותבים $F_D(A)$.

אמנם ברור שאין צורך בשישה אופרטורים שונים. האופרטור התלמודי E_T מציין שפעולה כלשהי היא היתר הלכתי תיאורטי, כלומר שאין לגביה לאו או עשה. לכן ברור שניתן לבטא את האופרטור הזה באמצעות שני האופרטורים התלמודיים האחרים. כמו כן, במישור הדאונטי הרגיל ברור שדי לנו באופרטור אחד, שכן ניתן לבטא באמצעותו את שני האחרים (תוך שימוש בקשרים הדאונטיים הסטנדרטיים שמוצגים בטבלא בחלק הראשון). לסיכום, בשדה הדיון שלנו ישנם שלושה אופרטורים בלתי תלויים: F_T, O_T ו-F_D.

הרחבת הנוטציה

כדי להשלים את התמונה, עלינו לציין שכל ספירה כזו מכילה סדרה של אופרטורים רבים, ולא רק אחד. אנחנו יודעים שיש רמח (=248) מצוות עשה ושס"ה (=365) מצוות לא-תעשה. כל מצווה או עבירה כזו מייצגת ערך, והיא

יכולה להתייחס למצבים ריאליים רבים מאד. כלומר ייתכן מצב שבו כמה מצוות שונות, עשין או לאוין, מתייחסות לאותה פעולה, או לאותו מצב. לדוגמא, המשנה מכות כא ע״ב אומרת:

יש חורש תלם א׳ וחייב עליו משום שמונה לאוין: החורש בשור וחמור, והן מוקדשין, וכלאים בכרם, ובשביעית, ויום טוב, וכהן ונזיר בבית הטומאה.

זהו מצב שבו אדם חורש בשדהו, ועובר על שמונה איסורים שונים. אם נפשט את הדוגמא הזו מעט, מי שחורש בשור וחמור בשבת שחלה בשביעית, עובר על כמה וכמה עבירות, שכולן מתייחסות לאותו מצב ריאלי. הוא עובר על חרישה בשור וחמור יחדיו, על חרישה בשבת, על חרישה בשביעית. אין מניעה שבחלק מאלו יהיו איסורי לאו וחלק אחר יהיו ביטול עשה, ולפעמים גם קיום עשין כלשהם. חשוב להבין שכל הנורמות הללו מתייחסות לאותה פעולה עצמה.

לכן עלינו להרחיב את הסימון שלנו, ולכלול בו אינדכס רץ, בצורה הבאה. מצוות העשה מיוצגות על ידי 248 אופרטורים שונים, שכל אחד מייצג מצווה שונה: $O_T^i(A)$. האינדכס i מקבל ערכים מ-1 עד 248. מצוות הלא-תעשה מיוצגות על ידי 365 אופרטורים שונים, שכל אחד מייצג לאו שונה: $F_T^j(A)$. האינדכס j מקבל 365 ערכים שונים.

יש לשים לב שבסימון הזה כל אופרטור יכול באופן עקרוני לפעול על כל מצב, כלומר יכולים להיות כמה אופרטורים שונים שפועלים על אותו מצב ריאלי A. בדוגמא הקודמת ניתן לרשום: $O_T^1(A)$, $O_T^2(A)$, $O_T^3(A)$, $F_T^1(A)$, $F_T^2(A)$, וכן הלאה. האופרטורים השונים מייצגים מצוות שונות, שחלות כולן על פעולת החרישה הריאלית בה אנו דנים כאן, שמסומנת ב-A.

אם כן, במישור הנורמטיבי יש לנו שתי סדרות של אופרטורים, ולא שני אופרטורים בלבד. אמנם האופרטור הדאונטי (במישור הפרקטי) אינו זקוק להרחבה כזו, שכן כפי שראינו בשורה התחתונה יש בכל מצב רק הוראה אחת: מותר, אסור, או חובה. ההוראה הזו אינה מתחשבת בשאלה מניין

נגזרים ההיתר, האיסור, או החובה, הללו. בשורה התחתונה אחרי שמתחשבים בכל הנורמות שחלות על המצב A, ההוראה הדאונטית תהיה אחת משלוש: מותר, אסור, או חובה.

פרק שנים-עשר

קשרים בין שני מישורי הדיון

מבוא

בפרק הקודם הבחנו בין שני מישורים של הדיון: הנורמטיבי והפרקטי. לכל מישור כזה קיימת מערכת של לוגיקה דאונטית משלו, כאשר במישור הפרקטי זוהי הלוגיקה הדאונטית הסטנדרטית, ובמישור הנורמטיבי מדובר בלוגיקה דאונטית שונה. ראינו שבסך הכל קיימים בתמונה הזו שלושה אופרטורים דאונטיים בלתי-תלויים: O_T, F_T ו-F_D.

כעת עולה השאלה האם שלושת אלו הם אכן לגמרי בלתי תלויים? לשון אחר: מהו הקשר בין שני מישורי הדיון שהוגדרו כאן? ראינו שבמישור התלמודי-תיאורטי אין קשר בין האופרטורים של החובה (מצוות עשה) והאיסור (מצוות לא-תעשה). עוד ראינו שבמישור הפרקטי ישנם הקשרים הדאונטיים הרגילים. האם ישנו קשר בין האופרטורים במישור התיאורטי לאלו שבמישור הפרקטי?

הצעה ראשונית ודחייתה

לכאורה התשובה היא חיובית. אם יש מצוות עשה לעשות A, כי אז ברור שישנה גם חובה דאונטית (כלומר פרקטית) לעשות אותו, וברור שאין איסור בעשייתו. הקשר ההפוך אמנם לא נכון, שכן ייתכן שיש חובה פרקטית לעשות A אבל אין מצוות עשה לעשות זאת (אלא יש לאו על אי עשיית A). בדומה לכך, אם יש מצוות לא-תעשה על עשיית A, כי אז יש חובה דאונטית (פרקטית) שלא לעשות אותו, וברור שאין חובה פרקטית לעשות אותו. וגם כאן הקשר ההפוך לא קיים, שכן ייתכן מצב שיש איסור פרקטי לעשות A ואין לאו (אלא יש מצוות עשה על $\neg A$).

אם כן, לכאורה מתקבלים הקשרים הבאים:

$$O_T(A) \rightarrow O_D(A) \quad (1)$$

$$F_T(A) \rightarrow F_D(A)\ [O_D(\neg A)] \quad (2)$$

אלא שאם קשרים אלו היו אכן תקפים בהקשר ההלכתי, כי אז ניתן היה להצביע גם על קשרים לוגיים כלשהם בין האופרטורים התיאורטיים (F_T ו-O_T), שנוצרים דרך המישור הפרקטי, וזה בלתי אפשרי.

קשר כזה לדוגמא, מתקבל על ידי הפעלת שלילת הסיפא[64] על הקשר (2). אנו מקבלים מכאן:

$$\neg O_D(\neg A) \rightarrow \neg F_T(A) \quad (3)$$

אבל במישור הדאונטי קיימים קשרים בין איסורים לחובות (ראה בחלק הראשון), ולכן מתקיים הקשר:

$$O_D(A) \rightarrow \neg O_D(\neg A) \quad (4)$$

כעת נציב את (4) בתוך (1), ואת הקשר (3) בתוך התוצאה, ונקבל את הקשר הבא:

$$O_T(A) \rightarrow \neg F_T(A) \quad (5)$$

אך זהו קשר בין שני האופרטורים התלמודיים, שפירושו הוא שאם יש מצוות עשה לעשות A אז בהכרח אין איסור לעשות את A.

טענה זו היא בעייתית, משתי סיבות שקשורות זו לזו: א. כבר ראינו שאמור להיות 'קיר' בין הלאוין לעשין, ולכן קיומו של קשר כלשהו בין שני העולמות הללו אינו יכול להלום את התמונה התלמודית. ב. אנחנו ידועים שישנן סיטואציות שבהן מופיעים בו-זמנית גם מצוות עשה וגם לאו על הפעולה A, כגון המקרה של ציצית, שבו יש עשה להטיל ציצית ולאו של כלאיים לעשות זאת. כל סיטואציה שבה מופיע העיקרון של עשה דוחה לא-תעשה היא סיטואציה שבה מופיעות שתי מצוות סותרות בו-זמנית.

היכן מוקד הבעייה? עיון שטחי מראה אותה מייד. אם אכן ייתכן מצב שקיימת מצוות עשה על A ובו בזמן קיים גם איסור לאו על A, כי אז שני

---

[64] על שלילת הרישא, ראה סוף הפרק הראשון בחלק הראשון.

הקשרים (1-2) למעלה, שאותם הנחנו כבסיס לטיעון שלמעלה, אינם נכונים. אם ייתכן מצב כזה, אזי הקשרים הללו אומרים שיש לנו חובה לעשות A ובו-בזמן גם חובה שלא לעשות A, וכבר ראינו שגם ההלכה מסכימה שבמישור הפרקטי זה לא ייתכן. אם כן, הבעייה היא בקשרים 1-2 למעלה, שמציעים קישור ישיר מדי מהמישור הנורמטיבי למישור הפרקטי-דאונטי.

המסקנה היא שהקשר בין המישור הנורמטיבי למישור הדאונטי הוא מורכב יותר, אם הוא בכלל קיים. העובדה שיש מצוות עשה על A אינה אומרת בהכרח שפרקטית חובה לעשות A, או שאין איסור לעשות זאת, שכן ייתכן שבו-זמנית ישנן עוד נורמות שאוסרות על עשייתו. הוא הדין לגבי מצב בו יש מצוות לא-תעשה על A, גם זה אינו אומר בהכרח שיש איסור פרקטי על עשייתו, שכן ייתכן שבו-זמנית קיימות נורמות (=מצוות עשה) שמורות לעשות A.

המסקנה היא שלא קיים קשר לוגי הכרחי בין שני המישורים הללו. הקשרים הם מורכבים יותר, והם מונחים על ידי כמה כללי יישום. כל כלל כזה לוקח בחשבון את העובדה שיכולות להיות כמה וכמה נורמות שחלות על אותו מצב, או פעולה, וההוראה המעשית צריכה לקחת בחשבון את המכלול הנורמטיבי כולו. לא ניתן לגזור הוראה מעשית מנורמה בודדת, בלי שיש לנו תמונה על שאר הנורמות ביחס למקרה זה.

מצב של נורמה בודדת

כשמנתחים סיטואציה סבוכה, עלינו להתחיל ממקרים פשוטים. המקרה הפשוט ביותר הוא מצב בו יש נורמה בודדת על המעשה A, או לאו או מצוות עשה, ואין שום נורמה אחרת על אותו מעשה או על שלילתו (לא על A ולא על ¬A).[65]

---

[65] אמנם יכולה להיות נורמה מקבילה, כלומר עוד מצווה מאותו סוג על אותו מעשה, או מצווה הפוכה על המעשה המנוגד. במצב כזה ההוראה המעשית אינה משתנה. לדוגמא, אם

במקרה כזה ניתן לתרגם מיידית את הנורמה להוראה מעשית (במישור הדאונטי), בהתאם לכללים (1) ו-(2) מלמעלה:[66]

$$(\forall i, j \neq k)\ \neg\{O^{i}{}_{T}(\neg A), F^{j}{}_{T}(A)\}\ \&\ \ O^{k}{}_{T}(A) \rightarrow \{\neg F_{D}(A)\ ;\ F_{D}(\neg A)\}$$

(1')

$$(\forall i, j \neq k)\ \neg\{O^{i}{}_{T}(A), F^{j}{}_{T}(\neg A)\}\ \&\ \ F^{k}{}_{T}(A) \rightarrow \{\neg F_{D}(A)\ ;\ F_{D}(\neg A)\}$$

(2')

כאשר האינדקס i, רץ על כל המצוות בהלכה. כפי שהזכרנו, יש 365 (שסה) מצוות לא-תעשה ו-248 (רמח) מצוות עשה. לכן מעל האופרטור O_T האינדכס i רץ מ-1 עד 248, ומעל האופרטור F_T האינדכס j רץ מ-1 עד 365.

שני הכללים הללו אומרים שכאשר אנחנו עוברים על כל הנורמות ההלכתיות (=המצוות), ורואים שפרט לנורמה K אף אחת אינה חלה על המצב A, אזי מתקיימים קשרי הגרירה הללו.

אם כעת ננסה לבדוק את הטיעון שהוצג למעלה שהביא אותנו לקשר בין הנורמות התלמודיות, נראה שלא ניתן לנסח אותו. שלילת הסיפא בגרירה הזו היא הרבה יותר מסובכת. אם אכן ידוע לנו שאין שום נורמה אחרת על המצב, אז באמת ניתן להסיק מקיומה של מצווה עשה את היעדרו של לאו. אבל ההיסק הזה אינו מבוסס על קשר בין עשה ללאו, אלא על ההנחה שיש במצב הזה רק נורמה אחת רלוונטית. זה כמובן לא סותר את היעדר השיח בין שתי הספירות הנורמטיביות הבלתי תלויות הללו.

מה קורה כאשר יש כמה נורמות שונות על אותו מעשה? במקרים אלו אנו נזקקים לכללי יישום נוספים, כגון: עשה דוחה לא-תעשה (אותו פגשנו למעלה). פירוש הכלל הזה הוא שאם קיימת מצוות עשה ובו-זמנית גם איסור

יש מצוות עשה על A, ויש עוד עשה על A או לאו על A¬, זה לא ישנה את ההוראה המעשית. אמנם זה עשוי לשנות את מעמדה ההלכתי. לדוגמא, אם יש כאן גם הימנעות מלאו, ולא רק קיום של מצות עשה, אזי מוטל על האדם להוציא את כל ממונו בכדי לקיים את ההוראה הזו (כלומר כדי לא לעשות A¬).

[66] האות A ההפוכה בצד שמאל של שתי הנוסחאות משמעותה היא: 'עבור כל ערך של הפרמטרים' (שבאים אחריה).

לאו על אותו מעשה A, כי אז בדרך כלל[67] המצווה גוברת על הלאו. כלומר במישור המעשי אנו מצווים לעשות A. במצב כזה ניתן לרשום את כלל היישום הבא:

$$(\forall i \neq k, l \neq j)\ \neg\{O^i{}_T(\neg A),\ O^l{}_T(A),\ F^l{}_T(\neg A),\ F^i{}_T(A)\}\ \&\ F^j{}_T(A)\ \&\ O^k{}_T(A) \rightarrow O_D(A)$$

גם כאשר ישנן כפילויות שונות המצב מסתבך, וישנן גם מחלוקות בין פוסקי ההלכה באשר לכללי היישום. לדוגמא, כאשר יש שני לאוין מול עשה, לא ברור האם העשה דוחה את שניהם. כאשר יש לאו חמור (שיש בו כרת) הוא אינו נדחה בפני עשה. כאשר יש עשה שקיומו פוגע בזולת (כלומר שמעבר על הלאו שמנוגד לו כרוך בפגיעה בזולת, ולא רק עבירה כלפי שמיא) אין לעשות אותו (לפי כמה וכמה מפרשים, זהו הכלל המכונה בהלכה: 'מצווה הבאה בעבירה').

אנו רואים שהרישום הזה הוא סבוך, ולא יעיל במיוחד. כדי לפשט את המצב נעבור כעת להציג את כללי היישום בצורה כללית יותר, באמצעות טבלא. אבל לפני שנעשה זאת, נקדים דיון קצר על לוגיקה אינטואיציוניסטית.

קשרים ללוגיקה אינטואיציוניסטית

הלוגיקה הדאונטית הסטנדרטית מניחה לוגיקה בינארית. לפי הלוגיקה הזו, ציווי להימצא במצב A שקול לאיסור על אי הימצאות במצב הזה (או על הימצאות במצב ההפוך ¬A). אם בכלל ניתן להגדיר עשין ולאוין בתחום זה, הם יוגדרו על ידי הפעולה A ולא על ידי הנורמות. נורמה $O_D(A)$ היא מצוות עשה, שכן היא מצווה לעשות A. לעומת זאת, הנורמה $O_D(\neg A)$ מגדירה ציווי שלא לעשות, ולכן היא מצוות לא-תעשה. כפי שראינו, בלוגיקה הזו יש רק אופרטור בלתי תלוי אחד, O_D.

[67] למעט מקרים חריגים שיוזכרו להלן.

מסיבה זו, בלוגיקה הדאונטית הסטנדרטית קיימים קשרים פשוטים בין לאו לעשה. המעבר מלאו לעשה נעשה על ידי שלילה לוגית של הארגומנט A שעליו פועל האופרטור. זו קיים שם קשר לוגי פשוט בין עשין ללאוין, וזוהי לוגיקה בינארית רגילה. כיצד נעשית שם שלילה כפולה? פשוט מפעילים את השלילה פעמיים על הארגומנט: $O_D(\neg\neg A)$. אבל כפי שכבר הערנו, מבחינת המצבים/הפעולות, הלוגיקה היא בינארית, ולכן שלילה כפולה מחזירה אותנו למצב המקורי: $O_D(A)$, ואנו מקבלים מצוות עשה.

מה קורה כאשר אנו מפעילים את השלילה על האופרטורים, ולא על הארגומנטים? בדרך כלל אנו מתייחסים גם לשלילה זו בלוגיקה בינארית, ולכן האופרטור $\neg O_D(A)$ פירושו שאין נורמה רלוונטית על המצב A: אין חובה לעשות אותו, וגם אין איסור (אין חובה לעשות את היפוכו). שלילה כפולה תחזיר אותנו לחובה דאונטית רגילה.

מה קורה בהקשר ההלכתי? ראינו שיש 'קיר' שחוצץ בין הלאוין לעשין. משמעותו של הקיר הזה היא שיש מצב ביניים בין קיומה של מצוות עשה לבין קיומו של לאו. העובדה שיש חובה לעשות A אינה אומרת בהכרח שאין בו-זמנית גם איסור (=מצות לא-תעשה) לעשות זאת. יש כאן מעין לוגיקה אינטואיציוניסטית, אותה הזכרנו בחלק השני, שבה שלילה כפולה אינה מחזירה אותנו למצב המקורי.

אבל ניתן לגם להגדיר בהקשר ההלכתי לוגיקה אינטואיציוניסטית במובן נוסף. ראינו ששלילתה של נורמה $\neg O_D(A)$ פירושה היעדר נורמה. ומה על שלילה כפולה? כאשר אנחנו כותבים:

$\neg\neg O_D(A)$, הכוונה יכולה להיות שלא נכון שאין נורמה, אבל אולי גם לא נכון שיש נורמה. לפעמים ישנם מצבים שבהם ישנה נורמה חלשה יותר, שקרויה במינוח ההלכתי 'מידת חסידות', או 'לפנים משורת הדין'. כשאנחנו אומרים שלא נכון הוא שאין חובה לתת צדקה, כוונתנו אינה בהכרח לומר שיש חובה לעשות זאת, אלא שראוי לעשות זאת. כמו שכשאנחנו אומרים שלא נכון הוא

שאיני אוהב אותך, המשמעות היא שיש בי אהבה כלשהי (במובן חלש יותר) אליך.

מזווית אחרת ניתן לראות זאת כך: כאשר יש לנו לאו הלכתי על הפעולה A, הדבר יוצר חובה דאונטית לא לעשות את הפעולה הזאת. כאשר יש עשה על A¬, פירוש הדבר הוא שיש לנו חובה חלשה יותר לא לעשות A. כלומר החובות הדאונטיות יכולות להופיע בכמה רמות, וגם בזה יש סוג של לוגיקה אינטואיציוניסטית.

כדי להבין זאת טוב יותר, נציג את טענתו של בעל **מנחת חינוך**, במצווה שכה. התורה מצווה אותנו לאכול בסוכה כל שבעת ימי חג הסוכות. בלילה הראשון יש מצווה חיובית לאכול בסוכה (כלומר חייבים לאכול ולעשות זאת בסוכה). בשאר הימים ישנה רק מצווה מותנה, כלומר שאם אוכלים יש לעשות זאת בסוכה. בעל **מנ"ח** טוען שניתן להבין את המצווה בשאר הימים בשתי צורות:

א. ציווי שמותנה בנסיבות, אותו הצרנו למעלה כך: $P \rightarrow O_T(Q)$. אם אוכלים (P) חלה חובת עשה לעשות זאת בסוכה (Q - להיות בסוכה).

ב. איסור עשה (איסור של ביטול עשה) לאכול מחוץ לסוכה, אותו יש להצרין כך:

$$F_D(P \wedge \neg Q)$$

יש לשים לב שלא מדובר בלאו, אלא באיסור הלכתי אחר, ולכן הצרנו אותו באמצעות האופרטור F_D שמסמן את הנגזרת המעשית-דאונטית שלו.

הנקודה המעניינת היא שבעל **המנ"ח** מצביע על השלכה הלכתית של ההבדל הזה. בלוגיקה הדאונטית הסטנדרטית, שני אלו הם ניסוחים שקולים (ניתן להוכיח זאת על פי הסמנטיקה המודאלית. ראה על כך בחלק הראשון). אך בעל **המנ"ח** טוען שהם אינם שקולים, ואם הוא צודק כי אז יש כאן אינדיקציה ללוגיקה האינטואיציוניסטית שמונחת בבסיס הנורמות ההלכתיות. לטענתו, אם אדם אוכל בסוכה גזולה, הוא לא קיים מצות אכילה

בסוכה, שכן זוהי 'מצווה הבאה בעבירה'.[68] אולם בו-בזמן לא נכון לומר שהוא אכל מחוץ לסוכה, שהרי בפועל הוא ישב בסוכה. מכאן הוא מסיק שאמנם אותו אדם לא קיים את מצוות העשה, אך מאידך הוא גם לא עבר עבירה של ביטול עשה. לכן אם אנחנו מבינים את המצווה באופן א, אזי יש כאן מצווה מותנה, ומצווה שמקויימת על ידי עבירה אינה נחשבת כמצווה. לפי אפשרות זו, האוכל בסוכה גזולה לא קיים מצווה, ולכן הוא עבר בכך עבירה של ביטול עשה. לעומת זאת, אם אנחנו מבינים את המצווה באופן ב, אזי השאלה היא האם אכלנו מחוץ לסוכה או לא, וכאן התשובה היא שלא. לפי הבנה זו, האוכל מחוץ לסוכה לא עשה עבירה, גם לא עבירה של ביטול עשה. במאמר מוסגר נאמר כי בעל **מנ"ח** עצמו מציע שההבנה הנכונה במצווה זו היא ב, אך מפרשים רבים חולקים עליו בזה, חלקם מסיבה עקרונית: הם אינם מוכנים לקבל ניסוח כזה למצוות עשה.[69]

זוהי הדגמה ללוגיקה האינטואיציוניסטית, לפיה ציווי על P אינו שקול לאיסור על ¬P, כלומר לכך שיש מצב ביניים בין שניהם. אכילה בסוכה גזולה היא לא עבירת הימצאות במצב ¬P (איסור עשה של אכילה מחוץ לסוכה), אך גם לא קיום מצוה של הימצאות במצב P (מצות ישיבה בסוכה).

נציין כי דוגמא זו אינה מבחינה בין לאו לעשה, אלא בין איסור עשה (שהוא יצור הלכתי שנוי במחלוקת, כאמור לעיל) לבין ביטול של מצות עשה. כלומר זוהי הבחנה שכולה בתחום האהבה, בספירה של מצוות העשה. לכן היא מצביעה על לוגיקה אינטואיציוניסטית, ולא על קיומו של קיר שבין האהבה ליראה.[70]

---

[68] למעלה הסברנו שקיום מצוות עשה שכרוך בפגיעה בזולת הוא אסור, וזוהי 'מצוה הבאה בעבירה'. כפי שהערנו שם, במצב כזה לא חל כלל היישום 'עשה דוחה ל"ת'.

[69] כאמור, כמה וכמה אחרונים חולקים על בעל ה**מנ"ח** בזה, ולטענתם יש להבין את המצווה באופן א. בכל אופן, נראה כי אין ויכוח על כך שהבנה ב מוליכה לתוצאות ההלכתיות עליהן הצבענו כאן.

[70] הדגמה נוספת ללוגיקה אינטואיציוניסטית (כלומר למצב ביניים בין החיוב לשלילה) ביחס למצוות בהלכה, ניתן למצוא בשורש השמיני של הרמב"ם. ראו במאמר **מידה טובה** על השורש השמיני.

פרק שלושה-עשר
טבלת כללי יישום למודל שלנו

מבוא

בפרק זה נציג את המכלול ששולט על המעבר מהמישור הנורמטיבי (אופרטורי T) למישור הדאונטי (אופרטורי D), וזה ישלים את התמונה הלוגית ששרטטנו עבור הדאונטיקה ההלכתית.

כבר ראינו למעלה כמה כללים פשוטים, אותם כינינו 'כללי יישום', שמסייעים לנו לגזור הוראה מעשית (במישור D) מתוך התבוננות על מכלול הנורמות (במישור T). לדוגמא, ראינו שבמצב של נורמה בודדת עשה נורמטיבי יוצר חובה דאונטית, ולאו נורמטיבי יוצר איסור דאונטי. עוד ראינו, שכאשר יש בו-זמנית עשה ולאו על אותה פעולה, וכאשר אין נורמות רלוונטיות נוספות שחלות על הפעולה הזו, ההוראה המעשית היא קיום העשה על חשבון הלאו (עשה דוחה לא-תעשה). כבר ציינו שכתיבה מפורשת של כל הכללים הללו היא מסורבלת ולא יעילה. בפרק זה נציג את כללי היישום הללו בצורת טבלא, וננתח אותם באופן כללי.

המצבים והאופרטורים הבסיסיים

בגלל אי התלות של האופרטורים משני הסוגים, ובגלל הלוגיקה האינטואיציוניסטית, עלינו להגדיר שנים-עשר אופרטורים נורמטיביים-תיאורטיים אפשריים לגבי כל פעולה A והיפוכה ¬A (נזכיר כי בסימול שלנו A הוא תמיד פעולה אקטיבית, ו-¬A הוא מחדל):

.1	$F_T(A)$	יש איסור לאו לעשות A
.2	$\neg F_T(A)$	אין איסור לאו לעשות A
.3	$F_T(\neg A)$	יש איסור לאו לא לעשות A
.4	$\neg F_T(\neg A)$	אין איסור לאו לא לעשות A
.5	$\neg\neg F_T(A)$	אין איסור לאו, אבל לא ראוי לעשות A
.6	$\neg\neg F_T(\neg A)$	אין איסור לאו, אבל לא ראוי שלא לעשות A
.7	$O_T(A)$	יש חובת עשה לעשות A
.8	$\neg O_T(A)$	אין חובת עשה לעשות A
.9	$O_T(\neg A)$	יש חובת עשה לא לעשות A
.10	$\neg O_T(\neg A)$	אין חובת עשה לא לעשות A
.11	$\neg\neg O_T(A)$	אין חובת עשה, אבל ראוי לעשות A
.12	$\neg\neg O_T(\neg A)$	אין חובת עשה, אבל ראוי שלא לעשות A

יש כאן שלושה סוגי אופרטורים:

a. האופרטורים 1,3,7,9 – מבטאים נורמות הלכתיות רגילות (מצוות עשה או איסורי לאו).

b. האופרטורים 5,6,11,12 – לכאורה מצויים מחוץ להלכה המחייבת, אבל הם מתארים מצב של 'לפנים משורת הדין', או 'מידת חסידות'. הפוסקים מתייחסים לחובות כאלה כחלק מההלכה, ולפעמים בית הדין אף כופה את האדם לנהוג על פיהן.[71]

---

[71] לדוגמא, חובת השבת אבידה חלה עליי רק אם הרמתי אותה לפני שבעליה התייאש ממנה (ראה בבלי ב"מ כא ע"ב). ובכל זאת חכמי התלמוד קובעים שהמשיב אבידה כזו, 'דעת חכמים נוחה הימנו' (שם, ונפסק להלכה ברמב"ם הל' גזילה ואבידה פי"א ה"ז ועוד). ובפוסקים **שולחן ערוך** (חושן משפט, סי' רנט ה"ה, ו**ש"ך** שם סק"ג) כבר מופיע בשם הראשונים שבית הדין אף כופה על השבה כזו. ראה הערה מעניינת על כך אצל המהר"ל, **באר הגולה**, באר השני (עמ' לא-לב, במהדורת נצח, בני ברק)

c. האופרטורים 2,4,8,10 משמעותם היא שאין חובה נורמטיבית מהסוג הרלוונטי על הפעולה הנדונה.

הגדרת הטבלא

כדי להציג את כל התמונה, נציע את הטבלא המלאה בין צמדי נורמות. זוהי למעשה טבלא שמציגה את התוצאה הדאונטית של כל מצב נורמטיבי, ובפרט את הפתרון של כל הקונפליקטים ההלכתיים האפשריים (לפחות מהטיפוס הזה).

כפי שכבר הזכרנו, יכול להיות מצב שבו יש לאו וגם עשה על אותה פעולה A, או מחדל $\neg A$. יכול להיות מצב שיש איסור לאו על הפעולה A ואיסור לאו אחר על $\neg A$, וכך גם לגבי חובות עשה. לכן כל אחת הנורמות הללו עשויה להצטלב עם כל נורמה אחרת, והפשר המלא למודל שלנו מתקבל רק אם ניתן את התוצאה עבור כל מצב כזה. לכן כאשר אנו בונים טבלא כזו, היא אמורה להיות בצורה של 12×12, שכן יכולה להיות הצטלבות בין כל שתי נורמות כאלה. בכל הצטלבות כזו משתתפות נורמות שונות. כלומר משבצת יישום שעוסקת בעשה כנגד עשה, משתפת עשה אחד מול עשה אחר ששניהם חלים על אותו מצב. אם כן, לא מדובר כאן באותו עשה עצמו, אך לצורך הפשטות אנחנו משמיטים את האינדכס שמבטא את ההבדל הזה.

למען השלימות נעיר שעקרונית ייתכנו גם מצבים אחרים, שכן ישנם מצבים שבהם יש שני לאוין על אותה פעולה, וכנגדם עומדת חובת עשה אחת, או שתיים. לא לכל מצב כזה יש תשובה מוסכמת בהלכה, אבל כל המצבים הללו אפשריים, ורובם גם נדונו בספרות ההלכתית. אנו נעסוק עוד במצבים המורכבים בהמשך דברינו. הטבלא שנציג כאן עוסקת במצבים דובלטיים, כלומר מצבים שבהם יש לכל היותר שתי נורמות רלוונטיות שחלות על המצב A.

עקרונות כלליים למילוי הטבלא

כמה עקרונות הלכתיים (או מטא-הלכתיים) מנחים אותנו במילוי הטבלא:

- בהתנגשות בין אופרטורים מקבוצה a לאופרטורים משתי הקבוצות האחרות, האופרטורים מהקבוצה a לעולם גוברים. הסיבה לכך היא שמצווה מדאורייתא לאולם גוברת על היעדר נורמה או על נורמה חלשה (כמו לפנים משורת הדין).
- בהתנגשות בין אופרטורים c לאופרטורים משתי הקבוצות האחרות, תמיד האופרטורים האחרים גוברים. הסיבה לכך היא שאופרטורים מסוג c מבטאים היעדר נורמה, ולכן אין להם השפעה על ההוראה הדאונטית המעשית.
- התנגשויות בין אופרטורים שונים בקבוצה a הם מצבים שבהם על אותה פעולה חלות כמה נורמות. לפעמים הנורמות מתנגשות (לדוגמא, כאשר יש לאו ועשה על A), ולפעמים אין התנגשות, ואז הפתרון הוא פשוט. בהתנגשויות כאלה שולטים כללי היישום עבור התנגשויות בסיסיות שיתוארו להלן.
- בהתנגשויות בין אופרטורים שונים בתוך קבוצה b אין הנחייה חד משמעית. אם כי סביר שכמו שעשה דוחה לא-תעשה, כך 'ראוי' גובר על 'לא ראוי'. וכמו בהתנגשות בין לאוין או עשין על אותה פעולה הכלל הוא 'שב ואל תעשה עדיף', כך יהיה גם כאן.
- התנגשויות בתוך הקבוצה c אין להן כל משמעות. ההוראה הדאונטית היא שהכל פתוח, כלומר שכל צעד הוא אפשרי.
- בכל משבצת על האלכסון בטבלא אין כלל התנגשות בין שורה לעמודה (זה מבטא מצב טריביאלי בו יש שתי נורמות מאותו סוג על המצב A), ולכן המילוי הוא כמו השורה והעמודה עצמן.

כללי היישום בהתנגשויות הדובלטיות הבסיסיות

יש שלושה סוגים אפשריים של התנגשויות דובלטיות: עשה מול לאו, עשה מול עשה ולאו מול לאו. התנגשות בין לאו ללאו ובין עשה לעשה הן הוראות על שני מצבים מנוגדים (אחת על A והשניה על $\neg A$). התנגשות בין לאו לעשה בנויה משתי הוראות סותרות לגבי אותו מצב עצמו (A, או $\neg A$).

א. כפי שכבר הזכרנו, כאשר יש התנגשות בין עשה ולאו, ואין כל נורמה רלוונטית אחרת, התוצאה היא חובה דאונטית לקיים את העשה. זהו הכלל 'עשה דוחה לא-תעשה'. נדגיש כי הדבר אמור הן על התנגשות לגבי עשיית פעולה A, היכן שהציוויים הם: $O_T(A)$ ו-$F_T(A)$, והן לגבי התנגשות הפוכה, כלומר במקום שהציוויים הם: $O_T(\neg A)$ ו-$F_T(\neg A)$.

נציין כי הוראה זו נכונה ברוב המקרים. ישנם דיונים בתלמוד ובפוסקים לגבי מקרים חריגים, כגון לאו שיש בו כרת, או איסור של רבים, או עשה שאינו שווה בכל (כלומר לא כולם חייבים בו) וכדו'. כאן לא ניכנס לרזולוציה הזו.

הכלל עשה דוחה לא-תעשה נדון בדברי הרמב"ן בפ' יתרו, שהובאו למעלה. הוא פותח בקושיא: מחד, לאו חמור מעשה, שכן מוציאים עליו את כל ממוננו, עונשים עליו וכדו'. מאידך, עשה דוחה לאו, ומשמע שהעשה חמור יותר. הבאנו שם שבעל **שדי חמד** מסביר שלצד הקיום העשה חמור ולצד הביטול הלאו חמור. זוהיו כמובן סברא נכונה, אבל היא עדיין לא מסבירה מדוע עשה דוחה לא-תעשה?

אם נעשה את חשבון הרווח וההפסד לשני הצדדים, נקבל שביצוע העשה כרוך בעבירת לאו (שהיא עבירה חמורה) וקיום מצוות עשה (שהיא מצווה חשובה). ואי ביצועו כרוך בביטול עשה (שהוא עבירה קלה) והימנעות מלאו (שהוא מצווה קלה). אז בשורה התחתונה עדיין נראה ששני הצעדים שקולים, ולא ברור כיצד זה מסביר את הכלל שעשה דוחה לא-תעשה?

ניתן להעלות שני הסברים:

א. הימנעות מלאו היא חסרת ערך (באי קיום לאו יש עבירה, אבל בהימנעות ממנו אין בכלל מצווה. זו לא מצווה קלה, אלא לא מצווה כלל). לכן בשורה

התחתונה עדיפה האפשרות לקיים את העשה, שכן יש בה קיזוז בין עשיית מצווה חשובה לעבירה חמורה. לעומת זאת, אי קיום העשה הוא עבירת ביטול עשה, שהיא אמנם קלה, אבל אין כנגדה שום ערך חיובי שמקזז אותה.

בעניין זה מעניין להביא את המחלוקת לגבי עשה קיומי, האם הוא דוחה לאו או לא. ראינו למעלה את דברי הראב״ד בתחילת **התו״כ** שסובר שעשה קיומי (מצוות עשה שהזמן גרמא לנשים) דוחה גם הוא לאו. אמנם ראינו גם שבפשטות יש שם מחלוקת בעניין זה (הזכרנו שלא כולם מסכימים שזו אכן המחלוקת).[72]

כפי שראינו בפרק התשיעי, בעשה קיומי אין ערך שלילי לביטול העשה, אבל יש ערך חיובי לקיומו. אם כן, חשבון הרווח וההפסד כאן יוצא שקול לשני הצדדים: גם ביטול העשה הוא בערך נייטרלי, ולכאורה הוא שקול לקיום העשה. אם כן, לשיטות שעשה קיומי דוחה גם הוא לאו, אי אפשר להסביר את עקרון הדחייה באופן א.

ב. כאשר יש עשה נגד לאו הכלל הוא ׳שב ואל תעשה עדיף׳, אלא שמדובר בשוא״ת נורמטיבי, ולא פיסי. ובמקרה זה שוא״ת הוא דווקא קיום העשה.[73]

שני ההסברים הללו תלויים בשתי צורות להבין את העיקרון של עשה דוחה לא-תעשה:

---

[72] בעניין זה, ראה גם תוד״ה ׳התכלת׳, מנחות לח ע״א, **ושפת אמת** שם. **שאג״א** סי׳ לג, הגהות רעק״א **לשו״ע** או״ח סי׳ י, **חמדת ישראל** קונטרס ׳נר מצוה׳, עשין כו (עמ׳ 8), **קובץ הערות** סי׳ סט סק״ט-י, **וקו״ש** סוף קידושין (סי׳ קמד).

[73] האפשרות הזו יכולה לנבוע מקודמתה, ועדיין היא שונה. הסיבה לכך ששב ואל תעשה במקרה זה הוא ביצוע העשה, היא מפני שבמקרה זה דווקא בביצוע העשה יש את המחיר הנורמטיבי המינימלי. ראה מאמריו של מיכאל אברהם, בתחומין כו (על הפרדת תאומי סיאם) וכ״ח (על תרומת איברים), שם הוא מעלה את האפשרות שהכלל ׳שב ואל תעשה עדיף׳ לא בהכרח מורה על אי עשייה, אלא על מחיר נורמטיבי מינימלי.
במקרים הנדונים בשני המאמרים, מדובר על מצב בו אי נקיטת פעולה של הצלה תעלה במחיר כבד יותר של חיי אדם, אבל הגורם המבצע אינו מסתכן בעבירת רציחה. לדוגמא, הפרדה של תאומי סיאם, כרוכה בהריגת האחד כדי להציל את השני. אי ביצוע הפעולה, מציל את הרופא מעבירת רציחה, אבל עולה בחיי שני התאומים (ללא פעולת הפרדה שניהם ימותו). ביצוע הפעולה מציל את חייו של אחד מהם, אבל אולי ניתן להתייחס לכך כרצח של השני. הפוסקים מורים במקרה כזה על חדילה, כלומר הם מפרשים את הכלל ׳שב ואל תעשה׳ כמורה על מחדל במובן הפיסי. בכך כמובן הם גוזרים מוות על שני התאומים. לעומת זאת, אברהם הציע שם לראות את הכלל ׳שב ואל תעשה עדיף׳ כנקיטת הצעד בעל המחיר הנורמטיבי המינימלי, ולכן יש להפריד את התאומים.

1. השוואה בין מצבים. הימצאות במצב חיובי עדיפה על הימנעות ממצב שלילי. זוהי השוואה בין מצבים, והימצאות במצב חיובי היא בעלת ערך רב יותר, שגובר על אי הימצאות במצב השלילי.

2. השוואה בין חובות. בהתנגשות כזו יש שקילות, ולכן הכלל הוא 'שב ואל תעשה עדיף'. אבל הכלל הזה אינו מתפרש תמיד כאי עשייה. בחלק השני ראינו שיש קו"ע ושוא"ת נורמטיבי. לכן כאן ההנחייה היא לעשות את הפעולה עליה מצווה העשה, כי זה שוא"ת נורמטיבי.

מייד נראה השלכה נוספת של שני ההסברים הללו, ביחס לקונפליקט בין עשה לבין לאו הבא מכלל עשה. לפי אפשרות 1 העשה אינו דוחה לאו הבא מכלל עשה (כמו שאינו דוחה עשה רגיל). ולפי אפשרות 2 הוא דוחה אותה, שלא כמו מצוות עשה רגילה.

ב. מה קורה כאשר יש התנגשות בין עשה לעשה? מצב כזה יכול להיווצר רק כאשר עשה אחד מצווה $O_T^1(A)$, והעשה השני מצווה $O_T^2(\neg A)$. במקרה כזה עשיית A כרוכה בקיום עשה 1 ובביטול עשה 2, ואי עשיית A (או עשיית $\neg A$) כרוכה בביטול עשה 1 וקיום עשה 2. מצב כזה נראה ללא מוצא, שכן הוא סימטרי. בכל החלטה שנקבל יהיה קיום של עשה אחד וביטול של אחר, ולכן לכאורה אין כל דרך להכריע בזה.

ג. הוא הדין לגבי התנגשות בין לאו ללאו, שיכולה להתרחש כאשר הם מזהירים בו-זמנית מעשייה ומאי-עשייה: $F_T^1(A)$ ו- $F_T^2(\neg A)$. גם מקרה זה הוא סימטרי ולכן לכאורה אין לנו דרך להכריע בו.

במצבים סימטריים כגון אלה, בדרך כלל פועלים על פי ההנחייה ההלכתית 'שב ואל תעשה עדיף' (ראה עירובין ק ע"א).[74] ובאמת, בכל המצבים האלה ההלכה מורה לנו 'שב ואל תעשה עדיף', כלומר על אי-עשייה (ראה סוגיית עירובין ק ע"א).

---

[74] אמנם בפרק השמיני ראינו שיש מפרשים שמסבירים את החילוק בין קו"ע לבין שוא"ת לא במישור הביצועי אלא במישור הנורמטיבי. אבל כאן אין אפשרות להכריע במישור הנורמטיבי, ולכן על כורחנו מדובר במישור הביצועי. אמנם ראה את המחלוקת שתובא כאן מייד.

אם כן, בשורה התחתונה ההוראה הדאונטית למצב כזה היא $O_D(\neg A)$. ואכן אנו מוצאים הוראה כזאת במפורש בסוגיית יבמות כ ע״א, שכותבת על מצב כזה: ״מאי אולמיה דהאי עשה מהאי עשה״. וראה גם בריטב״א (חדש וישן) ב״מ ל ע״א, ו**בשדי חמד** כרך ה, מערכת עי״ן סוס״י עב (בתחילת עמ׳ 246, ד״ה ׳ומכללי׳).

כעת נזכיר כי בפרק העשירי ראינו שלאו הבא מכלל עשה גם הוא נחשב להלכה כעשה, ולכן גם בהתנגשות בין עשה לבין לאו הבא מכלל עשה – ההוראה הדאונטית היא ׳שב ואל תעשה עדיף׳. הסברנו זאת בסוף הפרק העשירי בכך שלאו הבא מכלל עשה הוא הוראה על מצב חיובי, אלא שאין מצווה להיות בו אלא איסור שלא להיות בו. אבל אם כך, אז מדובר כאן במצב חיובי מול מצב חיובי, ולכן ההנחייה היא ׳שב ואל תעשה עדיף׳. ההשוואה היא בין המצבים ולא בין החובות. התפיסה של עשה דוחה לא-תעשה היא שהימצאות במצב חיובי עדיפה על הימנעות ממצב שלילי. במובן הזה לאו הבא מכלל עשה גם הוא מורה על הימצאות במצב חיובי, ולכן עשה אינו דוחה אותו.

אך מתברר שיש מן המפרשים שמסתפקים לגבי הכרעה זו. יסוד הדברים הוא בדברי הרמב״ם בפ״ו מהל׳ ייבום ה״י, שם הוא כותב את הדברים הבאים:

> ***היתה היבמה אסורה על יבמה איסור לאו או איסור עשה או שהיתה שנייה הרי זו חולצת ולא מתיבמת, ומפני מה צריכה חליצה מפני שיש בה לקוחין הואיל וקידושין תופסין בהן הרי הן זקוקות ליבם. ומן הדין היה שיתיבמו שהיבום מצות עשה וכל מקום שאתה מוצא עשה ולא תעשה יבוא עשה וידחה את לא תעשה אבל חכמים גזרו שלא יתיבמו חייבי לאוין ולא שניות גזירה שמא יבוא עליה ביאה שנייה והרי ביאתה אסורה ואין שם מצוה שאין מצות עשה אלא ביאה ראשונה בלבד. לפיכך אם עבר ובעל יבמתו האסורה לו משום לאו או משום עשה ואין צריך לומר שנייה הרי זה קנה קנין גמור ומוציאה בגט והיא וכל צרותיה מותרות לזר שהרי נפטרו.***

מדברי הרמב״ם משתמע שכאשר יש יבמה שאסורה על היבם בעשה, הרי עשה דייבום היה דוחה את איסור העשה. לכאורה זה בניגוד לכלל שעשה אינו דוחה עשה.[75]

ובאמת יש ממפרשי הרמב״ם שטענו כי איסור עשה, או לאו הבא מכלל עשה, שונים ממצוות עשה רגילה בעניין זה. לטענתם, אם עשה דוחה לאו מלא, אזי לאו הבא מכלל עשה שהוא איסור קל יותר מלאו רגיל, ודאי נדחה בפני עשה (ראה, לדוגמא, שו״ת **כתב סופר**, או״ח סי׳ קיד, ד״ה ׳ונ״ל מי׳ והלאה, וכן **שאגת אריה** סי׳ לג), וכן **בשטמ״ק** לכתובות מ ע״א שהביא מהרשב״א שם ועוד כמה ראשונים שכתבו זאת לגבי מצרי ואדומי, **ובפנ״י** שם, **ומל״מ** הל׳ נערה בתולה פ״א ה״ה, ד״ה ׳עוד ראיתי לרב הנזכר׳, ועוד).[76]

מפרשים אלו כנראה מבינים את לאו הבא מכלל עשה באופן השני שהוצע למעלה, שעניינו הוא הימלטות ממצב שלילי, וסיווגו כמצוות עשה הוא מפני שהוא מטיל חובה אקטיבית של הימלטות. אבל המצב עליו הוא מורה הוא שלילי, ולכן ההתנגשות שלו מול עשה היא דילמה בין מצב חיובי ושלילי, ולכן המצב החיובי עדיף (כמו בעשה ולאו רגילים).

אפשרות אחרת להבין את הדעה הזו, היא שלגבי מצוות עשה ההוראה ׳שב ואל תעשה׳ מתפרשת כעשייה (זהו המחיר הנורמטיבי המינימלי), כפי שראינו למעלה. לכן בהתנגשות בין עשה לבין לאו הבא מכל לעשה ההנחייה היא לבצע את העשה. הכלל עשה דוחה לא-תעשה מתפרש כאן ככלל הכרעה בין חובות (ולא בין מצבים, כמו שהוצע בהסבר הקודם).

אמנם יש מפרשים אחרים שמסבירים את דברי הרמב״ם אחרת, וחולקים על המסקנה העקרונית הזו. לדעתם גם הרמב״ם מסכים שעשה אינו דוחה לאו

---

[75] והעירו על כך שלכאורה מלשון הגמרא שנוקטת תמיד שעשה אינו דוחה לא-תעשה ועשה, משמע שאם היה עשה לבדו הוא כן היה נדחה. אך הריטב״א בב״מ ל ע״א דחה זאת, וכך היא מסקנת רוב המפרשים.

[76] לכאורה הסבר כזה מניח תפיסה ביצועית של ההבדל בין לאו לעשה, ולכן לאו הבא מכלל עשה נחשב כאן כעשה. למעלה ראינו שהרמב״ם ודאי לא הבין את ההבחנה בין לאו לעשה כך, וזו עוד הוכחה שהרמב״ם כאן אינו טוען שעשה דוחה לאו הבא מכלל עשה.
אמנם לאור דברינו בפרק העשירי יש אולי מקום לומר שגם אם לאו הבא מכלל עשה הוא עשה, הרי הציווי בו הוא על ההשתדלות ולא על המצב, ולכן במקום שזה מתנגש עם עשה אחר – הציווי הזה נדחה.

הבא מכלל עשה. לדוגמא, **הנוב״י** (במהדו״ק אחרי חלק חו״מ, במסגרת מו״מ עם חתנו) כותב שאין כוונת הרמב״ם לומר שאיסור העשה נדחה בפני מצוות ייבום, אלא רק שהייבום תופס מבחינה הלכתית אם עבר ועשה אותו. נציין כי **הכתב סופר** עצמו מביא מהריטב״א בב״מ שהשווה לאו הבא מכלל עשה לעשה רגיל, ולכן מסקנתו היא לא כזו.[77]

לסיכום, כולם מסכימים שבעשה מול עשה רגיל (כלומר לא מול לאו הבא מכלל עשה) ההוראה הדאונטית היא 'שב ואל תעשה עדיף'. ולגבי עשה נגד לאו הבא מכלל עשה ראינו שהדעות חלוקות, אבל רוב המפרשים נוקטים שגם כאן זהו מצב של עשה כנגד עשה, ויש לקיים 'שב ואל תעשה עדיף'. לכן בדברינו מכאן והלאה לא נבחין בין העשין השונים.

חמישה סוגים של הוראות דאונטיות בטבלת כללי היישום

חשוב להזכיר שה-entries של הטבלא הזו הם אופרטורים במישור הנורמטיבי-תיאורטי T, והמילויים בתוכה הם הוראות במישור הפרקטי D. לכן המילויים יכולים להיות מחמישה טיפוסים שונים:

	תוצאה דאונטית	פשר	סימון מקוצר
.1	$O_D(A)$	חובה לעשות A	A
.2	$O_D(\neg A)$	חובה שלא לעשות A	$\neg A$
.3	$\neg\neg O_D(A)$	ראוי לעשות A	~~A~~
.4	$\neg\neg O_D(\neg A)$	ראוי שלא לעשות A	$\neg$ ~~A~~
.5	$\neg O_D(A),\ \neg O_D(\neg A)$	אין כל הוראה	ϕ

[77] ראה על כך עוד באריכות ב**שדי חמד**, כרך ה, מערכת ע״ין, ס״ עב, ושם בכלל צא סקי״ת. וכן ב**ספר המפתח** במהדורת פרנקל על הרמב״ם שם, וב**שאגת אריה** ס״ לג (ובהערות במהדורת מכון ירושלים שם), וב**ים של שלמה** יבמות פ״ב ס״ ג וב**נוב״י** ו**כת״ס** הנ״ל ועוד.

טבלת כללי היישום

כעת נציג את טבלת כללי היישום המלאה:

	1	2	3	4	5	6	7	8	9	10	11	12
1	¬A	¬A	¬A	¬A	¬A	¬A	A	¬A	¬A	¬A	¬A	¬A
2		ϕ	A	ϕ	¬~~A~~	~~A~~	A	ϕ	¬A	ϕ	~~A~~	¬~~A~~
3			A	A	¬A	A	A	A	¬A	A	A	A
4				ϕ	¬~~A~~	~~A~~	A	ϕ	¬A	ϕ	~~A~~	¬~~A~~
5					¬~~A~~	¬~~A~~	A	¬~~A~~	¬A	¬~~A~~	~~A~~	¬~~A~~
6						~~A~~	A	~~A~~	¬A	~~A~~	~~A~~	¬~~A~~
7							A	A	¬A	A	A	A
8								ϕ	¬A	ϕ	~~A~~	¬~~A~~
9									¬A	¬A	¬A	¬A
10										ϕ	~~A~~	¬~~A~~
11											~~A~~	¬~~A~~
12												¬~~A~~

הטבלא היא כמובן סימטרית, ולכן אין צורך למלא את חציה השני.

נזכיר שכל משבצת בטבלא מבטאת את ההוראה הדאונטית למצב בו נפגשות שתי נורמות שונות על אותה פעולה A, או ¬A. גם כאשר מתנגשות שתי מצוות עשה, הכוונה היא להתנגשות של שתי מצוות עשה שונות, כגון: $O_T^1(A)$ ו- $O_T^2(\neg A)$.

הערה על הסימול הלוגי

למעלה עסקנו בכלל היישום: עשה דוחה לא-תעשה, שמופיע במשבצת (1,7) בטבלת כללי היישום. הסימול אותו הצענו עבורו הוא הבא:

$$F_T(A) \wedge O_T(A) \rightarrow O_D(A)$$

ניתן לראות שהניסוח הזה הוא בעייתי, שכן עלינו להתחשב גם בשני הכללים הבאים (הם לא מופיעים בטבלא, מפני שאין בהם התנגשות בין נורמות סותרות, ולכן אלו מקרים טריביאליים):

$$F_T(A) \rightarrow O_D(\neg A) \;\; ; \;\; O_T(A) \rightarrow O_D(A)$$

אם נמשיך את המהלך הזה, ונתייחס לשתי התוצאות שמורות לנו על ביצוע A או על איסור לבצע את A, התוצאה היא איסור לבצע את A (זהו הכלל ההלכתי 'שב ואל תעשה עדיף', שמופיע בטבלא במשבצות (1,2), (7,8) ועוד). אך זה סותר את הסיפא של הגרירה למעלה.

הסיבה לקושי הזה היא שהגרירה הזו באמת אינה נכונה. לא נכון שתמיד כאשר יש לנו מצוות עשה על A ולאו על A עלינו לבצע אותו. לדוגמא, אם יש לנו עשה נוסף שאוסר לבצע A גם אז אין לבצע אותו (עשה אינו דוחה לא-תעשה ועשה). שיקול זה דומה למה שראינו למעלה בתחילת פרק שנים-עשר, כאשר הצגנו את האפשרות הראשונה להגדרת כללי היישום.

כמו שראינו שם, וכך עולה גם מהדיון כאן, כל נוסחאות היישום הללו מותנות בהיעדר של נורמות אחרות. כלומר הרישא של כל הגרירות הללו אינה מניחה רק קיום של מצוות עשה ולא-תעשה, אלא גם שלילה של קיומן של מצוות אחרות על הפעולה A או על אי ביצועה. אם נוסיף את הדרישה הזו, רק אז כל הגרירות הללו תהיינה תקפות, וכפי שראינו שם, בניסוח כזה הן גם אינן סותרות זו את זו.

אם כן, כל המשבצות בטבלת היישום צריכות להיקרא באופן הבא: כאשר יש שתי נורמות בלבד, ההכרעה הדאונטית היא מה שרשום במשבצת שקושרת בין הסוגים שלהן. בפרק שנים-עשר למעלה, הובא הכלל עשה דוחה לא-תעשה בצורתו המדוייקת.

מצבים מולטיפלטיים: שאלת הסגירות ושאלת האמינות של הטבלא

למעלה ראינו שהגרירות שמתארות את כללי היישום לגבי נורמה בודדת אינן מלמדות על הגרירות הנכונות עבור מצבים דובלטיים (עם שתי נורמות). בדיוק בגלל העובדה הזו נזקקנו לטבלא שמתארת לנו את ההוראות הדאונטיות למצבים דובלטיים.

מה לגבי מצבים מולטיפלטיים, כלומר מצבים שבהם מעורבות יותר משתי נורמות? כדי לדעת מה קורה לגביהם עלינו לבחון את כל הדוגמאות של המצבים המורכבים הללו. אנו נדון כאן במצבים טריפלטיים (של שלוש נורמות) וקוודרטיים (של ארבע נורמות). למצבים יותר מורכבים מאלו אין התייחסות מפורשת במקורות ההלכתיים, ויהיה עלינו להסיק את ההוראות הדאונטיות לגביהם מתוך ההוראות לגבי המצבים הפחות מורכבים.

כדי לצמצם את מספר המצבים בהם עלינו לדון, חשוב להבין שהמורכבויות המעניינות יופיעו רק במצבים בהם מעורבות נורמות הלכתיות מלאות, כלומר כאלה ששייכות לסוג a. כפי שראינו, יש ארבעה סוגים של נורמות כאלה: O(A), O(¬A), F(A), ו-F(¬A). כל סימון כזה מייצג סוג של נורמות ולא נורמה מסויימת, שהרי יש מאות מצוות שונות, עשה ולא-תעשה.

כאשר באים לנתח את המצבים הללו, הנטייה הראשונית היא לעשות זאת על ידי יישומים חוזרים של הטבלא הדובלטית. כלומר ליטול שתי נורמות מתוך השלוש, ולמצוא את התוצאה הדאונטית מתוך הטבלא. לאחר מכן להוסיף את הנורמה השלישית ביחד עם התוצאה הקודמת, ומה שמתקבל הוא התשובה הסופית למצב הטריפלטי.

לדוגמא, אם יש לנו שני לאוין ועשה, נתבונן קודם בלאו הראשון ובעשה, התוצאה היא העשה (מתוך הכלל עשה דוחה לא-תעשה). לאחר מכן נוסיף את הלאו הנוסף, ושוב קיבלנו עשה דוחה לא-תעשה. כלומר התוצאה הסופית למצב הטריפלטי היא שהחובה הדאונטית היא לקיים את העשה.

נציין כי לצורך חישוב שנעשה בצורה הזו, יש להתחשב בתוצאות שכתובות בטבלא, כאילו הן היו הוראה במישור T, ולא במישור D. בדוגמא שהבאנו כאן, אם לקחנו לאו ועשה, התוצאה היא הוראה לקיים את העשה, אבל בטבלא רשומה הוראה במישור D. אין לנו דרך לצרף הוראה ממישור D לנורמה ממישור T ולהפעיל עליהן כלל דובלטי. כדי שנוכל ליישם שוב את הכללים הדובלטיים, יש להתייחס לתוצאה שבטבלא כאילו היתה הוראה במישור T, ובדוגמא שלמעלה – מצוות עשה O_T, ולא הוראה דאונטית O_D. בשלב השני נוסף למצווה הזו עוד לאו, וכעת נוכל ליישם שוב את הכלל עשה דוחה לא-תעשה, ולהגיע לתוצאה הסופית. לצורך יישום חוזר, עלינו להחליף את מה שרשום בטבלא הדובלטית, באחת משתי הנורמות המתנגשות (זו שגוברת על השנייה). לדוגמא, במשבצת (1,7) שמייצגת את הכלל עשה דוחה לא תעשה, התוצאה היא העשה.

ראינו שישנה דרך לייצר תוצאות עבור מצבים טריפלטיים מתוך טבלת כללי היישום הדובלטיים. אלא שכאן מתעוררת השאלה האם הטבלא הדובלטית היא סגורה? כלומר האם היא נותנת לנו תשובה חד-משמעית לגבי כל מצב מורכב? אם היינו משנים את סדר היישום, כלומר לוקחים בשלב ראשון שתי נורמות אחרות (את שני הלאוין, או את העשה והלאו השני) ואז מוסיפים את הנורמה השלישית, האם היינו מקבלים את אותה תשובה? אם הדבר נכון בכל המקרים האפשריים, אנו אומרים שהטבלא היא סגורה.

אך גם אם הטבלא היא סגורה, עלינו לשאול גם את השאלה האם התשובה היחידה שהטבלא נותנת היא אכן התשובה הנכונה למצב כזה? חשוב להבין שזה לא מובן מאליו (אנחנו נראה בהמשך דוגמאות שבהן זה לא מתקיים). ייתכן שהצירוף של הנורמות יוצר מצב שכללי היישום הדובלטיים אינם נכונים, או אמינים, לגביו.[78]

[78] עולה כאן השאלה מניין אנחנו יודעים את התשובה הנכונה? לכאורה היא יכולה להיגזר רק מצירוף של כללים דובלטיים. אז כיצד ייתכן מצב שבו הצירוף של הכללים הדובלטיים אינו נכון? מסתבר שיש לנו מקורות מסברא שמלמדים אותנו את התשובות למצבים כאלה, כפי שנראה להלן.

אם שתי הדרישות הללו מתקיימות (הטבלא היא סגורה, והתוצאה שהיא נותנת למצבים המולטיפלטיים היא אמינה), אזי ברור שדי לנו בטבלא של המצבים הדובלטיים כדי להגיע להוראות הדאונטיות בכל המצבים המורכבים יותר. מה שעלינו לעשות הוא להפעיל את כללי היישום שבטבלא על המצב המורכב, ומכיון שסדר ההפעלה לא משנה – אזי התוצאה התקבלת היא הפתרון היחיד והנכון למצב המורכב.

אם אחת משתי הדרישות הללו אינה מתקיימת, המצב קשה יותר. אם הטבלא אינה סגורה, אזי לא נוכל להגדיר את התוצאה למצב הטריפלטי, שכן היא תלויה בסדר הפעלת כללי היישום (אלא אם נגלה שיש כלל ברור ששולט על הסדר הזה). ואם הטבלא סגורה, אבל התוצאה אינה אמינה, אז שוב הטבלא אינה אמינה במצבים הדובלטיים. במקרים אלו ניאלץ לנסח בנפרד את אוסף כללי היישום הרלוונטיים למצבים מולטיפלטיים.

על כן נעבור כעת לבחון את שתי השאלות הללו עבור המצבים המולטיפלטיים השונים. נתחיל במצבים טריפלטיים, ולאחר מכן נעבור למצבים קוודרטיים.

מצבים טריפלטיים

המצבים בעלי המורכבות הבאה בהיררכיה הם המצבים הטריפלטיים, כלומר מצבים בהם מעורבות שלוש נורמות שונות. כמה מצבים כאלו יכולים להיות? באופן עקרוני קיימים $81=3^4$ מצבים, שכן יש כאן שלוש נורמות שכל אחת מהן יכולה להיות אחת מהארבע שצויינו לעיל. אבל רק מעטים מהם יכולים להיות לא טריביאליים מבחינתנו, ואלו הם רק מצבים בהם יש התנגשות בין הנורמות. כאן נדון רק במצבים אלו, שמחולקים לארבעה סוגים.

סוג 1: עשה ושני לאוין

במצב טריפלטי כזה מעורבים עשה O_T^1 ושני לאוין F_T^1 ו-F_T^2. יכולים להיות כאן שני מצבי התנגשות שונים: עשה נגד שני לאוין, ועשה ולאו כנגד לאו.

א. במצב של עשה נגד שני לאוין, ההתנגשות נוצרת מכך שכל הנורמות מתייחסות לאותה פעולה: $O_T^1(A)$, $F_T^1(A)$ ו-$F_T^2(A)$. לכאורה במצב כזה העשה גובר על שניהם. זהו יישום חוזר של הכלל עשה דוחה לא-תעשה (במצב של עשה נגד לאו, משבצת (1,2) בטבלא למעלה). ההתנגשות בין O^1 לבין F^1 נותנת לנו O^1. כעת נחזור ונבחן את ההתנגשות עם F^2, ומיישום אותו כלל התוצאה היא שוב O^1. לגבי המצב הטריפלטי הזה, ברור ששינוי סדר ההפעלה של כללי היישום לא ישנה את התוצאה.

אם כן, יישום חוזר של הכלל נותן לנו במקרה זה את אותה תוצאה, ולכן התשובה לשאלה של הסגירות היא חיובית לגבי מצב זה. כעת עולה השאלה השנייה: האם אכן זוהי התוצאה ההלכתית הנכונה?

הפוסקים והמפרשים חלוקים ביניהם בשאלה זו.[79] בתוד"ה 'לא תעשה שיש בו כרת', יבמות ג ע"ב, וכן בתוד"ה 'ואי', נזיר מא ע"ב, מוכח שסוברים כי אכן עשה דוחה גם כמה לאוין ביחד. ו**בספר הכריתות**, שער ג סי' קסד חולק על התוס' וסובר שעשה אינו דוחה שני לאוין (והביאו ראיה לדבריו מסוגיית נזיר מח ע"ב: "מה לי חד לאו מה לי תרין לאוין")[80]. וראה **גינת ורדים** סי' ט, וכן ב**שדי חמד** שם שהביא כמה וכמה מקורות באחרונים שדנו בזה.

מסתבר שהויכוח הוא בשאלה האם ריבוי לאוין הופך את התוצאה של הצירוף הזה ללאו חזק יותר שאינו נדחה בפני עשה, או שמא כל אחד משני הלאוין נדון לעצמו. כלומר הויכוח הוא האם יש בצירוף מעבר למה שיש בכל אחד מהפרטים שכלולים בו.

לפי תוס' ביבמות וסיעתו, התשובה אליה הוליך אותנו היישום החוזר של כללי הטבלא היא אכן התשובה הנכונה: $O_D(A)$. לשיטתם הטבלא סגורה, והיא אף נותנת את התשובה הנכונה. לעומת זאת, לפי בעל **הכריתות** וסיעתו, הטבלא אמנם סגורה אבל היא אינה נותנת את התשובה הנכונה. יישום כללי

---

[79] לסקירה ומקורות, ראה **שדי חמד**, כרך ה, מערכת עי"ן כלל מ, עמ' 231-230. וכן שם בכלל צא סקי"ח, בעמ' 255.

[80] אמנם שם לא מדובר בדיוק על מצב של עשה נגד שני לאוין, אלא על חידוש מיוחד של התורה לגבי נזיר, ולכן יש לדחות את הראיה.

ההכרעה הדובלטיים נותן לנו $O_D(A)$, והתשובה הנכונה היא $O_D(\neg A)$. לפי שיטתה של הסיעה האחרונה, אין מנוס מהוספת כללי יישום טריפלטיים בצד הטבלא הדובלטית בכדי להשלים את התמונה.

מה קורה אם משנים את הארגומנט בנורמות שלמעלה, ומציבים שם את $\neg A$? נראה שאם במצב הקודם התוצאה היא לטובת העשה, אזי כאן ודאי שהתוצאה היא לטובת העשה, שכן כאן עוד ניתן לצרף את הכלל 'שב ואל תעשה עדיף'. אמנם לפי השיטות שמעדיפות את שני הלאוין, יש מקום לומר שאולי כאן זה ישתנה. בכל אופן, סדר הפעולות לא משנה את התוצאה. הטבלא סגורה גם במקרה כזה, והשאלה היא האם היא הופכת לאמינה גם עבור השיטות שבמצב הקודם ראו אותה כבלתי אמינה, או לא.

ב. ומה אם מציבים בנורמות המעורבות ארגומנטים מתחלפים? כך מתקבלת ההתנגשות הטריפלטית השנייה שהוזכרה למעלה באותו סוג: עשה ולאו כנגד לאו. גם למצב זה ישנם שני תת-מקרים שונים: כשהעשה מורה על פעולה, וכשהוא מורה על מחדל.

במקרה הראשון, המצב הוא: $O_T^1(A)$, $F_T^1(\neg A)$ ו-$F_T^2(A)$. במקרה השני המצב הוא: $O_T^1(\neg A)$, $F_T^1(A)$ ו-$F_T^2(\neg A)$. בשני המקרים הללו התוצאה הנכונה היא שעשה דוחה לא-תעשה, כלומר ההוראה היא לעשות את המעשה שהעשה מצווה עליו. הלאו הנוסף רק מחזק עוד יותר את כוחו של העשה. ברור שבשני המקרים זוהי התוצאה שמתקבלת מהפעלה של כללי היישום הדובלטיים, ואין חשיבות לסדר. לכן לגבי מקרים אלו המסקנה היא שהטבלא סגורה והיא מוליכה לתוצאה הנכונה.

<u>לסיכום</u>: בכל המצבים שסקרנו בסעיף זה, הטבלא נמצאה סגורה ועקבית. גם לגבי אמינות התוצאה, יצא לנו שזה בדרך כלל אמין. אמנם במצב של עשה נגד שני לאוין יש שיטות (מיעוט קטן) שלפיהן התוצאה המתקבלת אינה נכונה.

סוג 2: שני עשין ולאו

מצב זה יוגדר כעשה O_T^2 שעומד מול לאו F_T^1 ועשה O_T^1. זהו מקרה טריפלטי מיוחד, שכן הוא נדון במפורש בתלמוד עצמו, ולגביו נאמר הכלל שעשה אינו דוחה לא-תעשה ועשה (ראה יבמות ה ע״א, והרבה מקבילות). אם כן, כאן יש בידינו את התשובה הנכונה: לבצע את ההוראה של O^1.

כיצד בכלל תיתכן התנגשות כזו? כפי שראינו למעלה, הדבר ייתכן רק אם שתי מצוות העשה נסובות על פעולות מנוגדות. גם לזה יכולים להיות שני מצבים:

א. הראשון מביניהם הוא המקרה הבא:

$$O^1(\neg A) \wedge F^1(A) \wedge O^2(A)$$

זהו מקרה טריביאלי, שהרי כאן גם ללא הלאו המסקנה היא $\neg A$ (ראה משבצת (7,8) בטבלת היישום הדובלטית). ואם נתחשב גם בלאו – ההוראה הזו רק מקבלת חיזוק נוסף. אם כן, במקרה זה סדר הפעולות שבהן ניישם את טבלת היישום ייתן את אותה תוצאה: $O_D(\neg A)$. זוהי ההוראה של O^1, ולכן ברור שקיבלנו את התשובה הנכונה. במקרה זה הטבלא סגורה, ונותנת את התשובה הנכונה.

ב. נתבונן כעת במקרה השני (שמתקבל כאשר מציבים את הפעולה המנוגדת):

$$O^1(A) \wedge F^1(\neg A) \wedge O^2(\neg A)$$

ראשית, נבדוק האם הטבלא סגורה במצב זה? ללא הלאו, היישום המתבקש הוא מצוות עשה על $\neg A$ (שב ואל תעשה עדיף). ואם כעת נתחשב גם בלאו, הרי העשה דוחה אותו, ונותרת ההוראה $\neg A$.

מה יקרה אם נתחיל בלאו ועשה O^2? כאן עשה דוחה ל״ת, והתוצאה היא מצווה על $\neg A$. אם נוסיף כעת את העשה O^1, התוצאה נותרת על כנה (שב ואל תעשה עדיף).

אמנם אם נתחיל בלאו ועשה O^1, שניהם מורים לנו על A, ולכן כאן לא ברור כיצד עלינו לרשום את התוצאה, כלאו או עשה. אבל בין אם זה לאו ובין אם עשה – כאשר נוסיף את העשה השני התוצאה שוב תיוותר על כנה (אם תוצאת

השלב הראשון היא עשה – אז בגלל שב ואל תעשה עדיף, ואם זה לאו – אז זה בגלל עשה דוחה ל״ת).

אם כן, כל התוצאות שמתקבלות על ידי יישומים עוקבים של הטבלא הדובלטית הן זהות, והטבלא היא אכן סגורה גם במצב כזה. אבל מתברר שבמקרה זה התוצאה המתקבלת אינה נכונה. יש לשים לב ש-$\neg A$ זוהי הוראה לא נכונה למצב זה (כי O^1 מורה לנו על A, וכפי שראינו זוהי התוצאה הנכונה למצב של עשה נגד לאו ועשה).

המסקנה היא שבשני המקרים שסקרנו כאן הטבלא היא סגורה, אבל במקרה השני התוצאה אינה אמינה.

כיצד באמת נסביר את התופעה הזו? כיצד ייתכן שהפעלה עוקבת על כללי הטבלא הדובלטית בכל סדר שהוא נותנת את אותה תוצאה, ובכל זאת התוצאה שמתקבלת אינה התוצאה הנכונה?

מתברר שרק הצירוף של שלושת הנורמות גם יחד נותן לנו את ההוראה הנכונה (A). ובניסוח אחר: הצירוף של לאו ועשה נותן לנו משהו שאינו לאו ולא עשה, אלא נורמה חזקה יותר, שמתגברת על העשה שמולה. הפעלה עוקבת מנגידה בכל שלב שתי נורמות, והתוצאה משמיטה את אחת מהן. אין כאן התחשבות בעוצמה שמתקבלת מצירוף שתי הנורמות יחד, שרק היא מתגברת על העשה שמולה. לכן כלל היישום למקרה זה אינו ניתן לבנייה מתוך הכללים הדובלטיים.

אבל יש לשים לב שהיה לנו כאן מצב בעייתי באופן השלישי של החישוב. כאשר לקחנו בהתחלה את הלאו והעשה המקבילים, לא היה ברור מה עלינו לרשום כתוצאה? לאו או עשה. כעת אנו מבינים שהתוצאה היא צירוף, כלומר נורמה חזקה יותר, שמתגברת על עשה שיתייצב מולה. אם כן, ניתן עדיין להתייחס לטבלא כאמינה, אם נתקן את הכללים, ונרשום במשבצת של לאו ועשה מקבילים, את הצירוף החזק יותר. כלומר עלינו להגדיר נורמה מסוג שלישי, שהוא חזק יותר. ניתן לסמן אותו: $FO_T(A)$, ולצרף אותו כאופרטור מסוג 13 לטבלא.

הנורמה החדשה הזו גוברת על כל נורמה סטנדרטית אחרת שעומדת מולה. לגבי נורמה הפוכה מאותו סוג, $FO(\neg A)$, נראה בפשטות שגם כאן הכלל הוא 'שב ואל תעשה עדיף', שהרי יש כאן שקילות, וזו ברירת המחדל. אבל מדברי הריטב"א (חדש) בשם הרי"ף בב"מ ל ע"א, ד"ה 'למאי אתא קרא' (וכן הוא בריטב"א הישן), משתמע שתיתכן מחלוקת בזה (לגבי לאו ועשה כנגד לאו ועשה). הוא כותב שם של"ת אינו משחק תפקיד בתהליכי דחייה. הוא תמיד הנדחה ולעולם לא הדוחה (שכן הדוחה יכול להיות רק עשה), ואין כאן המקום להאריך בזה.

<u>לסיכום</u>: בכל המצבים שסקרנו בסעיף זה, הטבלא נמצאה סגורה ועקבית. במקרה אחד היא נמצאה לא אמינה, אבל יכולנו לתקן זאת על ידי הוספת סוג נוסף של נורמה לטבלא. הנורמה הזו תתגבר על כל מה שעומד מולה. זה נכון בשני המקרים שראינו כאן.

הערה על המצב הטריפלטי של שני עשין ולאו

נחזור רגע למצב הטריפלטי שנדון בתלמוד עצמו, עשה מול לאו ועשה. כאמור, ההכרעה כאן היא לטובת הלאו והעשה. והנה, הראשונים חלוקים ביניהם לגבי מצב בו אדם עובר עבירה ומבצע את מצוות העשה (ועובר בכך על הלאו והעשה שמנוגדים לו). המחלוקת היא האם יש להלקות אותו על הלאו או לא (ראה תוד"ה 'לאו', חולין קלא ע"א, ועוד)? השאלה היא האם הלאו עדיין נדחה בפני העשה, ורק בגלל העשה המנוגד אסור לעשות זאת, או שאם אסור לעשות זאת אז עוברים גם על הלאו וגם על העשה?

לצורך הדיון עלינו להבחין בין שתי הסיטואציות שתוארו למעלה:

א. בסיטואציה הראשונה ישנה התנגשות מהטיפוס:

$$O^1(\neg A) \wedge F^1(A) \wedge O^2(A)$$

במצב כזה ביצוע הפעולה A הוא אסור הן בגלל הלאו והן בגלל העשה O^1. אם מישהו בכל זאת החליט לבצע את A, המחלוקת היא האם הוא עבר על הלאו,

או שהלאו נדחה בפני העשה O^2 (שהרי תמיד עשה דוחה לא-תעשה), והאיסור לבצע את A הוא רק בגלל העשה O^1?

לאור מה שראינו למעלה, יסוד המחלוקת יכול להיות נעוץ בשאלת סדר הפעלת טבלת היישום. אם מתחילים בלאו מול העשה O^2, אזי הלאו נדחה. מה ש-A נאסר זה רק בגלל שכעת נוסף למשוואה גם O^1. לעומת זאת, אם מתחילים בהתנגשות בין העשין, אז המעשה נאסר גם ללא הלאו, כלומר O^2 בוטל, וכעת נוסף הלאו. לפי התפיסה הזו הלאו בעינו עומד במצב הזה.

ב. לעומת זאת, בסיטואציה השנייה שהוגדרה למעלה:

$$O^1(A) \wedge F^1(\neg A) \wedge O^2(\neg A)$$

ראינו שבמקרה זה סדר הפעולות לא משנה, ואנחנו מקבלים תמיד תוצאה שגויה. ההוראה הדאונטית היא A, והיא מתקבלת רק מצירוף שתי הנורמות המקבילות יחד, ויצירת נורמה חדשה שסומנה ב-FO(A).

כאן קשה יהיה להסביר את הדעה שסוברת שהעבריין לא עבר על הלאו בגלל סדר הפעלת כללי היישום, שכן ברור שבסיטואציה הזו כלל היישום פועל על שלושת הנורמות בו-זמנית. לפי דרכנו נראה שגם הדוגלים בשיטה שסוברת שהלאו נדחה ולא לוקים על מצב כזה, כאן יודו שלוקים.

אמנם צריך לזכור שבמצב כזה הלאו הוא $F^1(\neg A)$, כלומר זהו לאו שאין בו מעשה, ועל לאו כזה לא לוקים בכל מקרה (גם במצב של עבירה רגילה עליו לבדו). לכן בעצם כל הדיון לגבי המלקות בין כה וכה נסוב רק על המקרה הקודם.

אמנם עדיין ישנן כמה השלכות לדברינו:

- הפוסקים נחלקים בשאלה מה הדין בלאוין שלפעמים עוברים עליהם במעשה ולפעמים בלי מעשה. יש דעות שבשני המצבים לא לוקים (כי זה פטור על סוג הלאו הזה, ולא על העבירה הזו. ראה **חינוך** מצווה צד ומקבילות). ויש דעות בהלכה שבלאוין כאלה תמיד לוקים, גם כשעבר עליהם בלי מעשה (ראה **לח״מ** הל׳ סנהדרין פי״ח ה״ב, והל׳

שכירות פי"ג ה"ב, **ומ"מ** בהל' שכירות שם). וראה בזה גם **בשדי חמד**, מערכת למ"ד כלל יד.

והנה, לשיטות שלוקים על לאו כזה גם אם עוברים עליו בלי מעשה, ישנה כאן נפ"מ, שכן אמנם לעניין ההכרעה הדאונטית זהו לאו שמורה על אי עשייה (במקרה הנדון כאן), אבל לעניין מלקות בכל זאת לוקים עליו גם כאן.

- מעבר לשאלת המלקות, ישנן השלכות נוספות לשאלה אם יש או אין כאן לאו. לדוגמא, האם עלינו להוציא את כל ממוננו כדי לא לעבור עליו? ובפשטות לפי הדעות שהובאו למעלה, בשני המצבים אין לאו, ולכן די להוציא עד חומש מהממון כדי לא לעבור. אבל לפי דרכנו זה לא נכון, ולפחות במקרה השני נראה שלפי שיטות אלו יש לאו, ולכן יש להוציא את כל הממון כדי לא לעבור עליו.

הערה לגבי ספק עשה וספק לא-תעשה

הבאנו כאן את מחלוקת הראשונים לגבי מצב טריפלטי של לאו ועשה נגד עשה. יש ראשונים שסוברים שהלאו נדחה בכל מקרה, והאיסור לעשות את העשה נובע מהעשה הנגדי. ויש מהראשונים שסוברים שבמקרה זה גם הלאו בעינו עומד.

אנחנו הסברנו שהמחלוקת נעוצה בסדר הפעלת כללי היישום. אולם בדרך כלל נוהגים להסביר את המחלוקת הזאת בשאלה האם במצב הדובלטי בו יש לאו נגד עשה, הלאו כלל אינו קיים (='הותרה'), או שהלאו רק נדחה (='דחויה'). אם הלאו כלל אינו קיים, אז אנחנו מגיעים לכך שגם במצב הטריפלטי הלאו בטל. אבל אם הלאו רק נדחה, הרי שבמצב הטריפלטי הוא לא נדחה ומצטרף לעשה בהתנגדות לעשה השני.

חשוב לציין שההסבר הזה אינו אלא הצגה אחרת של ההסבר שלנו. סדר הפעלת כללי היישום הוא חשוב, אם באמת אחרי שמעמתים לאו ועשה הלאו נעלם. אבל אם הוא נותר בעינו אלא שהוא נדחה, אז כשתצטרף עוד נורמה, הוא יכול להצטרף אליה כדי לדחות את העשה ולא להידחות בפניו.

ההשלכה המתבקשת היא לגבי מצב של ספק לאו מול ספק עשה, שבו דנו ראשונים ואחרונים (לפירוט, ראה **שדי חמד**, כרך ה, כלל עד, עמ' 246). יש לחלק בין שתי סיטואציות שונות שבהן נוצרת התנגשות כזו:

- כאשר יש לנו מצב בו ספק אם מוטלת עלינו חובת עשה, וגם ספק אם מוטל עלינו לאו. לדוגמא, בגד שיש ספק אם הוא חייב בציצית, והחומר שממנו הוא עשוי הוא בספק איסור כלאיים עם הפתילים. במצב כזה יש ספק עשה כנגד ספק לאו.

  ההכרעה האם במצב כזה אומרים שספק עשה דוחה ספק לאו תלויה בכמה דיונים הלכתיים שאין כאן המקום להיכנס אליהם.[81]

- כאשר יש ספק עשה נגד ודאי לאו. במצב כזה, על צד שיש עשה הוא דוחה את הלאו, וממילא אין כאן לאו. ועל צד שאין עשה יש כאן לאו. ולכן, לפחות דה-פקטו, יש כאן גם ספק לאו, שהרי לצד שיש עשה הלאו הוא כמי שאינו. גם מצב כזה יש שמתייחסים אליו כספק עשה נגד ספק לאו.

  אמנם ההתייחסות הזו יכולה להיות נכונה, אם אנחנו תופסים שכאשר הלאו עומד נגד עשה הוא כמי שאינו (=הותרה). אבל אם הלאו רק דחוי בפני העשה, אזי הוא קיים גם במצב שהוא ניצב מול העשה (אלא שבמצב זה הוא דחוי). לכן, לפי שיטות הראשונים שרואים את הלאו כמותר בפני העשה, יש כאן ספק לאו מול ספק עשה. אבל לפי הראשונים החולקים – יש כאן ודאי לאו (שכן הוא

---

[81] אלו נוגעים בעיקר לדיני ספיקות: האם הכלל ספק דאורייתא לחומרא הוא עצמו מדאורייתא או מדרבנן? האם הכלל זה נאמר גם על ספק מצוות עשה או רק על ספק איסור? האם החובה להחמיר בספק דאורייתא היא איסור עצמאי, או שהיא אינה אלא הרחבה של האיסור המקורי (כלומר האם מי שאכל ספק חזיר עבר על איסור אכילת חזיר, שקיים גם במצבי ספק, או שהוא עבר על איסור אי החמרה בספיקות?)? האם הכלל עשה דוחה לא-תעשה נאמר רק במקום שבו ודאי יתקיים העשה (בדומה למה שכתבו כמה אחרונים שהכלל ספק דאורייתא לחומרא לא נאמר אלא אם כשנחמיר אז ודאי שלא נעבור עבירה, של לאו או של ביטול עשה. אבל אם גם כשנחמיר ייתכן שעברנו על האיסור, שם לא נאמר הכלל הזה. לדוגמא, בספק תכלת האם יש חובה להטיל אותה בציצית? על צד שזו לא התכלת הנכונה, אזי גם אם נטיל אותה בציצית עדיין ביטלנו עשה דתכלת. במצב כזה יש מהאחרונים שטוענים שלא נאמר הכלל ספק דאורייתא לחומרא).

קיים בין אם העשה קיים ובין אם לא) מול ספק עשה, ובמצב כזה אנחנו צריכים להכריע לפי הכלל שאין ספק מוציא מידי ודאי. אם כן, לשיטתם, סביר מאד שבסיטואציה הזו העשה לא ידחה את הלאו.

סוג 3: שלושה עשין

המצב הטריפלטי השלישי הוא התנגשות בין שני עשין לבין עשה שלישי. גם כאן ישנם שני מצבים שונים (לפי הארגומנטים שמציבים בנורמות):

א. המצב הראשון הוא:

$$O_T^2(A) \wedge O_T^1(A) \wedge O_T^3(\neg A)$$

במצב זה אם נפעיל את כללי היישום הדובלטיים בכל סדר שהוא נקבל $\neg A$. אם כן, גם כאן הטבלא היא סגורה. האם זו התשובה הנכונה? לכאורה נראה שכן, אבל יש לערער על כך. ראשית, העדיפות של הפתרון $\neg A$ נובעת מהכלל 'שב ואל תעשה עדיף', כלומר זוהי ברירת מחדל. אבל כשיש עדיפות לאחד מהצדדים בקונפליקט אין צורך להיזקק לכללי ברירת מחדל, והעדיפות מכריעה. יתר על כן, בדיון על מצב הטריפלט מהסוג הראשון (עשה מול שני לאוין) ראינו שיש מהראשונים שנקטו ששני לאוין הם חזקים יותר מלאו אחד. ייתכן שניתן ליישם זאת גם לכאן, ולטעון ששני עשין דוחים עשה. ובאמת אנו מוצאים באחרונים,[82] שהסיקו מבעלי השיטה ששני עשין דוחים לאו ועשה (נראה זאת להלן) את המסקנה שעשה דוחה שני לאוין. הם מסבירים שיש כאן שיטה עקרונית שריבוי מצוות מאותו סוג יוצר נורמה חזקה יותר משני מרכיביה (כמו שראינו למעלה). אם כן, סביר שכך הם יאמרו גם במקרה דידן (שני עשין מול עשה).

מכאן יוצא שוב, שהסוברים שצירוף נורמות יוצר נורמה חזקה יותר, גם כאן מגיעים למסקנה שהטבלא אמנם סגורה אך אינה אמינה, כמו שראינו בשיטתם גם למעלה.

---

[82] ראה על כך ב**שדי חמד**, כרך ה, מערכת עי"ן כלל מ, מה שהביא מבעל **חקרי לב** יו"ד חלק שלישי סי' קטו.

נעיר עוד שישנו דיון בראשונים ואחרונים לגבי מצב קוודרטי של שני עשין מול לאו ועשה. ונראה שההנחה היא ששני עשין ודאי דוחים עשה, ולכן הויכוח הוא רק בשאלה האם הלאו נדחה או לא. אבל אולי זה לא נכון, והויכוח הוא בזה גופא: האם שני עשין יותר חזקים מעשה בודד.

לסיכום, לכאורה הדבר תלוי במחלוקת האם צירוף נורמות מאותו סוג יוצר נורמה חזקה יותר או לא. אבל אם הסיבה לעדיפות של שני עשין היא בגלל שבירת הסימטריה של ברירת המחדל, נראה שזה מוסכם, ולא תלוי במחלוקת הנ״ל.

ב. המצב השני הוא:

$$O_T^{\,1}(\neg A) \wedge O_T^{\,2}(\neg A) \wedge O_T^{\,3}(A)$$

כאן ברור שהתשובה היא $\neg A$ לכל הדעות. אם כן, כאן הטבלא נמצאת סגורה ואמינה לכל הדעות.

<u>לסיכום</u>: הטבלא היא סגורה בכל המצבים מסוג זה, ולגבי אמינותה באחד משני המקרים הדבר תלוי במחלוקת. ייתכן שהמחלוקת הזו היא כמחלוקת שראינו בסוג הראשון, ולכן אלו בעלי אותה שיטה שרואים את הטבלא כבלתי אמינה בחלק מהמקרים. אך, כפי שראינו, ייתכן שכאן יסכימו כולם ששני עשין דוחים עשה אחד.

סוג 4: שלושה לאוין

המצב הטריפלטי הרביעי הוא התנגשות בין שני לאוין לבין לאו שלישי. המהלך הוא מקביל לחלוטין למה שראינו בסוג 3, מפני שכלל ההכרעה הרלוונטי הוא ׳שב ואל תעשה עדיף׳. לכן גם התוצאות תהיינה בדיוק אותן תוצאות.

גם כאן ישנם שני מצבים שונים (לפי הארגומנטים שמציבים בנורמות):

א. המצב הראשון הוא:

$$F_T^{\,2}(A) \wedge F_T^{\,1}(A) \wedge F_T^{\,3}(\neg A)$$

במצב זה אם נפעיל את כללי היישום הדובלטיים בכל סדר שהוא נקבל $\neg A$. אם כן, גם כאן הטבלא היא סגורה. האם זו התשובה הנכונה? לכאורה נראה שכן, אבל יש לערער על כך בדיוק כמו בסעיף הקודם, ולכן לא נפרט זאת שוב. יוצא לנו שוב, שהסוברים שצירוף נורמות יוצר נורמה חזקה יותר, גם כאן מגיעים למסקנה שהטבלא אמנם סגורה אך אינה אמינה, כמו שראינו בשיטתם גם למעלה. וכפי שדחינו למעלה, יש לדחות גם כאן, ולומר שהעדיפות של שני לאוין היא לכל הדעות, וזה אינו תלוי במחלוקת הנ"ל.

ב. המצב השני הוא:

$$F_T^{1}(\neg A) \wedge F_T^{2}(\neg A) \wedge F_T^{3}(A)$$

כאן ברור שהתשובה היא $\neg A$ לכל הדעות. אם כן, כאן הטבלא נמצאת סגורה ואמינה לכל הדעות.

<u>לסיכום</u>: הטבלא היא סגורה בכל המצבים מסוג זה, ולגבי אמינותה באחד משני המקרים הדבר תלוי במחלוקת. המחלוקת הזו היא כמחלוקת שראינו בסוג הראשון והשלישי, ולכן אלו בעלי אותה שיטה שרואים את הטבלא כבלתי אמינה בחלק מהמקרים. כפי שהערנו למעלה, גם כאן יש מקום לדחות ולומר שבמקרה זה לכל הדעות הטבלא אינה אמינה, וזה לא תלוי במחלוקת ההיא.

מצבים קוודרטיים

עד כאן עסקנו במצבים טריפלטיים, וכעת אנו עוברים לבחון את המצבים הקוודרטיים, כלומר מצבים בהם מעורבות ארבע נורמות שונות, שמתייחסות לאותה פעולה. דיונים במצבים כאלה הם נדירים יותר. התלמוד אינו מתייחס אליהם כלל, ורק בראשונים מאד מסויימים מופיעים דיונים כאלה. מכיון שיש לנו נתונים רק על מצב בו יש שלושה עשין ולאו (שני עשין מול לאו ועשה), נבחן כאן רק את המצבים האלו.[83]

---

[83] בעניין זה, ראה ב**שדי חמד**, כרך ה, מערכת העי"ן, כלל מ. וכן שם, כלל צא סקי"ח, עמ' 255.

כאמור, התלמוד עצמו קובע שעשה אינו דוחה לאו ועשה. והנה, כבר הזכרנו שהראשונים נחלקים בשאלה האם שני עשין כן דוחים לאו ועשה או לא. מחד, תוד״ה ׳אמר קרא׳, יבמות כ ע״ב, אומרים ששני עשין לא דוחים לאו ועשה. לעומת זאת, ב**שדי חמד** שם הביא שהריטב״א בב״מ (כנראה כוונתו לדף ל ע״א, אף שזה לא כתוב שם בפירוש)[84] סובר ששני עשין דוחים לאו ועשה.

לכאורה הויכוח הוא בשאלה האם הלאו נדחה, וכעת נותרנו עם שני עשין שודאי דוחים עשה אחד (שוב ישנה כאן הנחה ששני עשין דוחים עשה אחד, ולמעלה בדיון על מצבי טריפלט מסוג 3 ראינו שזה לא לגמרי פשוט). לעומת זאת, אם מצרפים לאו עושה וזה יוצר נורמה חזקה יותר, אזי היא תדחה כל עשה לחוד, ולא תידחה בפני שני עשין.

אם כן, האמינות של התוצאה למקרה הקוודרטי תמיד תהיה רק לשיטת ראשונים אחרת. נותרת לנו שאלת הסגירות של כללי היישום. כדי לבחון אותה עלינו לסקור כמה וכמה דרכי הכרעה למצב כזה. ישנן כמה דרכים על סמך הפעלה חוזרת של כללי יישום דובלטיים בסדר שונה. וישנן כמה דרכים שבהן מפעילים כלל יישום טריפלטי ואחריו מפעילים כלל דובלטי לפתור את ההתנגשות של התוצאה עם הנורמה הרביעית.

---

84 הגמרא עוסקת שם בהשבת אבידה לכהן, כשהאבידה בבית הקברות. יש שם מצוות עשה של השבת אבידה נגד לאו ועשה של טומאת כהנים. הריטב״א (חדש וישן) שם מביא בשם הרי״ף שהקשה שגם בצד של השבת האבידה יש לאו, ולא רק עשה, ותירץ שלעניין דחייה הלאו אינו נחשב. הדוחה הוא לעולם עשה והנדחה יכול להיות עשה או לאו.

נראה שמכאן דייק ה**שדי חמד** שאם היה עשה (ולא לאו) נוסף להשבת האבידה, אז הוא כן היה נחשב כדוחה, והיה נוצר כאן מצב של שני עשין נגד לאו ועשה, ומשמע מדבריו שאז זה כן היה דוחה.

אך יש לדחות את הדיוק הזה, שכן קושיית הרי״ף והריטב״א מיסודה היתה לשונית, מדוע הגמרא לא הזכירה גם את העשה, אלא רק את הלאו (שהרי מבחינה מעשית, גם אם יש לאו ועשה מול לאו ועשה, ההכרעה היא שוא״ת עדיף)? ועל כך ענו שלאו אינו נחשב לעניין דחייה. נכון שניתן להסיק מכאן שאם היו כאן שני עשין הגמרא היתה מזכירה את שניהם, אבל אין להסיק מכאן בהכרח ששני עשין ידחו לאו ועשה.

אמנם לפי שיטת הראשונים שכשיש לאו ועשה נגד עשה – גם אז הלאו נדחה, משתמע שבשני עשין נגד לאו ועשה, גם אז הלאו יידחה. ונותר לנו עשה נגד שני עשין, ובזה הרי כבר ראינו מחלוקת מי דוחה את מי. לכן נראה שבכל מקרה יש לנו שיטות ששני עשין דוחים לאו ועשה, ודלא כתוס׳ ביבמות.

גם כאן עלינו לחלק בין שני מצבים שונים: כששני העשין מורים על עשייה והלאו והעשה שכנגדם מורים על מחדל, וכשהעשין מורים על מחדל והלאו והעשה מורים על עשייה.

א. המקרה הראשון הוא:

$$O_T^{1}(A) \wedge O_T^{2}(A) \wedge O_T^{3}(\neg A) \wedge F_T(A)$$

ראשית, אם נפעל לפי הכללים הדובלטיים – התוצאה בכל סדר היא $\neg A$. כלומר הטבלא הדובלטית סגורה גם במצב זה. אבל כאן יוצא שתוצאת היישום לפי הכללים הטריפלטיים כן תלויה בסדר ההפעלה: אם מתחילים בעשה (1 או 2) נגד לאו ועשה, התוצאה היא $\neg A$. וכעת העשה השני נדחה גם הוא בפניה. אבל אם מתחילים בשלושת העשין, ראינו שיש מחלוקת האם שני עשין דוחים את השלישי או לא. אם הם דוחים, אז התוצאה היא A והיא דוחה את הלאו, ולכן בסוף נשארנו עם עשה A. אם הם לא דוחים, אז גם כאן התוצאה הסופית היא $\neg A$. נציין שאם מתחילים בלאו נגד שני עשין, התוצאה היא A וכעת מול העשה שמצווה $\neg A$, התוצאה היא $\neg A$. אם כן, לפי השיטה ששני עשין דוחים עשה שלישי – יוצא שהתוצאה כאן תלויה בסדר.

זה לא ממש מפתיע, שהרי כבר הכלל הטריפלטי של שני עשין נגד עשה שלישי, לפי שיטה זו (ששני עשין דוחים את העשה השלישי), בעצמו אינו עולה מהכללים הדובלטיים.

ב. המקרה הקוודרטי השני הוא:

$$O_T^{1}(\neg A) \wedge O_T^{2}(\neg A) \wedge O_T^{3}(A) \wedge F_T(\neg A)$$

גם במקרה זה, הכללים הדובלטיים נותנים לנו $\neg A$, ללא תלות בסדר ההפעלה. אך במקרה זה גם הכללים הטריפלטיים הם סגורים (כלומר סדר הפעלתם לא משנה את התוצאה). אם נתחיל בשלושת העשין, אזי לפי השיטה ששני עשין דוחים עשה בודד – התוצאה היא $\neg A$. ולפי השיטה שהם לא דוחים – גם אז התוצאה היא $\neg A$ (אלא שהפעם זה בגלל הכלל ישב ואל

תעשה עדיף'). וכן אם נתחיל בשני העשין נגד הלאו, גם אז התוצאה הסופית היא ¬A. אבל אם נתחיל בעשה נגד לאו ועשה, ששם התוצאה היא A, ולאחר מכן נעמת את התוצאה עם העשה הנותר, שוב נקבל ¬A.

סיכום: במקרה הקוודרטי הזה אנו פוגשים בפעם הראשונה מצב בו ישנה שיטה שלפיה כללי היישום אינם סגורים (כלומר סדר הפעלתם משנה את התוצאה). אבל ראינו שזה קורה רק כאשר מערבים כללים טריפלטיים כאלו שבעצמם אינם עולים מהכללים הדובלטיים.

סיכום כללי לגבי האמינות והסגירות של כללי היישום

המסקנה הכללית מכל הפרק היא שהטבלא לעולם סגורה לפי כל השיטות. היא תמיד נותנת את אותה תוצאה בכל סדר הפעלה של הכללים הדובלטיים. במקרה הקוודרטי ראינו שמופיע המצב היחיד (ראה שם בסעיף א) שבו ישנה שיטה שלפיה כללי היישום אינם סגורים (כלומר התוצאה תלויה בסדר).

לגבי האמינות, ראינו שישנם מצבים טריפלטיים שבהם לפי שיטות מסויימות התוצאה המתקבלת אינה נכונה. במקרה הטריפלטי ישנו גם מצב אחד (ראה סעיף 2ב) שבו לפי כל השיטות התוצאה המתקבלת מהפעלת הכללים הדובלטיים אינה נכונה.

ולבסוף, ראינו שצירוף של לאו ועשה כנראה יוצר נורמה חדשה, חזקה יותר, אותה סימנו כ-FO(A). היא גוברת על כל נורמה סטנדרטית אחרת שעומדת מולה. לגבי נורמה הפוכה מאותו סוג, FO(¬A), נראה בפשטות שהכלל הוא 'שב ואל תעשה עדיף', אבל ייתכן שיש מחלוקת בזה, ולא נכנסנו לזה כאן.

פרק ארבעה-עשר
סמנטיקה מודאלית עבור המודל הכפול

מבוא

בחלק הראשון סקרנו בקצרה את הפשר המודאלי ללוגיקה הדאונטית. ראינו שם שהפשר שניתן לאופרטורים הדאונטיים מנוסח במונחי עולמות מושלמים. ראינו שהפשר הזה הוא שמאפשר לנו לגזור את היחסים הלוגיים בין האופרטורים הדאונטיים. האם ניתן לעשות זאת גם עבור הלוגיקה הדאונטית ההלכתית, כפי שפגשנו אותה בשני החלקים האחרונים? הפשר המודאלי, באם הוא קיים, עשוי לאפשר לנו למצוא קשרים בין האופטורים במודל שלנו.

על פניו, נראה שיצירת פשר כזה היא קשה מאד. ראשית, כפי שראינו אין באמת קשרים לוגיים בין האופרטורים הללו. האופרטורים הנורמטיביים, O_T ו-F_T, אינם 'מדברים' זה עם זה. וגם הקשרים בין שני אלו לבין המישור הדאונטי-פרקטי (אופרטורי D), הוא מורכב מאד (דרך כללי היישום).

שתי קבוצות של עולמות מושלמים עבור המישור הנורמטיבי

כאמור, בסמנטיקה המודאלית מדובר על אוסף של עולמות 'מושלמים', שבהם מתרחש בפועל כל מה שצריך להתרחש בעולם שלנו. פעולה שהיא חובה מתרחשת בכל העולמות המושלמים, ופעולה שהיא איסור אינה מתרחשת באף אחד מהם. פעולה מותרת תתרחש רק בחלק מהם, ובאחרים – לא. כבר ציינו שהפשר הזה מתרגם חובה בעולם שלנו לפעולה או מצב בעולמות המושלמים (זה מה שמאפשר לנסח באופן לוגי את הקשרים בין האופרטורים).

מכיון שהלוגיקה ששולטת על המישור הנורמטיבי היא אינטואיציוניסטית, כלומר שאין קשר לוגי בין האופרטורים הנורמטיביים, אזי כבר כאן ברור

שבמודל שלנו יש, אם בכלל, שתי קבוצות שונות של עולמות מושלמים: האחת של עולמות מושלמים מבחינת מצוות העשה (החובות, ששייכות לספירת ה'אהבה', במונחיו של הרמב"ן), והשנייה של עולמות מושלמים מבחינת האיסורים (ספירת ה'יראה'). קבוצת עולמות היראה נותנת פשר מודאלי לאופרטורים F_T, ואילו קבוצת עולמות האהבה נותנת פשר מודאלי לאופרטורים O_T. אי התלות בין האופרטורים (האופי האינטואיציוניסטי של הלוגיקה שלהם) פירושה ששתי הקבוצות הללו הן בלתי תלויות, כלומר שאי ציות לנורמה של יראה (למצוות לא-תעשה) אינה משפיעה על המושלמות של העולם במונחי אהבה, כלומר אינה מוציאה אותו מקבוצת עולמות האהבה המושלמים. המסקנה היא שקבוצת העולמות המושלמים מבחינת אהבה, מתחלקת לכאלה שהם מושלמים מבחינת יראה וכאלה שאינם מושלמים מבחינת יראה, וכן להיפך.

עולמות מושלמים עבור המישור הדאונטי

אך זו אינה כל התמונה, שהרי יש גם עולמות מושלמים שנותנים פשר מודאלי למישור המעשי (האופרטורים F_D ו-O_D). בגלל התלות בין האופרטורים הדאונטיים, ברור שכאן ישנה רק קבוצה אחת של עולמות (כמו בלוגיקה הדאונטית הרגילה). עולם מושלם דאונטית הוא עולם שבו נעשה כל מה שצריך להיעשות מבחינה הלכתית-פרקטית, ושלא נעשה בו מה שאסור שייעשה. כפי שראינו, במישור הזה התמונה דומה מאד למה שקיים בלוגיקה הדאונטית הסטנדרטית.

הקשר בין העולמות המושלמים

כדי שהסמנטיקה תהיה שלימה, עלינו למצוא את היחס בינה לבין שני סוגי העולמות הקודמים. האם עולם מושלם דאונטית שייך בהכרח לקבוצת האהבה? ודאי שלא, שהרי כאשר יש עשה נגד לאו חמור (לדוגמא, לאו כזה שיש עליו עונש כרת), או לאו שפוגע בזולת, אין לקיים את מצוות העשה. עולם

שבו זה לא מתקיים הוא מושלם דאונטית, אבל אינו מושלם מבחינת אהבה. הוא הדין לגבי יראה, שהרי כשיש התנגשות בין עשה ולא תעשה, הכלל הוא שעשה דוחה ל"ת. פירוש הדבר הוא שבעולם המושלם דאונטית העשה מתקיים על חשבון הלאו, אבל זה אומר שהעולם הזה אינו מושלם מבחינת יראה.

האם הקשר ההפוך כן מתקיים? כלומר האם כשיש לנו עולם מושלם מבחינת האהבה או היראה, הוא בהכרח מושלם במובן הדאונטי? ודאי שלא, מאותן סיבות עצמן. אם כן, אין יחס של הכלה בין העולמות T לעולמות D, וגם לא כל יחס אחר. לכן קשה להציע פשר מודאלי למודל שלנו.

אמנם ישנה אפשרות להציע פשר כזה, אם לוקחים בחשבון את כללי היישום שנדונו בפרק הקודם. אלו מעבירים אותנו מהמישור הנורמטיבי למישור הדאונטי, ולכן אם נמצא פשר מודאלי עבורם, הוא ייתן יחסים שונים בין העולמות המושלמים בשתי הספירות הללו. אך לפני כן, עלינו לעמוד על סיבוך נוסף שמתעורר בתמונה שהצגנו.

פיצול נוסף בין העולמות הנורמטיביים

כפי שהזכרנו, לפעמים תיתכן גם התנגשות בין שתי מצוות עשה (ולא רק בין עשה ללאו). במקרה זה לא תהיה עקביות אפילו בתוך קבוצת עולמות האהבה. עולם מושלם מבחינת נורמה $O_T^1(A)$ הוא עולם שבו לעולם מתקיימת בפועל הנורמה A. עולם מושלם מבחינת הנורמה $O_T^2(B)$ הוא עולם שבו לעולם מתקיימת בפועל הנורמה B. אבל אם אפשרית סיטואציה שבה יש סתירה ביניהן, כלומר שהמצווה (=הנורמה) O_T^1 מצווה עלינו משהו שסותר את מה שמצווה הנורמה O_T^2, אזי עולם מושלם מבחינת האחת אינו מושלם מבחינת השנייה. לדוגמא, כאשר $A=\neg B$ (דבר שייתכן בתמונה שלנו, שהרי ראינו שלפי רוב ככל הראשונים אין מניעה שתהיה מצוות עשה O,

שתצווה אותנו על מעשה או על מחדל. ראה משבצת (7,9) בטבלא הדובלטית למעלה).

פירוש הדבר הוא שאין בכלל עולמות שהם מושלמים מבחינת אהבה, ועלינו לפרק את מרחב עולמות האהבה המושלמים לתת-מרחב נפרד עבור כל מצווה ומצווה.

תמונה דומה עולה ביחס לעולמות היראה, שהרי סתירות דומות עשויות להתגלע גם בין לאוין (ראה משבצת (1,3) בטבלא הדובלטית למעלה). אם כן, גם עולמות היראה המושלמים מחולקים לעולמות מושלמים עבור כל איסור ואיסור.

מסקנות ראשוניות

המסקנה הבלתי נמנעת מהדיון הזה היא שהפשר המודאלי במודל שלנו חייב להבחין בין נורמות שונות. כלומר ניתן לדבר על עולמות מושלמים ביחס למצוות עשה, או לא-תעשה, ספציפית, אבל לא ביחס לקבוצה שלימה. ברקעה של התמונה שלנו עומדת מערכת של הרבה מאד עולמות שבהם אפשרי לבצע את כל הפעולות הנדונות במערכת הנורמטיבית שלנו (ההלכה, המשפט, או האתיקה). אבל כאשר אנחנו עוברים לדון בעולמות מושלמים, עלינו להגדיר אותם ביחס לכל מצווה לחוד. עולם מושלם ביחס למצוות עשה כלשהי יכול להיות לא מושלם ביחס למצוות עשה אחרת, ובודאי ביחס למצוות לא-תעשה שונות.

יש לשים לב שהמסקנה הזו מתבקשת בעיקר ביחס לקונפליקטים, ובפרט ביחס לבעיות ה-CTD. שורש הבעייה של CTD היא שעולם מושלם ביחס לחובת השבת הגזילה הוא עולם שבו תמיד כאשר ראובן גוזל חפץ משמעון הוא משיב אותו, ולכן מעצם הגדרתו הוא אינו מושלם ביחס לאיסור גזילה.[85] זוהי אינדיקציה נוספת לכך שלא ייתכן עולם שהוא מושלם ביחס למערכת

---

[85] נכון הוא שבעולם שבו לעולם לא גוזלים ניתן לומר שכל הגזלנים משיבים את הגזילות, ולכן מתקיימת גם נורמת ה-CTD. ראה דיון על כך מייד.

הנורמטיבית כולה, ולכן הפשר המודאלי הסטנדרטי של הלוגיקה הדאונטית הוא בעייתי. כפי שנראה בחלק הבא, מסיבה זו, גם בהקשר האתי הכללי לא נכון לדבר על מערכת עולמות מושלמים שמתייחסת למערכת הנורמטיבית כולה. זה אינו אפקט מלאכותי של ההלכה, אלא תכונה מובנית של מערכות נורמטיביות מורכבות. התמונה שלנו אמורה להחליף את הלוגיקה הדאונטית, ולא לתאר מערכת ספציפית עבור ההלכה בלבד. אנו נראה שם כיצד רבות מהבעיות בלוגיקה הדאונטית הסטנדרטית נובעות מההתעלמות שלה מהפיצולים הללו.

עד כאן הצגנו את הדברים כלפי נורמות CTD. אך דווקא בנורמות הללו ניתן להציג פשר מודאלי עקבי, אם מדברים על עולמות מושלמים שבהם כלל לא גוזלים. בעולמות כאלה, מתקיימת גם הנורמה המותנה (CTD) שכל הגזלנים (=הקבוצה הריקה) משיבים את הגזילה, שכן אין שם גזלנים כלל. תופעה זו כמובן אומרת שהפשר המודאלי עבור CTD מרוקן את המודל ממשמעותו.

אך ביחס לקונפליקטים נורמטיביים המצב הוא גרוע יותר. שם כלל לא ניתן להציג תמונה מודאלית עקבית. לדוגמא, הזכרנו שכאשר יש מצוות עשה $O_T(A)$ וכנגדה מצוות לא-תעשה $F_T(A)$, אזי הכלל ההלכתי הוא שעשה דוחה לא-תעשה, ולכן עלינו לבצע A. בשפה של אופרטורים דאונטיים, התוצאה היא: $O_D(A)$.

לכאורה פירוש הדבר הוא שכלל המעבר מהמישור התלמודי למישור הדאונטי צריך להיכתב כך:

$$F_T(A) \wedge O_T(A) \rightarrow O_D(A)$$

כעת ניתן לראות שהעולמות המושלמים שבהם מתקיים הכלל הזה, כלומר כל האנשים מבצעים את הפעולה A. אך עולמות אלו אינם מושלמים ביחס לאיסור $F_T(A)$, שהרי מבוצעת בהם הפעולה האסורה A. יתר על כן, בניגוד למקרה של CTD, שם ביצוע העבירה הוא חריג שנוצר באשמתנו (בגלל שגזלנו חלה עלינו חובת השבת הגזילה), כאן הביצוע הוא תוצאה של הוראה

הלכתית, ולכן אי השלימות היא תוצאה הכרחית של ההלכה עצמה, ולא של עבריינות של אדם זה או אחר. הכלל עשה דוחה ל״ת מחייב אותנו לבצע את A, גם ללא כל אשמה שלנו. זוהי אינדיקציה ברורה לכך שיש להגדיר מערכת של עולמות מושלמים בנפרד עבור כל אחת מהנורמות המעורבות בנוסחא. גם כאן ניתן לראות שזו אינה תופעה ייחודית להלכה, אלא לכל מערכת נורמטיבית ריאלית, שהיא מורכבת דיה, שכן בכל מערכת כזו עשויים להופיע קונפליקטים. אנו נשוב לנקודה זו בחלק הבא.

האם ניתן ליישם במודל זה את יחסי ההכלה והחיתוך?

התמונה המתקבלת מכל מה שראינו בפרק זה היא שעלינו להגדיר עולמות מושלמים עבור כל אחת מהנורמות לחוד. בהלכה יש 613 קבוצות של עולמות מושלמים, שבכל קבוצה i של עולמות נכללים עולמות שבהם מתקיימת הנורמה i. מהו היחס בין העולמות הללו? יכולים להיות כאן יחסים של הכלה חלקית. כלומר חלק מהעולמות שהם מושלמים מבחינת הנורמה i הם מושלמים מבחינת הנורמה j וחלק אינם מושלמים מבחינת j.

כללי היישום גוזרים מכל אוסף של נורמות שחלות על מעשה כלשהו A, הוראה דאונטית. כללים אלו אמורים להציג את היחסים בין קבוצות העולמות הנורמטיביים לבין העולמות הדאונטיים. עולם מושלם דאונטית הוא עולם שבו מתקיימים כללי היישום, כלומר שבכל מצב שבו חלות אוסף של נורמות, מתקיימת הפעולה שעליה מורה ההוראה הדאונטית הרלוונטית לאוסף הזה.

המסקנה היא שכדי לבנות פשר מודאלי לתמונה הסבוכה שלנו, עלינו להגדיר מחדש את יחסי ההכלה, או החיתוך, שמתקיימים בין העולמות המושלמים.

בלוגיקה דאונטית רגילה מדובר ביחסי הכלה וחיתוך רגילים מתורת הקבוצות. נגדיר את קבוצת העולמות שהם מושלמים ביחס לנורמה $O^i(A)$ ונסמן אותה S^i. כמו כן, את קבוצת העולמות המושלמים הן ביחס לנורמה

$O^i(A)$ והן ביחס לנורמה $O^j(A)$, נסמן ב-S^{ij}. קבוצה זו מוכלת הן ב-S^i והן ב-S^j. כלומר מתקיים כאן:

$$S^{ij} \subset S^i \quad S^{ij} \subset S^j$$

מזווית אחרת, ניתן לומר שקבוצת העולמות המושלמים ביחס לשתי הנורמות היא החיתוך של שתי קבוצות העולמות המושלמים ביחס לכל אחת מהן:

$$S^i \wedge S^j = S^{ij}$$

מה קורה כאשר עוברים לתמונה שלנו? ראינו שכאן לא ניתן להגדיר עולמות מושלמים באותה צורה. לדוגמא, ישנם צמדי נורמות ij שעבורם לא קיים החיתוך S^{ij}, שכן כל עולם שהוא מושלם ביחס ל-i אינו מושלם ביחס ל-j, או להיפך.

כדי להציג סמנטיקה מודאלית ביחס לתמונה שלנו, עלינו להגדיר מחדש את יחסי ההכלה והחיתוך. העולם המושלם ביחס לשתי הנורמות הוא עולם שבו מתקיים הצעד אותו מכתיבה ההוראה הדאונטית שמתקבלת מכללי היישום. כלומר במקום החיתוך הלוגי בין קבוצות, עלינו להציב את כלל היישום הרלוונטי:

$$S^{ij} = f(S^i, S^j)$$

במקרה זה מדובר בשתי נורמות, ולכן הכלל הרלוונטי הוא מתוך הטבלא הדובלטית. לדוגמא, ישנה מצוות עשה לאכול מצה בלילה הראשון של פסח, שחל אור לט״ו בניסן. מאידך, ישנו איסור (מצוות לא-תעשה) על אכילת תבואה שהבשילה בשנה החדשה לפני יום טז בניסן. מה קורה אם אדם נמצא בערב פסח, ואין לו תבואה מן הישן, ולכן אם הוא רוצה לקיים את מצוות אכילת מצה עליו לאפות ולאכול מצות מן החדש לפני התאריך בו היא מותרת.

עקרונית, מצוות העשה לאכול מצה בליל פסח יוצרת הוראה דאונטית לאכול מצה בליל פסח. בכל העולמות המושלמים מבחינת מצות העשה הזו, בכל מצב X אוכלים מצות בליל פסח. מאידך, בכל העולמות המושלמים מבחינת

הלאו על אכילת חדש, בכל מצב X לא אוכלים תבואה מן החדש לפני התאריך של טז בניסן. עקרונית אין סתירה בין הנורמות, אלא כאשר נוצרת הסיטואציה הייחודית X_0 (=אנו מצויים בליל פסח, ואין בידינו תבואה מן הישן), שבה עשיית הפעולה A (אכילת המצה) כרוכה במצוות עשה $O_T{}^i(A)$ לאכול מצה בליל פסח, ובו-זמנית גם בלאו $F_T{}^j(A)$ על אכילת חדש.

במקרה כזה, כללי היישום נותנים תוצאות שונות עבור סיטואציות שונות X. בכל סיטואציה רגילה ההוראות נותרות בעינן: לאכול מצה ולא מן החדש. אבל בסיטואציה X_0 נוצרת התנגשות, וכללי היישום במקרה זה קובעים שעשה דוחה ל״ת (ראה משבצת (1,7) בטבלא), מה שנותן: $O_D(A)$, כלומר לאכול מצה מן החדש.

אם נתבונן בעולמות שהם מושלמים מבחינת שתי הנורמות גם יחד, אלו הם העולמות בהם בנסיבות X_0 מבצעים את A (אכילת מצה מן החדש), אבל בנסיבות אחרות אוכלים מצה לא מן החדש (אסור לאכול מצה מן החדש).

ביחס להוראה המעשית, עולמות אלו הם כמובן עולמות מושלמים במובן הדאונטי הרגיל, שכן הם נותנים פשר מודאלי לאופרטור המודאלי הרגיל $O_D(A)$. גם במקרה המסויים הזה, העולמות הללו נכללים בעולמות המושלמים עבור הנורמה $O_T{}^i(A)$, שכן בעולמות S^i עושים A (=אוכלים מצה) גם בסיטואציה X_0 וגם בכל סיטואציה אחרת X.

מה קורה בעולמות S^{ij}? גם שם עושים A כאשר שוררות הנסיבות X_0 וגם בכל נסיבות אחרות X. אם כן, במקרה זה העולמות S^{ij} כלולים בעולמות S^i, ובעצם זהים להם. מאידך, ברור שהעולמות S^{ij} גם אינם כלולים בעולמות S^j, שהרי בעולמות S^{ij} כאשר שוררות הנסיבות X_0 עוברים על הלאו $F_T{}^j(A)$, ובעולמות המושלמים מבחינת הלאו (S^j) לעולם לא עוברים עליו.

אם כן, קבוצת העולמות המושלמים במקרה זה אינה מתקבלת על ידי חיתוך העולמות המושלמים של כל נורמה, אלא על ידי פעולת ׳חיתוך׳ מוכללת,

שמוכתבת על ידי כללי היישום. בפועל, כל כלל יישום בונה את הקבוצה S^{ij} על ידי פונקציה מסובכת כלשהי של העולמות S^i ו-S^j, ולכן לכאורה ניתן להגדיר זאת כפעולה לוגית אחרת, שהיא הכללה של פעולת החיתוך הרגילה.

אמנם, כפי שראינו קודם, לפעמים תהיה מעורבת בפונקציה הזו גם הסיטואציה (X), ולכן זו לא פעולה לוגית פשוטה על הקבוצות ששייכות לנורמות הבודדות.

באופן כללי יותר, עלינו לרשום:

$$S^{ij} = f(S^i, S^j, X) = \begin{cases} S^i & X = X_0 \\ S^i \wedge S^j & X \neq X_0 \end{cases}$$

במובן הזה אין כאן פעולה לוגית טהורה (שכן היא לא נעשית רק על קבוצות של עולמות, אלא נכנסת גם לסיטואציות).

ניסוח אלטרנטיבי

ניתן לנסח את המסקנות שלנו בצורה אחרת: הפשר המודאלי אינו ישים כלפי נורמות אלא רק כלפי הוראות דאונטיות. אין עולמות מושלמים ביחס לנורמות T, עשה או ל״ת, אלא רק ביחס להוראה דאונטית (D).

משמעות הדבר היא שכאשר יש לנו מצוות עשה רלוונטית אחת, $O_T(A)$, ההוראה הדאונטית היא לבצע את המעשה הזה: $O_D(A)$. כעת אנחנו מגדירים עולמות מושלמים ביחס להוראה D, כעולמות שבהם מתקיים תמיד

המעשה A. הוא הדין לגבי מצבים בהם קיים רק לאו רלוונטי אחד. גם כאן העולמות המושלמים ביחס אליו, אינם באמת ביחס לנורמה, אלא ביחס להוראה הדאונטית שנוצרת ממנה על ידי כללי היישום.

מה קורה כאשר יש שתי נורמות סותרות? במצב כזה ההוראה הדאונטית שנגזרת מכללי היישום גם היא חד משמעית, ומגדירים עולמות מושלמים רק ביחס אליה. במקרה של לאו כנגד עשה, ההוראה הדאונטית היא לקיים את העשה, והעולמות המושלמים הם עולמות בהם כשיש התנגשות מתקיים העשה.

תמונה זו שקולה למה שהצגנו למעלה, ורואים שגם בה העולמות המושלמים הם פונקציות של הסיטואציות השונות (שנבחנות לפי השאלה האם יש או אין בהן התנגשות בין הנורמות T).

הניסוח הזה משאיר את הקונספציה של עולמות מושלמים על כנה, בדיוק כמו בלוגיקה הדאונטית הרגילה, ומוציא את הספירה T מהמשחק המודאלי. אנו בונים עולמות מושלמים רק לאחר שיש לנו הוראה דאונטית חד משמעית. אמנם התוצאה היא שלא ניתן להגדיר יחסים בין נורמות T, שכן יחסים לוגיים בין אופרטורים דאונטיים מתקבלים מתוך הפרשנות המודאלית. היחסים בין האופרטורים בספירה D ידועים, ויחסים בין נורמות בספירה T אכן לא קיימים.

חלק רביעי

לוגיקה דאונטית לאור ההלכה – ה'יצוא'

בחלק הראשון של הספר הצגנו מבוא קצר ללוגיקה דאונטית. בחלק השני עמדנו על הרקע ההלכתי של הדיון, וניסינו להבהיר את ההבחנה ההלכתית בין מצוות ל"ת (לאוין) לבין מצוות עשה (עשין). בחלק השלישי הצגנו לוגיקה דאונטית הלכתית, וראינו את ההבדלים בינה לבין הלוגיקה הדאונטית הסטנדרטית.

בחלק זה נראה שהתמונה הדאונטית הלא סטנדרטית אותה הצגנו כאן פותרת כמה מהבעיות שמעוררת הלוגיקה הדאונטית הסטנדרטית (כמה מהן תוארו בחלק הראשון), ואף משליכה על הבנתנו לגבי מערכות נורמטיביות נוספות, כמו מערכות משפטיות.

פרק חמישה-עשר

פתרון בעיות ופרדוכסים בלוגיקה דאונטית

מבוא

בפרק זה נחזור למכלול הבעיות שקיימות בלוגיקה הדאונטית הסטנדרטית, אותן הצגנו בחלק הראשון, ונראה את השלכותיה של התמונה המורכבת יותר, אותה הצענו בשני החלקים הקודמים על הבעיות הללו.

סיכום ההבדלים

ישנם שלושה הבדלים עיקריים בין המודל שלנו לבין הלוגיקה הדאונטית המקובלת:

1. המודל שלנו מבחין בין שני המישורים: התיאורטי-נורמטיבי, והדאונטי-פרקטי.
2. במישור התיאורטי לא קיימים הקשרים הלוגיים הרגילים. הלוגיקה שלו היא בעלת אופי אינטואיציוניסטי, ולכן היא מחולקת לשתי תת-קבוצות: מצוות עשה ולאוין. בין שתי הקבוצות הללו חוצץ 'קיר' שמונע את הקשרים הלוגיים ביניהן.
3. כפי שראינו, הדברים אינם אמורים רק ביחס בין מצוות עשה ללאוין, אלא גם לגבי היחס בין מצוות עשה לבין עצמן, או בין מצוות ל"ת לבין עצמן. כל מצווה היא עולם בפני עצמו, והיא אינה 'מדברת' עם שאר המצוות, הן מסוגה והן מהסוג השני.

בכל פעם שנגיע להבדל בין המודל שלנו לבין הלוגיקה הדאונטית הסטנדרטית, עלינו לשים לב איזה משני המאפיינים הללו יוצר את התוצאה. הדבר יהיה חשוב כאשר נעבור לדון במערכות נורמטיביות אחרות, שיכולות להיות בעלות מאפיינים אחרים. לדוגמא, בפרק הבא נשאל את עצמנו האם המערכת המשפטית מבחינה בין המישורים D ו-T, והאם כלולות בה נורמות

עשה או רק לאוין. ההשלכות אליהן הגענו כאן ישימות, כמובן, רק למקרים בהם מופיעים המאפיינים שיצרו אותן.

סתירות וקונפליקטים אתיים

נתחיל את הדיון בהתייחסות לקונפליקטים. ראינו שבתמונה ההלכתית קיימים מצבים בהם יש מצוות עשה לבצע מעשה כלשהו, ובו-זמנית גם מוטל עליו איסור לאו. במקרה כזה ההלכה קובעת שעשה דוחה לא-תעשה, כלומר שהעשה גובר על הלאו. בכל אופן, במישור העקרוני אין כל מניעה שיהיו עשה ולאו על אותו מעשה עצמו, מה שלכאורה אינו אפשרי בלוגיקה הדאונטית הרגילה. הפתרון היה שבמצבי קונפליקט ישנם כללי יישום שמורים לנו מה עלינו לעשות. כפי שראינו, במצבים כאלה היחסים בין העולמות המושלמים לא נשמרים. עולם שהוא מושלם ביחס למצב הקונפליקטואלי אינו מושלם ביחס לכל אחת מהנורמות הספציפיות.

והנה, על אף כל ההבדלים בין ההלכה לבין המוסר, גם בהקשר האתי בהחלט קיימים קונפליקטים, כלומר מצבים בהם יש נורמות סותרות על אותו מעשה, מצבים של דילמות מוסריות.[86] בדילמות כאלה מעורבים ערכים מנוגדים שחלים על אותו מצב עצמו. רק בשנים האחרונות הלוגיקה הדאונטית החלה להתמודד עם הבעייה הזו, והפתרונות שהיא מוצאת הם מורכבים למדיי, ואינם ממצים.[87]

דילמות כאלה יכולות להידון בשני מישורים שונים: א. שאלת הפתרון: יש נורמות סותרות על אותו מצב, ולכן ההכרעה האתית המעשית במצב כזה אינה ברורה. ב. שאלה מטא-אתית: בגלל קיומן של נורמות סותרות אין תשובה מוסרית נכונה אחת כיצד לנהוג במצב הנדון. אנו עוסקים כמובן בדיון הראשון, שכן רק הוא רלוונטי לניתוח לוגי-דאונטי.

---

[86] למקורות ודיון רחב על אודותיהן בעברית, ראה בספרו של דני סטטמן, **דילמות מוסריות**, מאגנס 2003.

[87] ראה אצל:

Jörg Hansen, 'Conflicting imperatives and dyadic deontic logic', **Journal of Applied Logic** 3 (2005) 484–511.

לדוגמא, אסור להכאיב לאדם, אך יש חובה לרפא אותו. ובכל זאת מקובל שכאשר האדם חולה יש לעשות לו ניתוח, גם אם הדבר מכאיב לו. המסקנה המתבקשת היא שבמצבים אלו אמנם יש איסור להכאיב, אך הוא נדחה בפני החובה לרפא. כלומר ייתכן מצב שיש שתי נורמות, לאו (=להכאיב) ועשה (=לרפא), סותרות ביחס לאותו מעשה (=הריפוי), דבר שמרמז לנו שגם באתיקה הרגילה (ולא רק בהלכה) הלוגיקה הדאונטית אינה מבטאת את מלוא התוכן הנורמטיבי. אנו מגלים שהבעייה של הפשר המודאלי קיימת גם בלוגיקה הדאונטית הרגילה. לא רק בהלכה, אלא גם באתיקה לא מתקיימים הקשרים המודאליים הפשוטים בין העולמות המושלמים, שכן העולם שמושלם ביחס איסור לגרום לכאב אינו מושלם ביחס לחובה לרפא.

המסקנה היא שהמודל המורכב שלנו שמכיל שתי מערכות של אופרטורים דאונטיים, צריך לשמש אותנו גם בטיפול באתיקה, ולא רק בהלכה. גם שם ישנם מצבים של קונפליקט נורמטיבי, וכללי היישום הם שאמורים לתת לנו את ההוראה המעשית למצב הנדון. אם כן, גם באתיקה הכללית לא נכון לומר שבכל העולמות המושלמים לא מכאיבים לבני אדם. הדבר נכון אך ורק בסיטואציות שבהן אין התנגשות מול נורמה אחרת. אבל ישנן סיטואציות שבהן קיים עולם שהוא מושלם דאונטית, ובכל זאת מכאיבים בו לבני אדם (כשצריך לרפא אותם).

אם כן, גם באתיקה הכללית, לא נכון הוא שהעולמות המושלמים מבחינת שתי הנורמות הם חיתוך בין קבוצות העולמות המושלמים של כל אחת מהן לחוד. אמנם נכון שהיחס האינטואיציוניסטי בין עשה לבין לאו מאפיין רק את ההלכה, וכללי היישום בתחום האתיקה הכללית כמובן לא חייבים להיות דומים לכללים הנהוגים בהלכה.

טענתנו היא שקיומם של קונפליקטים מעיד על כך שגם בהקשר המוסרי עלינו להבחין בין שני המישורים שהוגדרו למעלה. ההלכה מלמדת אותנו שהתנגשות בין נורמות אינה מצויה בהכרח במישור הפרקטי, אלא במישור הנורמטיבי-תיאורטי. היישום הפרקטי הוא תוצאה של כללי יישום (שבתחום האתי, בניגוד לתחום ההלכתי, הם בדרך כלל אינם מומשגים ומנוסחים

בפירוש, ובודאי לא מוסכמים), שתפקידם להעביר אותנו מהנורמות להוראות המעשיות. במישור זה לא אמורים להופיע קונפליקטים, ובו נוהגת הלוגיקה הדאונטית הסטנדרטית. אנחנו מציעים שגם בהקשר האתי הכללי יש להבחין בין המישורים, וכך לטפל בקונפליקטים האתיים.

משמעות הדבר היא שגם בתחום האתי עלינו לערוך הפרדה בין שני מישורי דיון, והקשרים הדאונטיים מתקיימים אך ורק בין האופרטורים הדאונטיים, אך לא בין האופרטורים הנורמטיביים התיאורטיים (ניתן לסמן אותם ב-O_E ו-F_E). משמעות הדבר יכולה להיות שאם יש נורמה שמחייבת לא לרצוח היא אינה שקולה לנורמה שמטילה איסור על רציחה, שכן רק במישור המעשי ישנו קשר דאונטי כזה. הסתירה מצויה כולה במישור הנורמטיבי, אבל הפתרון שלה אינו דרך שינוי הקשרים הלוגיים בין הנורמות, אלא דרך כללי היישום ש מורים לנו כיצד עלינו לגזור הוראות דאונטיות מתוך מכלול נתון של נורמות. כללים אלו מורים לנו גם מה לעשות במצבי קונפליקט, בדיוק כמו הכלל 'עשה דוחה לא-תעשה' בהקשר ההלכתי.

יש לשים לב לכך שהטיפול בקונפליקטים האתיים דורש את ההבדל 1, כלומר את ההפרדה בין המישורים D ו-T. מה לגבי ההבדל 2? נראה שהוא אינו נחוץ. הדברים יכולים להיות נכונים גם למערכות שאינן מבחינות בין לאוין לעשין, ובמובן הזה הן מצייתות ללוגיקה הדאונטית הרגילה. ההבדל 3 אמנם לא שימש אותנו במפורש, אך הוא היה מונח ברקע. העובדה שיכולים להיות קונפליקטים ואין כאן בהכרח סתירה לוגית, מבוססת על כך שהנורמות הן בלתי תלויות, ושהעולמות המושלמים שלהן גם הם בלתי תלויים.

הקדמה לוגית להמשך: התנייה דאונטית

בסעיף זה נציג השלכה לוגית של התמונה שלנו, שתשמש אותנו בהמשך הדברים.

בחלק הראשון עמדנו על כמה קשרים לוגיים שניתן להוכיח את קיומם בין האופרטורים הדאונטיים:

$$O(P \to Q) \to [O(P) \to O(Q)]$$

$$O(P \land Q) \to O(Q)$$

$$OP \to O(P \lor Q)$$

עוד ראינו שם, שכל אחד משלושת הקשרים הללו מוביל לפרדוכס אחר בלוגיקה הדאונטית הסטנדרטית.

נזכיר כי ראינו שכל הקשרים הללו מוכחים באמצעות הפשר המודאלי. נדגים זאת על הקשר הראשון. אנחנו רוצים להוכיח את הטיעון הבא (שהוא שקול לוגית לקשר הזה), שכונה בחלק הראשון 'התנייה דאונטית':

1. $O(A \to B)$

2. $O(A)$

$O(B)$

כיצד מוכיחים את הקשר הזה באמצעות הפשר המודאלי? אם ישנה נורמה $O(A)$, אזי בכל העולמות המושלמים מתקיים A. ואם בו-זמנית ישנה גם הנורמה $O(A \to B)$, אזי בכל העולמות בהם קיים A יתקיים גם B.[88] אם כן, בכל העולמות המושלמים מתקיים A, ולכן ברור שמתקיים בהם גם B. ואם בכל העולמות המושלמים מתקיים B, אזי מהפשר המודאלי ברור שיש נורמה $O(B)$.

בחלק הראשון הצבענו על כך שהניסוח הזה עבור התנייה דאונטית הוא בעייתי, והבאנו לכך שתי דוגמאות (אכילה בסוכה והצלת חיים ב-1 במאי). החובה על B אינה נגזרת בהכרח משתי החובות הקודמות. אם כן, עולה השאלה מה כאן פגום? הרי הוכחנו באופן לוגי את הקשר הזה.

לפני שנסביר זאת, נזכיר כי כך מוכיחים גם את כל שאר הקשרים הלוגיים בין האופרטורים הדאונטיים. ההוכחות הללו מבוססות כולן על הפשר המודאלי,

---

[88] הערנו שם גם לגבי מעמדה של נורמה מותנה, כמו: $A \to O(B)$, ולכן לא ניכנס לכך כאן.

שכן הוא מעביר אותנו מעולם הנורמות (ה-ought) לעולם המעשה (ה-is). מה שהוא נורמה בעולם שלנו, הופך להיות מעשה בעולמות המושלמים, ולגבי מעשים אנחנו יכולים להפעיל את הקשרים הלוגיים המוכרים לנו. על זה מבוססת כל הלוגיקה המודאלית.

כעת נוכל לבחון את משמעותה של התמונה אותה הצגנו בחלקים הקודמים. כפי שראינו, בהלכה כמו גם באתיקה, יש להגדיר קבוצת עולמות מושלמים ביחס לכל נורמה לחוד. עולמות שהם מושלמים ביחס לנורמה $O(A)$ אינם בהכרח מושלמים ביחס לנורמה $O(B)$, וגם לא ביחס לנורמה $O(A \rightarrow B)$.

כעת נראה בקלות שהשיקול הקודם כבר אינו בהכרח נכון. ההוכחה שהבאנו כאן מניחה שהעולמות המושלמים מוגדרים היטב ובאותה צורה עבור כל הנורמות גם יחד. יש עולמות שהם מושלמים מבחינת כל הנורמות, ולא רק מבחינת כל נורמה לחוד. ללא ההנחה הזו, לא ניתן לגזור את המסקנה $O(B)$, שכן בעולמות שהם מושלמים מבחינת $O(A)$, אינם העולמות המושלמים מבחינת $O(A \rightarrow B)$, ולכן אסור ליישם את המסקנות של שתי ההנחות הללו על אותה קבוצת עולמות. זה עשוי להיות תלוי סיטואציה (האם יש התנגשות בין שתי הנורמות הללו או לא). זוהי הסיבה לכך שהתנייה דאונטית אינה מוצרנת באופן הזה, ולא נכון להסיק את קיומה של חובה על B משתי החובות הקודמות.

מהלך דומה קיים ביחס להוכחות לוגיות אחרות שעוסקות בקשרים לוגיים בין נורמות שונות. לעולם ישנה שם הנחה שהעולמות בהם מדובר הם מושלמים ביחס לכל הנורמות גם יחד, וראינו שזה לא בהכרח מתקיים.

כעת נוכל לראות השלכות של הטיעון הזה ביחס לבעיות שונות בלוגיקה הדאונטית הרגילה.

נורמות מותנות ונורמות CTD

כפי שראינו כעת (וגם בחלק הראשון), במערכות נורמטיביות שונות עשויות להופיע גם נורמות מותנות. אם נוצרת סיטואציה A חלה החובה לעשות B. בסעיף הקודם הראינו את היעדר הקשר הלוגי בין שלוש הנורמות המעורבות בהתנייה (A, B והגרירה ביניהן).

והנה, לפעמים יש התנייה של נורמה B במצב A, שהוא כשלעצמו מהווה עבירה על נורמה אחרת. אלו הן הנורמות המותנות קרויות CTD (Contrary To Duty).

בחלק הראשון עמדנו על כך שהבעייה היסודית בקשר לנורמות CTD היא שמעורבת כאן סיטואציה שבה נעברה עבירה על נורמה תקפה, וזה יוצר סתירות ובעיות לוגיות שונות. לדוגמא, אם המעשה A הוא עבירה, מפני שיש נורמה $O(\neg A)$, או איסור F(A). נורמת CTD אומרת לנו שאם נעברה העבירה A עלינו לעשות B. הצרנו את החובה המותנה הזו כך: $O(A\rightarrow B)$, או כך: $A \rightarrow O(B)$.

כעת בעולמות המושלמים נוצרת בעייה, שהרי אם לעולם לא מתרחש בהם A, אז לעולם גם לא מתקיימת בהם החובה המותנה, ולכןהם אינם באמת מושלמים. לחילופין, אם מתקיימת בהם החובה המותנה, כי אז נעברה בהם עבירה A, ולכן הם אינם מושלמים מבחינת הנורמה O(A).

אך לאור דברינו כאן, העולמות המושלמים עבור A אינם בהכרח מושלמים מבחינת הנורמה המותנה, ולהיפך. לכן הבעיות שכרוכות ב-CTD כלל אינן נוצרות בתמונה הזו.

פתרונות לפרדוכס צ׳יזהולם

עוד ראינו בחלק הראשון את פרדוכס צ׳יזהולם. כדי להדגים את פרדוכס צ׳יזהולם ביחס לחובות כאלה, הבאנו את הדוגמא הבאה: יש חובה על כל

אדם לסייע לחברו שנמצא במצוקה. אם הוא הולך לסייע עליו להודיע לו על בואו. אולם אם הוא לא מגיע לסייע לו (ומפר את חובתו) כי אז חל עליו איסור להודיע לו שהוא מגיע. כעת נניח שאדם כלשהו לא מילא את חובתו לסייע לזולת, מצב שבהחלט עלול להתרחש במציאות. הסכימה שמתארת את המצב הזה בניסוח הרגיל (monadic), היא הבאה:

1. $O_D(A)$

2. $A \rightarrow O_D(B)$

3. $\neg A \rightarrow O_D(\neg B)$

4. $\neg A$

כאשר A הוא העזרה, ו-B הוא ההודעה.[89]

ראינו שבניסוח הזה מופיעים האופרטורים הדאונטיים הרגילים, ולכן יש לנתח אותו על פי הלוגיקה הדאונטית הרגילה. בניתוח הזה יוצא שאוסף הטענות הללו אינו עקבי, או שיש תלות לוגית ביניהן. מוקד הבעייה הוא היחס הלוגי ההפוך בין שורות 2 ו-3, וגם היחס בין 1 ל-4 (שמבטא את העובדה שבפועל לא מולאה חובה נורמטיבית).

ראינו שכדי לפתור את הפרדוכס הזה, הוצע ניסוח דיאדי (diadic) למשפטי התנאי הדאונטיים, ועמדנו שם על החסרונות שלו.

אולם אם נתבונן כעת על הסכימה של צ׳יזהולם לפי הצעתנו, אנחנו מעבירים אותה מהמישור הדאונטי למישור הנורמטיבי, שהרי מדובר בנורמות ולא בהוראות מעשיות (ההוראות המעשיות ייגזרו רק לאחר שנפתור את הסתירות בין הנורמות, נבין מה הן מורות לנו, ואז נוכל להפעיל עליהן את כללי היישום, ולגזור מהן הוראה מעשית אחת סופית).

---

[89] הערנו שם שזו אינה בדיוק סיטואציה של CTD, שכן בחובת השבת הגזילה אם לא גזלת אין חובה להשיב. לעומת זאת, כאן אם לא באת יש איסור להודיע (ולא רק שאין חובה להודיע). אם כן, הסיטואציה הזו היא מוקצנת יותר.

כעת עלינו לקחת בחשבון שהחובה שלא להודיע אינה בהכרח מצוות עשה שלא להודיע אלא ייתכן שמדובר באיסור לאו על הודעה. במקרה זה נקבל את הסכימה הבאה (שמנוסחת במונחי אופרטורים נורמטיביים, ולא דאונטיים):

1. $O_T(A)$

2. $A \rightarrow O_T(B)$

3. $\neg A \rightarrow F_T(B)$

4. $\neg A$

כעת הניתוח אמור להיעשות בלוגיקה האינטואיציוניסטית, שכן האופרטורים O ו-F הם אופרטורים תיאורטיים. בלוגיקה הזו, האיסור לעשות B אינו שקול לחובה על $\neg B$. לכן ההיפוך הלוגי בין 2 ל-3 נעלם, והסכימה נותרת עקבית, ובודאי לא פרדוכסלית.

בהצעת הפתרון הזו השתמשנו בהבדלים 1 ו-2 מלמעלה, כלומר באי-השקילות בין איסור נורמטיבי (לאו) לחובה נורמטיבית (עשה), שקיימת רק בתמונה שלנו ולא בלוגיקה הדאונטית הסטנדרטית. זה אמנם פותר את הבעייה, אך הפתרון הוא חלקי בלבד. שהרי אם ננסח את הסכימה באופן שבשורה 3 אכן תהיה כתובה חובה ולא איסור, הפרדוכס ייוותר בעינו. וכבר ראינו שאין מניעה להגדיר הוראה לביצוע פעולה כעשה או כלאו, ולכן שתי האלטרנטיבות הללו אמורות להיות אפשריות, עקביות ובלתי תלויות.

הפתרון היסודי יותר לפרודכס צ׳יזהולם, נעוץ דווקא בהבדל 3, כלומר באי-התלות בין הנורמות. כפי שראינו כאן, הבדל זה מנטרל את את הקשרים הלוגיים בין הנורמות, שכן קבוצת העולמות המושלמים עבור כל נורמה הם קבוצה נפרדת מקבוצת העולמות המושלמים לנורמות אחרות. כעת נוכל לראות שלא נכון ליישם את הקשרים הלוגיים שמוליכים לסתירה בסכימה של צ׳יזהולם. העולמות המושלמים עבור A ועבור B הם עולמות שונים, ולכן

הסכימה נותרת בלתי תלויה. הפרודכס של צ׳יזהולם הוא הוכחה לאי התלות בין הנורמות, ובכך לתמונה אותה הצענו.

בעצם הניסוח המדוייק למצב של צ׳יזהולם מחייב היזקקות לתמונה שלנו, שכן מדובר במישור T, ומה שמתקבל הוא הסכימה הבאה:

1. $O_T^1(A)$

2. $A \rightarrow O_T^2(B)$

3. $\neg A \rightarrow O_T^3(\neg B)$

4. $\neg A$

הנורמה בשורה 3 שונה מזו שבשורה 2, שכן אין מצב הלכתי שבו אותה מצוות עשה מורה לנו על ביצוע פעולה B ועל אי ביצוע שלה. קונפליקטים הם לעולם בין נורמות שונות. הנורמה שבשורה 1 היא ודאי שונה משתי אלו, שכן היא עוסקת בפעולה A.

מכיון שיש אי תלות בין נורמות שונות, גם אם הן מאותו סוג (עבור שתי מצוות עשה שונות יש קבוצות שונות של עולמות מושלמים), אזי גם כאן לא מתעורר הפרדוכס. המבנה הוא עדיין בלתי תלוי וגם עקבי. הפתרון הזה דומה מאד מבחינה לוגית לפתרון הקודם בו בשורה 3 היה לאו במקום עשה.

בשולי הדברים נעיר כי הניסוח הדיאדי, לפחות במובנים מסויימים, מבוסס גם הוא על תמונה דומה. גם הוא מחלק את האופרטורים (ולכן גם את העולמות המושלמים) לקטגוריות שונות, שהן תלויות סיטואציה. אבל הסכימה הזו קולעת יותר לנקודת המוקד של הבעייה בפרדוכס צ׳יזהולם. הפרדוכס הזה מניח יחידות של האופרטורים הנורמטיביים (בגלל שהלוגיקה הסטנדרטית בה הוא מנוסח אינה מבחינה בין שני המישורים – הנורמטיבי-תיאורטי והדאונטי-פרקטי), וזה בדיוק מה שיוצר את הבעייה. כאמור, הפרדוכס הזה הוא הוכחה טובה לטענתנו בדבר הצורך להפריד בין שני המישורים הללו.

שאר הפרדוכסים

כל שאר הפרדוכסים שהובאו בחלק הראשון מבוססים על קשרים לוגיים בין אופרטורים דאונטיים (בעיקר שלושת אלו שהובאו שוב כאן למעלה). כפי שראינו כאן, הקשרים הללו אינם קיימים במישור הנורמטיבי, שכן במישור הזה יש אי-תלות בין נורמות שונות, כלומר העולמות המושלמים של כל אחת מהן אינם חופפים לעולמות המושלמים של האחרות.

הפרדוכס של Ross משתמש בנוסחא השלישית. נוסחא זו מראה שאם יש חובה לעשות A כי אז יש חובה גם על $A \vee B$. לכן אם יש חובה לא לגנוב, אז יש גם חובה לא לגנוב או כן לרצוח. ומכיון שיש חובה לא לגנוב, לכן נכון שיש חובה לא לגנוב או כן לרצוח. אבל חובה לא לגנוב או כן לרצוח ממלאים על ידי כך שלא גונבים או שרוצחים. לכן אם מישהו מבצע רצח הוא ממלא בזה חובה מוסרית.

מעבר למצה שהערנו על הפרדוכס הזה בחלק הראשון, כעת נוכל לראות שגם הוא משתמש בקשרים הלוגיים דרך הפשר המודאלי. הקשר בין הנורמות $O(A)$, $O(B)$, ו-$O(A \vee B)$ אינו נכון בתמונה שלנו, ולכן הפרדוכס נופל מאליו.

הנוסחא השנייה שנגזרת מהפשר המודאלי מוליכה אותנו לפרדוכס השומרוני הטוב, שתואר גם הוא בחלק הראשון. מעבר למה שהערנו עליו שם, כאן נוסיף שהפרדוכס הזה משתמש בקשר בין הנורמות $O(A)$, $O(B)$, ו-$O(A \wedge B)$. אך מכיון שגם כאן מדובר באופרטורים ששייכים למישור הנורמטיבי, הקשרים הללו אינם קיימים בתמונה שלנו, והפרדוכס נופל מאליו.

מהלכים דומים ניתן להעלות כנגד הפרדוכסים הנוספים שהובאו שם, כגון עקרון הבחירה החופשית והפרדוכס התמהוני. כנגד שני אלו העלינו כבר בחלק הראשון כמה טענות, אך כאן נוסיף טענה כללית: גם שני הטיעונים הללו משתמשים בקשרים לוגיים שמניחים אחדות בין העולמות המושלמים של כל הנורמות המעורבות בהם, מה שראינו כאן שהוא איננו נכון. ולכן מעבר

לכל הטענות שהועלו שם, הניסוח של הפרדוכסים הללו מבוסס על הנחה שגויה.

ניסוח מזווית שונה

כל הקשרים הלוגיים בין האופרטורים הדאונטיים הם נכונים, אלא שזה אמור רק לגבי האופרטורים הדאונטיים. האופרטורים הנורמטיביים שמחוללים את ההוראות הדאונטיות אינם מצייתים לקשרים הללו.

כל פרדוכס דאונטי בתמונה שלנו, אמור להיפתח באוסף הנורמות הרלוונטיות למצב הנדון, שכולן שייכות למישור הנורמטיבי. אלא שבשלב הזה אי אפשר להפעיל שום קשר לוגי ביניהן, שכן הן בלתי תלויות זו בזו. מתוך הנורמות הללו עלינו לגזור באמצעות כללי היישום הוראה דאונטית, והיא תמיד תהיה אחת: לעשות מעשה A, או לעשות B, או לא לעשות אותם. לאחר שהמרנו את המבנה המורכב כולו להוראה אחת, אנחנו מצויים בספירה הדאונטית (ולא הנורמטיבית), ושם אכן קיימים הקשרים הלוגיים והפשר המודאלי הסטנדרטי. אלא ששם מדובר בהוראה אחת ולא במבנה מורכב, ולכן לא אמורים להיווצר שום פרדוכסים.

סיכום

בפרק זה בחנו את ההשלכות של המודל שלנו ללוגיקה הדאונטית. במודל שלנו יש שתי מערכות אופרטורים שפועלות בשני מישורים שונים: מערכת נורמטיבית-תיאורטית, שקובעת איסורים וחובות על פעולות שונות. ומערכת דאונטית-מעשית, שמורה לנו מה עלינו לעשות בפועל. בין נורמות ישנה אי תלות גמורה, דבר שאינו מאפשר שימוש בקשרים לוגיים בין אופרטורים דאונטיים. הקשרים במישור הדאונטי הם נכונים, אך אין להם כל חשיבות. ניתן להפעיל אותם רק לאחר שהתקבלה ההוראה הדאונטית הסופית, אך לא על הנורמות הבודדות שמחוללות אותה (באמצעות כללי היישום).

פרק שישה-עשר

לוגיקה דאונטית של המשפט[90]

מבוא

הלוגיקה הדאונטית עוסקת ביחסים לוגיים בין נורמות, באופן כללי. ומכאן, שהדברים אמורים להתייחס לכל מערכת נורמטיבית, אתיקה, הלכה, או משפט. אמנם המשפט לא זוכה לטיפול דאונטי של ממש, שכן בדרך כלל הלוגיקה הדאונטית מיושמת לגבי האתיקה. אך יש בנותן טעם לבדוק כמה מהתובנות שלנו לגבי נורמות משפטיות, בתורת המשפט הכללית, ולהשוות למצב הדאונטי בהלכה ובאתיקה.

פרק זה יעסוק בקצרה ביישומיה המשפטיים של הלוגיקה הדאונטית, ושל התמונה אותה הצגנו בספר זה. אנו נעסוק כאן בעיקר בשאלה האם במערכות משפטיות יש הבחנה בין מצוות עשה לבין לאוין. הדיון הזה יאיר באור נוסף את משמעותה של ההבחנה הזו, ויחדד את ההבדלים בין ההלכה לבין מערכות משפט רגילות.[91]

נקדים ונאמר שהנטייה המקובלת אצל משפטנים היא לומר שמערכות משפטיות כלל אינן משתמשות בסוג הזה של הנורמות. להלן נסביר מדוע באמת זהו המצב, ובמה זה שונה מתפיסתה של ההלכה, אך כאן ברצוננו גם לערער מעט את המוסכמה הזו. כפי שנראה, ייתכן שיש הקשרים בהם נורמות כאלה כן מופיעות גם בהמשפט הכללי, גם אם שלא במודע.

חשוב לציין כי הדיון בפרק זה הוא ראשוני וסכמטי בלבד, ויש לראות בדברים האמורים בו בעיקר הרהורים פרלימינריים, וקווים בסיסיים שתקוותנו כי יובילו לעיון שיטתי ומקיף יותר.

---

[90] ברצוננו להודות לשחר ליפשיץ מאוניברסיטת בר-אילן, ולאלון הראל מהאוניברסיטה העברית, ששוחחו איתנו והאירו את עינינו בחלק מהנושאים הנדונים בפרק זה (הדברים לא נכתבו על דעתם, ולכן השגיאות הן שלנו בלבד).

[91] ראה על כך ביתר פירוט במאמרו של מיכאל אברהם, ׳האם ההלכה היא ׳משפט עברי׳?׳, **אקדמות** טו, מרחשון תשסה, עמ׳ 141. ההבדלים שנצביע עליהם כאן מצטרפים ובהחלט מתאימים לאמור שם.

מצוות עשה ולא-תעשה בעולם המשפט

נפתח את הדיון שלנו בשאלה האם ישנן בחוק המודרני גם מצוות עשה? מבט ראשוני מעלה שעיקר החוקים נראים כמצוות לא-תעשה, שכן בדרך כלל חוקים אוסרים לעשות פעולות כלשהן ולא מחייבים לעשות משהו. כאמור, כך אכן סוברים רוב ככל המשפטנים.

אך ישנם גם חוקים אחרים. לדוגמא, ישנה חובה לשרת בצבא, לשלם מיסים, חובה על הורים לטפל בילדיהם וכדו'. כל אלו נראות לכאורה כמו חובות עשה, ולא כמו לאוין.

כאן נכנסת לדיון ההבחנה אותה עשינו למעלה בחלק השני, בין המישור הביצועי לבין המישור הנורמטיבי. ההבחנות הקודמות הציגו חוקים שמטילים עלינו חובות עשייה, אך כפי שראינו זה אינו בהכרח אומר שמדובר במצוות עשה. ראינו שבהלכה יש מצוות עשה שדורשות חדילה ויש לאוין שדורשים עשייה. אם כן, התופעה של חוקים שדורשים עשייה אינה אומרת שמדובר במצוות עשה באותו מובן בו פגשנו בהלכה. אם כן, השאלה לגבי קיומן של מצוות עשה בעולם המשפטי הכללי, מצויה מעבר למישור הביצועי. אנו מוצאים במערכות משפטיות גם חובות עשייה וגם חובות חדילה, אולם עדיין לא ברור האם גם ההבחנה הקטגורית בין לאו לעשה קיימת בהן, או לא.

כדי לענות על שאלה כזאת, עלינו לחפש קריטריון: כיצד נוכל לקבוע שחוק כלשהו הוא מצוות עשה ולא לאו? כפי שכבר הערנו, השאלה האם החוק מחייב מעשה או מחדל אינה אינדיקציה חד משמעית להיותו לאו או עשה. על כן נראה שניתן לנסות להבחין בזאת בכמה צורות, לאור מה שראינו ביחס להלכה:

א. בהלכה ניתן לקבוע האם מצווה היא עשה או לאו לאור הניסוח בתורה (הקריטריון הלשוני). כפי שראינו, "השמר", "פן", "לא", ו"אל", הן כולן לשונות של לאו. ולשונות חיוביים הם לשונות של עשין.

בחוק זה מסובך יותר, שכן אין לנו טכסט מקביל לטכסט המקראי. הניסוח של החוק אינו מהווה אינדיקציה חדה כמו במקרה של הניסוח המקראי, שכן בהחלט ייתכן שהמחוקק פועל בהנחות דאונטיות רגילות, כלומר שמבחינתו איסור לרצוח הוא בעצם חובה שלא לרצוח, והוא כלל אינו מבחין בין שתי הקטגוריות הללו.

ב. ראינו שישנן כמה השלכות הלכתיות להבחנה בין לאוין לעשין: עשה דוחה לא-תעשה. על עשה לא חייבים להוציא את כל ממוננו, ועל לאו כן. על לאו יש עונש ואין שכר, ועל עשה יש שכר ואין עונש (בידי אדם). אם כן, דרך שנייה לבחון האם חוק כלשהו הוא לאו או עשה היא דרך ההשלכות המשפטיות של ההבחנה הזו.

אמנם גם הדרך הזו אינה חד משמעית, שכן אינדיקציות כאלה תלויות במוסכמות ראשוניות. בהלכה ברור אפריורי שעל מצוות עשה אין עונש, אבל ביחס לחוק אין לנו נתון אפריורי כזה. כל אחת מהאינדיקציות הללו עשויה להיות מוסברת בצורה שונה, ולאו דווקא עלפי ההבחנה בין לאו לעשה. לדוגמא, אם נמצא חוק שלא מענישים עליו זה לא בהכרח מצוות עשה, שכן ייתכן שישנן סיבות אחרות שבגללן המחוקק החליט שלא לקבוע עונש על עבירה כזו.

ג. ראינו שמשמעות ההבחנה בין לאו לעשה נעוצה בהבחנה בין הצבעה על מצב רצוי לבין אזהרה ממצב לא רצוי. אם כן, גם זו יכולה להיות אינדיקציה להיותו של חוק כלשהו בגדר עשה או לאו.

זו עשויה להיות אינדיקציה טובה להבחנה שלנו, ולו רק מפני שהיא ההבחנה התיאורטית היסודית שעומדת בבסיס החלוקה בין מצוות עשה ולאוין. אלא שכאן עולה בעיית הפרשנות: כיצד נדע האם חוק כלשהו מצביע על מצב רצוי או מזהיר מפני מצב לא רצוי? מהי האינדיקציה לכך שמעשה כלשהו נחשב בעיני המחוקק (והחוק) כשיפור והתעלות (אהבה), או לחילופין כהתדרדרות

וקלקול (יראה)? לשון אחר: כיצד נדע האם המצב עליו מצביע החוק הוא רצוי או שהיפוכו אינו רצוי? לדוגמא, חוק שקובע שיש לשרת בצבא, יכול להתפרש כך שהשירות בצבא הוא רצוי, או שההתחמקות מהשירות היא מצב לא רצוי. דוגמא נוספת, החובה של הורים לטפל בילדיהם. האם הטיפול בילדים הוא מצב שהחוק מחייב, או שאי טיפול בהם הוא מצב שהחוק אוסר?

נראה סביר שמטרת החוק שמחייב הורים לטפל בילדיהם הוא הטיפול, כלומר שמדובר במצב חיובי ולא בשלילת מצב שלילי. אך חשוב להבחין בין מטרותיו של המחוקק לבין ההגדרה המשפטית של החוק. ייתכן שמטרת המחוקק היא לגרום לכך שהורים יטפלו בילדיהם, אך הוא עושה זאת דרך חוק שאוסר עליהם שלא לטפל בילדים, ואף מטיל סנקציה על מי שאינו מטפל בילדיו. נזכיר כי לפחות בהלכה קיומה של סנקציה הוא כשלעצמו אינדיקציה לכך שמדובר בלאו ולא בעשה.

מכיון שאף אחת מהדרכים אינה חד משמעית, עלינו לנסות אותן בזו אחר זו, ולראות להיכן זה מוביל אותנו.

אינדיקציות דרך ההשלכות

אחת האינדיקציות הברורות להבחנה בין מצוות עשה ולאוין היא שאלת השכר והעונש. כפי שראינו, בתפיסה ההלכתית ישנו עונש על לאו ולא על עשה, ואילו על עשה יש שכר, מה שלא ניתן על הימנעות מעבירת לאו. עוד ראינו שההבחנה הזו קשורה לתוכן התיאורטי של ההבחנה בין לאו לעשה, שכן לאו הוא מצב מזיק, לא רצוי, ולכן הימצאות בו גוררת עונש. ואילו עשה הוא מצב רצוי, ולכן אי הימצאות במצב זה אינה גוררת עונש. להיפך, הימצאות במצב הרצוי מביאה למתן שכר. מה קורה בעניין זה בתחום המשפטי?

במסגרת החוק לעולם לא מדובר על מתן תגמול חיובי, אלא על עונש. גם החוקים שביסודם נראים כמצוות עשה, הביטוי הגמולי שלהם הוא שלילי

בלבד, כלומר סנקציה על מי שמיפר אותם. מערכות משפטיות אינן מעניקות גמול חיובי למי שמקיים חוקים כלשהם, גם לא חוקים שדורשים עשייה.

ניתן היה לתלות זאת בכך שבמערכות משפטיות אין גורם מטפיזי (כמו אלוהים) שיכול לתת שכר בעולם הבא, אך זה אינו נימוק מספק. מערכת משפטית יכולה להציע גמולים כלכליים או אחרים (פרסים, הוקרה והכרה וכדו') למי שמקיים את ה'מצוות' הללו. ובכל זאת, מערכות משפטיות אינן עושות זאת, ומסתפקות בסנקציה עונשית על אי מילוי החוקים.

אמנם לכאורה ניתן להביא כמה חריגים למאפיין הזה. לדוגמא, ישנם מצבים שהמחוקק מציע הטבות מס לבעלי עסקים שממקמים את עסקיהם באיזורי עדיפות כלשהם (בדרך כלל בפריפריה). לכאורה זהו מתן שכר במסגרת החוק. ברור שאין סנקציה עונשית על מי שאינו עושה זאת, כלומר נראה שלא מדובר בעבירת לאו. אך דוגמא זו אינה מבטאת באמת מצוות עשה, שכן אין כל חובה משפטית למקם את העסק באיסור העדיפות. יש לזכור שמצוות העשה הן חלק מההלכה, וככאלו הן מטילות עלינו חובה הלכתית גמורה. אמנם אי קיום החובה אינו מחייב ענישה, אך אין זה אומר שהמצווה הזו אינה חובה הלכתית. לעומת זאת, מיקום של המפעל באיזור עדיפות כלל אינו חובה משפטית. הגמול הוא תמריץ לעשות משהו שאיני חייב מבחינה משפטית לעשות אותו. זה מקביל ל'לפנים מושרת הדין', אך לא למצוות עשה. מס הכנסה שלילי הוא דוגמא עוד פחות מוצלחת, שכן שם אפילו לא מדובר על מעשה חיובי כלשהו, אלא בסיוע לנזקקים בעלמא.

דוגמא נוספת היא הפחתת שליש מעונש מאסר של אסיר על בסיס התנהגות טובה. אלא שגם כאן אין עליו חובה משפטית גמורה להתנהג טוב, ולכן הפחתת השליש היא רק תמריץ לנהוג לפנים משורת הדין. אנחנו מחפשים דוגמא לחוק שאותו אנחנו חייבים לעשות, ובכל זאת אי עשייה שלו אינה גוררת עונש, ועשייתו גוררת שכר. הדוגמאות שהבאנו אינן עונות לדרישות הללו.

אם כן, בינתיים אין לנו דוגמא מובהקת של חוק שהגדר המשפטי שלו הוא כמצוות עשה. התמונה שעולה עד כאן היא שמערכות משפטיות רואות את

הנורמות (=החוקים) שלהן כציוויי לא-תעשה, ולא כציוויי עשה. כאשר החוק קובע כי על הורים לטפל בילדיהם, הוא אינו מצביע על מצב חיובי, הטיפול בילדים, אלא מזהיר מפני מצב שלילי, של אי טיפול בהם. לכן החוק קובע סנקציה על הורים שלא עושים זאת, אבל לא נותן גמול חיובי כלשהו להורים שכן עושים זאת. הוא הדין לגבי תשלום מיסים, או שירות בצבא, כפי שראינו כעת.

ניתן אולי לדבר על זכויות ליוצאי צבא, או למשרתי מילואים. השירות בצבא ובמילואים הוא חובה משפטית גמורה, והחוק קובע גמולים למי שעושה זאת. כאן ישנה דוגמא לגמול חיובי על קיום חובה, וכאן, בניגוד לדוגמאות הקודמות, המעשה הוא חובה משפטית. ובכל זאת, נראה שגם הדוגמא הזו אינה מוצלחת דיה, מפני שעל מי שאינו משרת בצבא מוטלות סנקציות. כלומר יש כאן גם מאפיינים של לאו (איסור). על כן ניתן להגדיר את זכויות יוצאי צבא באופן שונה: הזכויות מגיעות לכל האזרחים, אך מי שלא שירת בצבא נענש בכך שהזכויות הללו נלקחות ממנו. בצורת ההצגה הזו מדובר בעונש על עבירת לאו ולא בשכר וגמול חיובי.

אמנם חשוב לציין שגם הניסיונות להציע תמריצים לקיום חוקים כאלה, כגון תמריצים ליוצאי צבא וכדו', מלווים בדרך כלל בויכוח ציבורי, ורבים רואים בהם הפרה של עקרון השוויון. הדברים בולטים בישראל, שם התמריצים הללו מוענקים ליוצאי צבא ונשללים ממי שלא שירת בצבא, גם אם מי שלא שירת בצבא עשה זאת על פי החוק (כמו ערבים, או חרדים). הסיבה להתנגדות היא שבמקרים כאלה קשה לראות את הזכויות הללו כעונש, כפי שהצענו למעלה, שכן מי שפעל על פי החוק ודאי לא מגיע לו עונש. נראה שהזכויות הללו הן אכן שכר ולא עונש. אלא שזוהי בדיוק הסיבה לכך שהחוקים הללו מעוררים התנגדות, שכן התפיסה הבסיסית היא שהחוק אינו נותן שכר ואין בו מצוות עשה. החוק נותן עונשים, או לכל היותר תמריצים לעשות מעבר למה שחייבים ברמה המשפטית.

אך דומה כי גם בדוגמאות הללו, אפילו מי שתומך במתן גמולים כאלה, הדבר נובע מאחת משתי סיבות, שאינן שכר על מצוות עשה:

- מימוש של עקרון השוויון, שמי שנושא בנטל יותר מאחרים, יקבל על כך פיצוי הולם. גם אם ערבים או חרדים רשאים שלא לשרת בצבא, עדיין העובדה היא שהם לא נושאים בנטל הבטחוני, ולכן כדי לקזז את אי השוויון הזה החוק מעניק גמולים.
- ניסוח אחר הוא לראות בצעדים כאלו תמריצים, ולא גמולים. אין כאן מתן גמול על קיום החוק, אלא המרצת אנשים לא לנקוט באמצעים שונים (גם חוקיים) כדי להיפטר ולהשתמט ממנו. על כן נראה שבכל מקרה לא מדובר כאן במצוות עשה במובנה המלא, כמו שראינו בהלכה.

  תמריצים אלו דומים במהותם לדוגמאות שראינו למעלה, כמו סבסוד ממשלתי, או הקלות במס, לגופים שמקיימים תנאים מסויימים (חברות שממוקמות בפריפריה, או שעוסקות בתחומים מועדפים).

אם כן, בשורה התחתונה נראה שהיעדר גמול חיובי על קיום החוק הוא אינדיקציה מסויימת לכך שהמערכת המשפטית רואה עצמה כמערכת של נורמות לא-תעשה בלבד. גם אלו מהן שמנוסחות באופן חיובי זהו רק ביטוי לשוני שקול (כמו שטענו הגריפ״פ ו**הסמ״ק** נגד הרמב״ם, שההבדל בניסוח אינו משנה את העובדה שיש כאן כפילות נורמטיבית). חובת טיפול בילדים שקולה לאיסור על אי טיפול בהם, בהתאם ללוגיקה הדאונטית הסטנדרטית.

לאו הבא מכלל עשה

לפי מה שראינו עד כאן, ישנם חוקים שמצווים על עשייה, ובעצם הם בגדר 'לאו שאין בו מעשה'. במהותם אלו לאוין ולא עשין, אבל המעבר עליהם הוא במחדל (אי תשלום מיסים, אי טיפול בילדים וכדו') ולא בעשייה שלילית.

אבל ייתכן שנכון יותר להגדיר את החוקים הללו כ'לאו הבא מכלל עשה'. הציווי הוא חיובי ״שלם מיסים״, או ״טפל בילדיך״, אבל הקיום הוא חסר משמעות משפטית (כי במערכות משפטיות אין מצוות עשה במובן המלא), ורק

הביטול מהווה עילה משפטית להטלת סנקציה. כלומר רק לביטול יש משמעות משפטית ולא לקיום, ובמובן זה יש כאן כעין 'לאו הבא מכלל עשה'. אם כן, ייתכן שבכל זאת ניתן למצוא סוג כלשהו של מצוות עשה גם במערכת המשפט הכללית. נורמות כאלו הן לאוין הבאים מכלל עשה, שכפי שראינו לפחות בהלכה מעמדם הוא כשל עשה.

מאידך, יש לזכור שבמשפט מוטלים עונשים על עבירות כאלה, וזה שונה מהמצב הנוהג בהלכה. במובן זה, החוקים הללו דווקא דומים יותר ללאוין שאין בהם מעשה (אף שבהלכה לא עונשים על לאו שאין בו מעשה, אבל זה כלל ייחודי להלכה, ולא נגזר באופן מהותי מאופייה של הנורמה הזו). לכן אין כאן אינדיקציה ברורה לכאן או לכאן.

המישור המשפטי והמישור החברתי

למרות האמור לעיל, קשה להשתחרר מהתחושה, שכאשר החוק מחייב הורים לטפל בילדיהם, הוא מתכוין להצביע על מצב חיובי ולא להזהיר מפני מצב שלילי. כך גם לגבי תשלום מיסים ושירות בצבא. הגמול והסנקציה הם כלים להשפעה על האזרחים, אך לא בהכרח משקפים את טיבה של הנורמה עצמה.

כדי להבין את היחס בין התמונה הזו לבין מה שתיארנו לעיל, חשוב לעמוד על ההבדל בין הרובד המשפטי לבין הרובד החברתי-מוסרי. אכן נכון שהחברה רוצה לעודד הורים לטפל בילדיהם, וברור שבעיניה הטיפול בילדים הוא מצב חיובי (ולא רק הימנעות ממצב שלילי), וכך גם לגבי תשלום מיסים וכדו'. אבל כל זה מתייחס ליחס החברה למעשים אלו, ולא בהכרח למעמדם המשפטי של החוקים שמורים עליהם. הערכים החיוביים הללו, כאשר הם הופכים להיות נורמה חקוקה, עשויים לקבל מעמד של מצוות לא-תעשה, ולכן מה שניתן עליהם הוא רק סנקציה על הפרה, ולא שכר על קיום. כלומר הטענה שברובד החברתי מדובר בנורמות עשה, אינה סותרת בהכרח את המסקנה שברובד המשפטי מדובר במצוות לא-תעשה. המימוש המשפטי של הנורמות המוסריות-חברתיות הללו יכול להיעשות רק באמצעות הכלים שמעמידה מערכת המשפט לרשות החברה. כלים אלו כוללים רק מצוות לא-תעשה ולא

מצוות עשה, ולכן בהקשר המשפטי הנורמות הללו הופכות להיות מצוות לא-תעשה.

גם בהלכה קיימים מקרים שבהם ההגדרה המשפטית-הלכתית של מעשה כלשהו אינה חופפת לרצון התורה, משיקולים שונים. לדוגמא, מצוות פרייה ורבייה שמוטלת על כל יהודי, מוגדרת על ידי כמה פוסקים כמצוות פעולה (כלומר עליו לשאת אישה ולפעול כדי להעמיד צאצאים), על אף שגם הם מסכימים שהמטרה הערכית-חברתית שלה היא התוצאה (עצם קיומם של הצאצאים). הסיבה לכך היא כנראה שלא ניתן לצוות על התוצאה, שכן היא לא בידינו. מה שמסור לנו הוא רק הפעילות לקראת השגת התוצאה (יחסי אישות של בני הזוג). התוצאה היא בידי שמיים, ולכן לא ניתן לצוות עליה.[92] זוהי דוגמא לשיקול שמוליך להבחנה בין המטרה החברתית-מוסרית-ערכית של הציווי לבין ההגדרה המשפטית שלו.

יסוד ההבדל בין ההלכה למשפט

מדוע באמת מערכות משפטיות אינן משתמשות בכלי של מצוות עשה? ניתן להעלות לכך כמה הסברים:

א. אפשרות אחת היא שהדבר נובע מהאפקטיביות של הענישה לעומת חוסר האפקטיביות של הגמול החיובי. לאדם כואב יותר שלוקחים ממנו 10 ₪, מאשר מצב בו לא נותנים לו 10 ₪, ולכן מערכות משפטיות מעדיפות סנקציות על גמול חיובי. לפי הסבר זה, היעדרו של הגמול אינו מעיד על כך שאין נורמות שהן מצוות עשה, אלא על פסיכולוגיית ענישה מסויימת.

אך הסבר זה הוא מפוקפק, שכן על אף שניתן אולי לקבל את היעדר האפקטיביות של הגמול החיובי, הדבר ודאי אינו מובן מאליו. היינו מצפים שהוגי תורת המשפט לפחות יתנו את דעתם על סוגיא זו. העובדה שקיומן של סנקציות והיעדרם של גמולים נראית למשפטנים מובנת מאליה, אומרת

---

[92] ראה על כך במאמר **מידה טובה**, פ' בראשית תשסז, שם נדון גם הקשר בין שאלה זו לבין אי דרישת טעמא דקרא.

שהיעדר השכר נובע מסיבה מהותית יותר, ולדעתנו זוהי התפיסה של החוק כמצוות לא-תעשה.

ב. ייתכן שהדבר נובע בעיקר מתוך תפיסה ליברלית שאינה מאפשרת לקבוע מה על האזרח לעשות. החוק אינו מוכן לצוות ציוויים חיוביים על האזרח, שכן הדבר פוגע באוטונומיה של האזרח. מתוך תפיסה ליברלית כזו, יש שרואים גם באיסורים שמטיל החוק רק פנייה לשופט להטיל סנקציה, ותו לא. לדוגמא, החוק הפלילי בישראל קובע "הגונב עונשו כך וכך", אבל הוא לא קובע בפירוש שאסור לגנוב. ישנן גישות לפיהן החוק הזה פונה לשופט או למערכת השלטונית, ולא לאזרח, שכן בתפיסה ליברלית האזרח הוא אוטונומי, ואף אחד לא יכול לומר לו מה לעשות.

עד כאן עסקנו במצוות לא-תעשה, כמו איסור גניבה. מצוות עשה הן בעייתיות שבעתיים מבחינה זו, שכן הן מטילות על האזרח חובות עשייה ולא רק איסורים, ובכך פוגעות באופן עמוק יותר באוטונומיה שלו. אמנם הבחנה זו עוסקת בציר עשייה-מחדל, ולא בציר לאו-עשה, אך כפי שראינו למעלה, בהקשר ההלכתי ישנה הקבלה בין שני הצירים הללו. מצוות עשה היא במהותה ציווי שעוברים עליו במחדל, גם אם העבירה נעשית במעשה אקטיבי. עבירה כזו אינה התנגשות ישירה עם רצון המחוקק (התורה), ולכן היא דומה לעבירת מחדל. גם בחוק ניתן לומר שמצוות עשה, גם אם היא מצווה אותנו על חדילה, מהווה פגיעה עמוקה יותר באוטונומיה של האזרח. כאשר החוק מורה לו על המצב בו הוא אמור להיות, זה אלים יותר מאשר הוראה לא להימצא במצב שאינו רצוי. במובן זה הדבר דומה להבחנה בין לאו לעשה.

ג. אפשרות שלישית היא להשתמש בהבחנה של הרמב"ן, לפיה מצוות עשה שייכת לספירת האהבה, ומצוות לא-תעשה לספירת היראה. אחד ההבדלים בין מטרות החוק, לפחות בתפיסות הליברליות שלו, לבין ההלכה, הוא שהחוק אינו רואה את מטרתו לחנך את האזרח. החוק כמובן רוצה שהאזרחים יהיו אנשים טובים, אך אין זה תפקידו לדאוג לכך. הוא יכול לכל היותר לענוש את מי שעובר עבירה, אך לא לתת שכר למי שמקיים מצווה.

במערכת משפטית אין משמעות לעבודה פוזיטיבית (מאהבה), אלא רק להישמרות מעבירות. לכן החוק קובע איסורים אך לא מצוות עשה, ולכן הוא יכול רק להטיל סנקציות על מי שעובר עליהם, אבל לא לתת שכר.

במינוח אחר ניתן לומר שהחוק אינו מחייב לעשות פעולות בעלות ערך, אלא רק למנוע פעולות שליליות. חובה על עשיית פעולות בעלות ערך היא בעלת גוון דתי, והמשפט אינו עוסק בחובות כאלו. החוק אינו מכתיב לאזרחיו ערכים, אלא רק מונע מהם להזיק לזולת ו/או לחברה. ערכים הם עניינו של כל אזרח, ובזה שונה החוק ממערכת ההלכה שהיא בעלת אופי ומקור דתיים.

ד. להלן נפרט את הבעייתיות שקיימת בהבחנה בין מצוות עשה ולאוין, שכרוכה בהגדרת רמה נייטרלית אובייקטיבית, שממנה והלאה זהו שיפור והתעלות (מצב חיובי, רצוי) ומתחת לה זוהי התדרדרות (מצב שלילי, לא רצוי). ייתכן שהחוק אינו מוכן לקבוע סף שכזה, ואנו נדון בכך להלן.

הויכוח על חוק "לא תעמוד על דם רעך" (חוק השומרוני הטוב)[93]

יוצא דופן שמעיד על הכלל, הוא חוק "לא תעמוד על דם רעך", התשנ"ח (1998). במערכות משפט אחרות בעולם, בעיקר קונטיננטליות (במערכות

---

[93] לדיון בחוק זה מזווית מעט שונה, ראה מאמרו של מ. אברהם, 'האם ההלכה היא 'משפט עברי'?', הנ"ל. ובאופן כללי יותר, ראה ע. פרוש, 'חוק, מוסר והחובה לעזור לזולתי' בתוך: **הכרעות משפטיות ושיקולים מוסריים**, תל אביב 1986. וכן:
J. Feinberg, *Harm to Others: The Moral Limits of the Law*, Oxford 1984; A. M. Honore, "Law, Morals and Rescue", *Philosophical Issues of Law*, 1977; Thomas Nagel, *The Possibility of Altruism*, Oxford 1970; G. Geis, "Sanctioning the Selfish", *International Review of Victimology*, 1 (1991), 297ff.; J. Burgess, "Bad Samaritanism and the Pedagogical Function of Law", *Criminal Justice Journal*, 8 (1985), 1; J. Feinberg, "The Moral and Legal Responsibility of the Bad Samaritan", *Criminal Justice Ethics*, 3 (1984), 56ff.; M. Osbeck, "Bad Samaritanism and the Duty to Render Aid: A Proposal", *University of Michigan Law Review*, 19 (1986), 315ff.; J. Wenik, "Forcing the Bystander to Get Involved", *Yale Law Journal*, 94 (1985), 1787ff.; A. D. Woozley, "A Duty to Rescue: Some Thoughts on Criminal Liability", *Virginia Law Review*, 69 (1983), 1273ff., וכן ר' ע' פרוש, "חוק, מוסר, והשומרוני הטוב", **עיון**, כ"ז (תשל"ז), עמ' 295; וכן ד' סטטמן, "'לא תעמוד על דם רעך' – מחובת הזהירות ליחובת השומרוני הטוב'", **מחקרי משפט**, ט"ו (תשנ"ט), עמ' 89; וכן ר' א' בן-שלמה, "החובה להציל נפשות", **אסיא**, י"ד, א'-ב' (תשנ"ד), עמ' 67.

המשפט האנגלו-סכסיות, אין חוק כזה, ולא בכדי), שהקשר בו הן פועלות הוא נוצרי, החוק הזה קרוי 'חוק השומרוני הטוב'. זהו חוק שקובע שעל כל אזרח שרואה אדם אחר שנמצא במצב מצוקה כלשהו, חלה חובה להושיט לו עזרה ככל יכולתו.

לכאורה, מדובר כאן במצוות עשה מובהקת, שכן אין כאן איסור להזיק או לפגוע באדם אחר, אלא חובת עשה להגיש לו עזרה. חשוב להבין שמדובר באדם שנפגע מסיבות שאינן קשורות אליי, ובכל זאת החוק מחייב אותי להושיט לו סיוע.

אגב, המינוח בו משתמש החוק שאוב מההלכה (וזו חלק מהקונטרוברסליות שליוותה את קבלתו), שכן התורה מצווה אותנו "לא תעמוד על דם רעך". אך למרבה האירוניה, דווקא בהלכה הציווי הזה עצמו מסווג כמצוות לא-תעשה, ולא כמצוות עשה. ההלכה מזהירה אותנו מאי הגשת סיוע, ולא מצווה עלינו להושיט סיוע.[94]

חשוב להבין שהויכוח הסוער סביב החוק לא נסב סביב הערכים שהוא מבטא, שכן לית מאן דפליג שראוי לסייע לאדם שנמצא במצוקה. השאלה היתה האם ראוי שהחוק יחייב זאת, והאם ראוי להטיל סנקציה על מי שלא עושה כן. מערכות משפט רבות בעולם אינן מכילות חוק כזה, ולא בגלל שהערכים שהוא מבטא נראים להן שליליים. מחוקקים אלו סוברים שלא ראוי לכלול את הנורמה הזו כחוק במערכת המשפטית.

הביקורות על חובת ההצלה באו מכמה כיוונים.[95] ראשית, היו שטענו שיש בהטלת חובה כזו פגיעה בזכות האדם לחירות.[96] טענה זו נוסחה בשני אופנים. הראשון: הזכות לחירות משמעותה האפשרות לחיות בעולם שבו חלות עליי

---

[94] זוהי דוגמא נוספת להבדל בין מטרת החוק (שאנשים יעזרו) לבין הגדרתו המשפטית (איסור על אי עזרה).

[95] ראה אתר סנונית, 'קהילה', בשיתוף מכון שלום הרטמן, מדריך פרק ג' 'היחס לחיי הזולת'.

[96] השוואה יפה בין התייחסות היהדות ל"חירות" לבין התייחסות המסורת הליברלית למושג נעשתה על ידי A.C. Besser & K.J. Kaplan, "The good samaritan: Jewish and american legal perspectives", 10, *Journal Of Law And Religion*, 1993/4, pp. 193-194.

כמה שפחות מגבלות.[97] בעוד שחובות **שלא** לעשות דבר מסוים מגבילות במידה מסוימת, חובות "עשה", כפי שכבר הזכרנו, מטילות מגבלות רציניות יותר, ועל כן הן פסולות. יש לשים לב שהדיון כאן הוא על חובות עשה באופן כללי לגמרי, ולאו דווקא על חובה ספציפית זו. בצורתה השנייה, הטענה היא כי עקרון החירות כשלעצמו, הזכות להיות אדון לגופך, שולל את האפשרות כי יטילו עליך חובת עשה (זוהי השלכה של הליברליזם המשפטי).

נעיר כי בקשר להפיכת החובה המוסרית להציל לחובה משפטית שבגינה מוטלת סנקציה פלילית נטענו כמה טיעונים נוספים. קו מחשבה אחד עושה הבחנה בין פעולות למחדלים. הטיעון הוא דו שלבי. במקרה של מחדל קשה לזהות סיבתיות: המשפט "הוא טבע בגלל שלא זרקת לו חבל" הוא משפט קשה להוכחה.[98] השלב השני הוא: אם אין סיבתיות בין המחדל לבין התממשות הסכנה, הרי שגם לא ניתן להטיל אחריות בגינו. קו מחשבה אחר מצביע על הדין העכשווי כנקודת גבול ברורה שבלעדיה נהיה חייבים להכיר בחובה להציל שאיננה מוגבלת כלל - טיעון המדרון החלקלק. כך, אם רואים את ההצלה כהענקת טובת הנאה לנמצא בסכנה, הרי שבאמת קשה לשרטט את גבולות חובה זו - אנו צריכים תמיד לעשות מאמצים בלתי נלאים על מנת לעזור לאנשים.[99] כאמור, הדין העכשווי במדינות האנגלו-סכסיות מטיל חובת הצלה רק כשקיימת זיקה בין הנמצא בסכנה לבין המציל. זיקה זו יכולה להתבסס על קשרי משפחה, קשר חוזי (רב חובל לנוסעים, למשל), זיקת מקצוע (מציל בבריכה, למשל), קשר בין מזיק לבין ניזוק. בהיעדר זיקה זו, לא

---

97 בלשונו של ישעיה ברלין: "החירות השלילית".

98 לבעיית סיבתיות זו ר׳: H.L.A. Hart & A.M. Honore, *Causation In The Law*, Oxford 1985; R. Epstein, "A theory of strict liability", 2, *Journal Of Legal Studies*, 1973, p. 151.

99 לעניין זה ר׳ שאלה שהגיעה ל**מהרש"ם** לגבי עני שאין לו כסף שנסתפק אם צריך להציל את חברו מסכנת נפשות על ידי כספו. המהרש"ם דן בסוגיה מנקודת המבט של "ואהבת לרעך כמוך". טענתו היא שאם אתה צריך לאהוב את חברך כנפשך, הרי שזה מחייב אותך להוציא כל סכום שהיית מוציא על מנת להציל את עצמך כדי להציל את חברך. כיוון שהיית מוציא את כל כספך על מנת להציל את עצמך, אתה חייב להציל את חברך, ואפילו להכניס את עצמך בספק סכנה על מנת להצילו. ר׳ הראיות שהוא מביא שם – שו"ת **מהרש"ם**, חלק ה׳, סימן נ"ד, ד"ה "כדבר מה".

מטיל הדין חובה להציל. הדין הישראלי שלפני חוק ״לא תעמוד על דם רעך״ מטיל חובת הצלה כללית במקרה אחד: נהג הנוהג בדרך ורואה פצוע - חייב לעצור ולהושיט לו עזרה.[100] חובה זו חלה **רק** על נהגים הנוסעים בכביש ולא על כל אדם שעובר בדרך. לבד מחובת הצלה כללית זו, תוטל חובת הצלה רק בגין זיקה ברורה בין האדם הנמצא בסכנה לבין המציל. לבסוף, יש כאלה הטוענים כי חוק כזה לא ירתיע אנשים מלהיות אדישים כלפי אנשים בצרה. מעבר לשאלה העובדתית, עומדת שאלה נורמטיבית: הלגיטימיות של אכיפת המוסר על ידי החוק. את גבולותיו של הוויכוח בגדרה של שאלה זו, קבעו במידה רבה הלורד דבלין והארט.[101]

אנו רואים שהסיבות שעולות לכך שהחוק לא יחייב סיוע לזולת נגזרות מתפיסה ליברלית שלא מוכנה לראות בחוק גורם מחנך, ואינה מוכנה לערבוב בינו לבין המוסר. נורמה כזו היא היא חינוכית בעליל, ולכן אין לכלול אותה בחוק. יתר על כן, ניתן לראות בנורמה האקטיביסטית הזו סוג של מצוות עשה, שכן היא חותרת למצב רצוי (עזרה לזולת), ולא למנוע מצב לא רצוי, ומעצם היותה כזו אין מקומה בספר החוקים. ראינו למעלה שהנימוק הוא גם בכך שנורמות עשה מגבילות יותר את החופש של האדם מאשר נורמות לא-תעשה. אמנם סביר שכאן הכוונה היא למישור הביצועי, ולא לזה הנורמטיבי.

---

[100] ר׳ תקנה 146 לתקנות התעבורה, התשכ״א – 1961. כותרת התקנה היא ״**חובת עזרה מצד נוהגי כלי רכב**״, ולשונה: ״(א) נוהג רכב העובר במקום תאונת דרכים שבו נמצא נפגע, ייעצר ולא ימשיך בנסיעתו עד שעשה כל שביכולתו כדי להגיש כל עזרה הדרושה לנפגע או כדי לבוא לעזרתו בהתאם לתקנה 144 (א)(2)״.

[101] בשנת 1954 מונתה באנגליה ועדת וולפנדן על מנת לבדוק את המצב המשפטי לגבי עברות של זנות והומוסקסואליות. בשנת 1957 היא המליצה לבטל את האיסור הפלילי על הומוסקסואליות בין בוגרים מסכימים ברשות הפרט. הלורד דבלין יצא נחרצות נגד קביעה זו. הוא טען כי לחברה קיימת תמיד זכות להגביל את חירות הפרט של אזרחיה על מנת לאכוף את המוסר הנוהג (הלורד דבלין הגדיר את ״המוסר הנוהג״ כערכים וכהשקפות אשר בידי האדם הסביר). היא לא חייבת לעשות זאת, אך היא יכולה לעשות זאת על מנת למנוע התפוררות של החברה מבפנים, כאשר השלד המוסרי שלה מתפרק. פרופ׳ הארט התנגד לטענתו של דבלין. אמנם, גם הוא סבר שיכולה להיות סיטואציה של אכיפת מוסר בידי החברה, אך הוא טען כי חירות הפרט מצדיקה שהגבלתה תיעשה תמיד מנימוקים טובים. רק כאשר נגרם נזק לחברה היא יכולה להגביל את חירות אזרחיה, ופגיעה ברגשות הציבור איננה, לדעת הארט, נזק. ר׳ הל״א הארט, **חוק, חירות ומוסר**, תל-אביב 1981, עמ׳ 34. ר׳ גם ר׳ גביזון, ״אכיפת המוסר ומעמדו של עקרון החירות״, **עיון**, כ״ז (תשל״ז), עמ׳ 274, והמובאות הרבות שם.

אדם שמזיק לחברו ראוי לענוש אותו, אבל אדם שאינו אשם במצב שנוצר, אם הוא לא מסייע להיחלץ ממנו – הוא ראוי לכל היותר לגינוי חברתי-מוסרי, אבל לא להטלת סנקציה עונשית, כלומר לא לטיפול בספירה המשפטית.

מעניין לראות את דברי ח״כ יוסי ביילין בדיון על חוק ״לא תעמוד על דם רעך״ בוועדת החוקה של הכנסת, שאמר:

> ***אנחנו נגד כל החוק הזה מעיקרו. אין פה מלה אחת שאני יכול להסכים אתה. אני חושב שהפיכת הדבר הזה לחוק היא טעות ממדרגה ראשונה. החוק הבא יהיה ״ואהבת לרעך כמוך״. לכן אתנגד כאן לכל דבר.***

רואים את בסיס ההתנגדות שלו לחוק המוצע. הוא מתנגד להכנסת ערכים פוזיטיביים, חיוביים ככל שיהיו, לספר החוקים. אלו הם ביטויים כמעט מפורשים להתנגדות להכללת מצוות עשה בספר החוקים.

קיים דיון דומה לגבי אי מניעת פשע. חוקים מסוג זה נפוצים יותר בישראל, וגם במערכות המשפט האנגלו-סכסיות, אך גם הם מהווים בדרך כלל ׳אות מתה׳ בספר החוקים. יש רתיעה מאכיפה שלהם, כנראה מסיבות דומות.

בשורה התחתונה, נראה כי חוק ״לא תעמוד על דם רעך״, גם הוא אינו מצוות עשה במובן המלא. יש כאן חובת עשייה אקטיבית, וככזו היא עוררה התנגדויות רבות מכמה סיבות. אך אין לראות בו מצוות עשה (ובפרט שגם בהלכה, שמשמשת מקור השראה לחוק, זו אינה מוגדרת כמצוות עשה). אמנם חלק מהנימוקים שהועלו כנגד החוק הספציפי הזה, עשויים להסביר לנו גם את התופעה הכללית של היעדרות מצוות עשה מהמשפט הכללי. הדיון הזה רק מחזק את מסקנתנו הקודמת, לפיה בארגז הכלים של מערכת המשפט לא קיימות מצוות העשה.

המשפט המינהלי: האם מקרה חריג?

חריג מעניין לנושא זה ניתן למצוא במשפט המינהלי. מתברר שישנו סקטור שלם בעולם המשפט שבו ישנן חובות שנראות כחובות עשה, ובאמת אנו גם לא מוצאים סנקציות של ממש על מי שעובר עליהן.

המשפט המינהלי מסדיר את פעולתן וסמכויותיהן של רשויות המדינה השונות. הוא קובע חובות שונות שחלות על מוסדות שלטוניים ביחסים כלפי האזרח. הוא קובע את חובת המכרז, חופש המידע, צורות מינוי, קבלת החלטות מינהליות שונות וכדו׳.

רשויות השלטון מצויות במצב שונה מזה של האזרח הרגיל. אחד ההבדלים המרכזיים שבין האדם הפרטי לבין גוף מנהלי או שלטוני הוא הדרישה לקיומו של ׳עקרון החוקיות׳. בניגוד לבני אדם, אשר ביחס להם העקרון הוא כי ״כל שלא אסור - מותר״, הרי שביחס לגופי המינהל, העיקרון הוא הפוך - כלומר ״כל שלא מותר במפורש בחוק - אסור״. לכן, כל פעולה מנהלית דורשת ראשית לכל סמכות מפורשת בחוק לעשייתה.

מה קורה כאשר רשות מינהלית חורגת מסמכותה זו? במקרה כזה היא פעלה שלא בסמכות, והמעשה אותו עשתה בטל. פרופ׳ ברוך ברכה, בספרו **המשפט המינהלי**, קובע:

> ***רשות מנהלית נהנית אך מאותן סמכויות שהוענקו לה מכוח דין. ללא הוראת הסמכה בת-תוקף אין בכוחה של הרשות לפעול. הדין הוא אביה מולידה של זו, ואין לה אלא מה שהראשון קצב לה. התיימרה הרשות לחרוג מהתחום המוקצב, יוצאת היא מתחום הכרתו של הדין, ומבחינה של זה מעשיה כמוהם כלא היו.***

אך בדבריו ניתן לראות נקודה נוספת. למרבה הפלא, על אף שכפי שראינו הדרישות מהרשות הן גבוהות יותר מאשר מהאזרח הרגיל וסמכויותיה מצומצמות אך ורק למה שהחוק קובע, הסנקציה שמוטלת עליה היא חלשה יותר, ובאופן מהותי בעצם היא כלל לא קיימת. היה ועברה רשות מינהלית כלשהי על עקרון החוקיות, לא מוטלת עליה שום סנקציה, למעט ביטול הפעולה הלא חוקית שנעשתה על ידה. במקרים נדירים נוקטים צעדים כנגד הרשות (כגון פיצוי למי שהו נשפגע), או כנגד האדם שביצע את הפעולה (חבות אישית). אלו הם מקרים נדירים, והחוק ממעט לעשות בהם שימוש. ברוב המקרים הסנקציה היחידה היא ביטול הפעולה שנעשתה שלא בסמכות, ותו לא.

ניתן להרחיק לכת עוד יותר, שכן פרופ' יצחק זמיר, בספרו **הסמכות מינהלית**, עמ' 829-830, כותב:

> *...יש שהפרה של חובת השימוע תוביל למסקנה שההחלטה המנהלית בטלה מעיקרה, יש שהיא תוביל למסקנה כי החלטה נפסדת, ויש שביהמ"ש יפסוק שלמרות ההפרה ההחלטה כשרה ותקפה. מסתבר שנפקות ההפרה תלויה בנסיבות המקרה*

כלומר אפילו בטלות הפעולה שנעשתה שלא בסמכות אינה תוצאה הכרחית של הקביעה שאכן פעלו כאן שלא בסמכות.

כמובן, כאשר פעולה מינהלית כלשהי חורגת באופן בוטה יותר מהנוהל, אנחנו עלולים להגיע לספירה הפלילית, ואז מוטלת סנקציה על מי שביצע את הפעולה הזו. כאן עניינו אך ורק בחריגות מסמכות שאינן גולשות למישור הפלילי, אלא נותרות במישור המינהלי.

'הימור לרווח בלבד'

בסעיף זה ברצוננו לדון בבעייה צדדית לכאורה, שעשויה להאיר באור נוסף את הדיון שלנו.

מצב כמו זה שתיארנו, יוצר מציאות של 'הימור לרווח בלבד'. לדוגמא, ראש רשות מקומית רוצה לתת עבודה כלשהי למקורבו שהוא קבלן בתחום הרלוונטי. אותו קבלן לא עומד בקריטריונים של מכרז, באם ייצא כזה, ולכן ראש הרשות רוצה למנות אותו ללא מכרז. לחילופין, ראש רשות מקומית לא רוצה לתת מידע לאזרח שדורש אותו. על פי חוק חופש המידע, הוא חייב לתת לו את המידע במחיר עלות סביר, אבל יש לו עניין להכביד עליו (לא לתת לו את המידע, או להשית עליו עלות בלתי סבירה בכדי שיוותר על דרישתו לקבל אותו, או למנוע בקשות דומות בעתיד).

בשני המקרים הללו, ראש הרשות שוקל האם לבצע פעולה שלא בסמכות, כלומר נגד החוק המינהלי. מתברר שבשני המקרים הללו ודומיהם אין לו כל סיבה להימנע מפעולה כזו, ולכן אין סיבה שהוא יחליט שלא לעשות זאת. נסביר זאת יותר. אם אותו ראש רשות שוקל מה צפוי לו באם יעשה את

הפעולה הזו? לאיזו צרה הוא עלול להיקלע? אם נעשתה פעולה כזו, אזי אם יימצא אזרח שיתעקש, ייקח עו״ד, יאסוף חומר (אם יתנו לו את החומר הדרוש מהרשות, במחיר שאינו מופקע), ימצא ראיות, יגיש תביעה משפטית, ויחכה כמה שנים עד שהתביעה תתברר, אולי בסוף הוא יזכה בתביעתו. מה קורה במצב כזה? לכל היותר הוא יכול לצפות לכך שבית המשפט יבטל את הפעולה הספציפית הזו, ותו לא. כאמור, ברוב מוחלט של המקרים אין שום סנקציה על הגורם השלטוני שביצע את הפעולה הזו, גם אם התברר שהיא נעשתה שלא כדין ושלא בסמכות.

אם כן, הגורם השלטוני שביצע את הפעולה הזו אינו נוטל על עצמו כמעט שום סיכון בעשייתה. לכל היותר הפעולה תיכשל, אבל שווה לפחות לנסות. לכן ניתן לומר שזהו ׳הימור לרווח בלבד׳. נחשוב כעת על מצב בו אותה רשות שלטונית מבצעת באופן סדרתי עשרות ומאות פעולות שלא בסמכות, הרי תוחלת הרווח שלה היא לעולם חיובית. כמה מהפעולות הללו תגענה לידיעת אזרחים שאיכפת להם? כמה אזרחים שישמעו על פעולה כזו ינקטו צעדים, יוציאו ממון לא מבוטל, יאספו מידע, ימצאו ראיות, ולבסוף גם ימתינו בסבלנות עד תום ההליכים המשפטיים? כמה הליכים כאלה יסתיימו בעת הקדנציה הרלוונטית, ויסתיימו בפסיקה לטובת האזרח? את כל זאת על האזרחים לעשות באופן וולונטרי על חשבון כספם וזמנם, כדי שלבסוף, אם אכן הם יימצאו צודקים ויצליחו להוכיח את היעדר הסמכות, בית המשפט יבטל את הפעולה הספציפית הזו, ובכך יחזיר את המערכת לנקודת המוצא, ותו לא מידי (כלומר בלי סנקציה כלשהי על הרשות, או על בני האדם שפעלו במקרה זה מטעמה). השלטון לא הפסיד מאומה. הוא מנסה, ולכל היותר הניסיון ייכשל. גם אם ניסיון אחד כשל, עשרות ניסיונות אחרים ודאי יצליחו. זהו שיקול סטטיסטי שמורה לנו שהחוק המינהלי הוא חסר שיניים, ובעצם מהווה פירצה שקוראת לגנב. לא פלא שבמקרים רבים ה׳גנב׳ אכן מגיע. מערכת משפטית כזו בעצם קוראת במובלע לרשויות השלטוניות לעבור על ציווייה.

הסברים אפשריים למצב התמוה הזה

מדוע באמת החוק המינהלי בנוי באופן כזה? הרי זהו מבנה אבסורדי, שכן יש כאן חוקים ללא סנקציה ממשית. הכלל המשפטי הרגיל הוא שאין חוק ללא סנקציה בצדו. והנה כאן, ה'סנקציה' אינה אלא ביטול הפעולה, וכפי שראינו במישור המהותי זו אינה סנקציה כלל ועיקר.

ישנם הסברים שונים למצב הזה. לדוגמא, יש שמציעים לראות במאפיין הזה של החוק המינהלי אות לרשות שבמקרים מסויימים המחוקק מוכן לקבל מעבר על עקרון החוקיות. בגלל מציאות החיים המורכבת, והמשימה הלא פשוטה של ניהול ציבורי, יש לפעמים מקום לחריגות מהחוק היבש, לפחות כאשר הן נעשות למען מטרות ראויות ובמצבים שבהם לא היה מוצא טוב יותר לטובת האזרחים. אך דומה כי הסבר זה אינו מספק, שכן כפי שראינו אין ענישה ממשית גם במקרים בהם ברור שהמעשה לא נעשה בנסיבות ומהמניעים הללו.

הסבר אחר לאופי הזה של החוק המינהלי הוא שענישה של הרשות היא בעצם ענישה של האזרחים, שכן העונש שמוטל על הרשות (בדרך כלל קנס כספי, או מניעת מענקים וכדו') ישולם ויבוא על חשבון הקופה הציבורית. כך האזרחים סובלים פעמיים, פעם אחת מהפעולה שנעשתה נגד האינטרס הציבורי, ופעם שנייה כאשר קופתם מידלדלת. הסבר אחר תולה את הדברים בכך שלציבור יש אפשרות להעניש את ראש הרשות על מעשיו בבחירות. אך גם זה הסבר בעייתי, שכן לא תמיד מדובר בנבחר (לפעמים זהו פקיד). יתר על כן, מצב כזה גורם לכך שאי התקינות של הפעולות הללו כלל לא תיחשף לעין הציבור, והוא לא יידע להתייחס אליהן בבואו להצביע. ושלישית, סוף סוף יש כאן פעולה לא חוקית, ולא ייתכן שהמחוקק עצמו לא מעניש את מי שעושה אותה, אלא בונה על סנקציה ציבורית מכללא, שספק אם בכלל היא תבוא.

אפשרות נוספת היא להסביר שמדובר בעבירות שקשה מאד לאבחן אותן, ובוודאי את הכוונה הפלילית שמאחוריהן. כאשר החוק מחייב התייחסות נאותה, תום לב, התייעצות עם גורם זה או אחר, שיקולים ענייניים וכדו', תמיד ניתן להתווכח האם אכן היו כאן כל המאפיינים הללו או לא. קשה

לקבוע חד משמעית שנעברה כאן עבירה, ובודאי לקבוע שהיתה כאן כוונה לעבירה.

החוק המינהלי כאוסף של מצוות עשה

אם אכן קשה לאבחן עבירות כאלה, וממילא לאכוף את החוקים הללו, אז מדוע באמת המחוקק מוצא לנכון לחוקק אותם? ייתכן שזה מחזיר אותנו שוב לשאלת מצוות העשה במערכות משפטיות.

כפי שציינו, בדרך כלל החוק אינו מוכן לקבוע נורמות ללא סנקציה בצידן, שכן הוא אינו מעוניין ליצור מצבים של 'הימור לרווח בלבד'. אך זה נאמר ביחס למצוות לא-תעשה. מניעת מצבים שליליים דורשת ענישה על מי שמצוי במצב שלילי, או עושה פעולה שלילית. אך במקרה של המשפט המינהלי עולה האפשרות לראות בחוקים הללו סוג של מצוות עשה, כעין הצהרות על מהו מצב מינהלי רצוי וראוי. כאן החוק רק מצביע על מצב רצוי בעיניו, מצהיר הצהרת ראויות, ולכן ההתייחסות לחוקים אלו היא כאל מצוות עשה. ומכאן ברור מדוע לא מוטלת סנקציה על מי שעובר עליהם.

אמנם היה מקום לקבוע גמול חיובי לרשות שכן פועלת על פי עקרון החוקיות, כפי שאנו מוצאים על מצוות עשה בהלכה. זה אמנם לא תחליף לסנקציית ענישה, אך מכיון שבהקשרים אלו בין כה וכה אין סנקציה כזו, הרי שהגמול החיובי הוא פתרון טוב יותר לשפר את הציות לעקרון החוקיות של רשויות שלטוניות. משום מה, המחוקק בוחר שלא לעשות זאת.

מסקנתנו היא שייתכן כי באופן אינטואיטיבי המערכת המשפטית מבינה שהחובות שמוטלות על הרשות במסגרת המשפט המינהלי הן חובות עשה, ולא מצוות לא-תעשה. הגורם השלטוני אמור לפעול על פי החוק, אך לא נאסרו עליו באופן ישיר פעולות שלא במסגרת החוק. הן בטלות מפני שהן אינן חוקיות, אך אף אחד לא נותן את הדין על עשייתן. החוקים המינהליים מצביעים על מצב רצוי ולא מזהירים מפני מצב לא רצוי, ולכן הם בגדר מצוות עשה. רק כאשר ישנה חריגה משמעותית אנחנו רואים זאת כעבירה פלילית, ואז גם מוטלת סנקציה.

נעיר כי ישנן חובות במסגרת המשפט המינהלי שנראות בעליל כמצוות עשה. לדוגמא, בפס״ד של בית הדין לעבודה נקבע לגבי זכות הטיעון של עובד שעומד להיות מפוטר:[102]

> *עיקרו של דבר בחובתו של המעביד ליתן דעתו לטיעוניו של העובד ולשמוע אותם בלא פניות, בלב נקי ובנפש חפצה, קודם שתיפול ההחלטה הסופית העשויה, לא אחת, להיות בלתי הדירה ומכרעת לגביו״.*

כלומר המעביד אמור לשמוע את טיעוני העובד ״בלב נקי ובנפש חפצה״. לכאורה ניתן היה לומר שזוהי רק עילה לבטלות הפעולה (הפיטורין, במקרה זה), ולא מצוות עשה של ממש. ועדיין יש לזכור שאין כל סנקציה על מי שלא עשה זאת, למעט ביטולה של הפעולה שנעשתה שלא על פי הכללים הללו (כללי הצדק הטבעי). לפחות במובן הזה יש כאן סוג של מצוות עשה, כמו שראינו לגבי המשפט המינהלי כולו.

דוגמאות דומות נוספות הן חובות כמו תום לב, חובות התייעצות, חובת מכרזים, וכדו׳. כל אלו הן חובות שמורות לפקיד או לממונה כיצד להתנהל, אך אין סנקציה בצידן. גם עצם תוכנן של החובות הללו נראה כמצביע על גדר דומה למצוות עשה, שכן מדובר בשאיפה לצורות ביצוע נקיות יותר, כעין חובות מוסריות, ולא במניעת מצב שלילי שיוגדר כעבירת לא-תעשה.

יתר על כן, קשה מאד להגדיר ולקבוע שאכן נעברה כאן עבירה. לקבוע שהשיקולים נעשו שלא בתום לב, או שלא מולאה חובת ההתייעצות. ובכלל, כשמוטלת חובת התייעצות, הגורם הממנה יכול תמיד להתייעץ עם הגורם המייעץ, ואחר כך לעשות מה שהוא רוצה ולומר שהחליט לא לקבל את העצה. קשה מאד יהיה לקבוע שהוא לא פעל בתום לב וממניעים זרים. אם כן, מדוע החוק בכלל קובע חובה כזו? לפי דרכנו, ייתכן שמדובר כאן במצוות עשה, כלומר בחוק שהוא כמעט הצהרתי בלבד, שמטרתו להצביע על מצב רצוי ולא

---

[102] ע״ע 1027/01 **ד״ר יוסי גוטרמן נ׳ המכללה האקדמית עמק יזרעאל**, ניתן ביום 7.1.2003. ראה גם ע״ע 300253/96 המועצה הדתית נתיבות - הרב בנימין כהן, ניתן ביום 20.7.05, ועוד הרבה.

להזהיר מפני מצב שאינו רצוי. זוהי בדיוק ההגדרה אותה הצענו למצוות עשה. מכאן גם ניתן להבין מדוע לא עונשים על עבירות אלו, כמו שההלכה אינה מטילה עונש על מי שביטל מצוות עשה.

ישנם מקרים נוספים, שנראים באופן מובהק כמצוות עשה. לדוגמא, בפסיקה של השנים האחרונות בישראל חלה מגמה שבה 'חופש' בתחומים מסוימים משתדרג לכדי זכות. מתברר שעל פי הפסיקה, חופש העיסוק, למשל, מחייב לפעמים מעשה אקטיבי מצד השלטון. בהלכת כ.א.ל. קבע בית המשפט העליון כי אי-סבסוד של חברת התעופה כ.א.ל. גורם לה לא להיות מסוגלת להוריד מחירים, ולמשוך צרכנים. בכך, היעדר הסבסוד פוגע בחופש העיסוק שלה, ולכן המדינה חייבת לסבסד אותה. אם כן, יצאנו מחופש של גורם אחד, והגענו לחובת עשה שמוטלת על גורם אחר. חובה כזו של הממשלה, כמו חובות סבסוד אחרות, נראית כמו מצוות עשה. ובפרט שכמו בכל המשפט המינהלי אין בצידה סנקציה על מי שאינו ממלא אותה. לשאלת היחס בין חובה לזכות ניזקק בהמשך דברינו.

למעלה הצבענו על סתירה לכאורה, שכן החובות שמוטלות על המינהל הן בסטנדרט גבוה יותר, אך בו-בזמן הסנקציה על הפרתן היא חלשה יותר. כעת גם סתירה זו לא צריכה להפתיע אותנו. כבר הבאנו בחלק השני את דברי הרמב״ן בפירושו לספר שמות, שיש יחס הפוך בין חשיבות המצוות לבין הסנקציה שמוטלת עליה. ככל שהדרישה היא בסטנדרט גבוה יותר, כך הסנקציה שמוטלת על הפרתה היא חלשה יותר. לכן מצוות עשה, שהיא עשייה בעל חשיבות רבה יותר מאשר הימנעות מעבירת לאו, לא מלווה בסנקציה (לפחות בבי״ד של מטה).

ובכל זאת בעייתיות

עבירה של ביטול עשה היא עבירה בעייתית, שכן אין בצידה עונש. מה יהיה התמריץ לאזרח לקיים אותה? בעולם ההלכה, יש מי שנותן גיבוי שמסייע למנוע עבירות של ביטול עשה. על אף שמי שביטל עשה אינו נענש בבי״ד של מטה, מובטח לו, לאותו עבריין, שבעולם הבא המצב יאוזן, והוא יבוא על

עונשו. רקע מטפיסי כזה מהווה הרתעה ותגמול הולם כנגד עבריינות מהסוג של ביטול עשה. לעומת זאת, בהקשר המשפטי אין לנו גורם מטפיסי כזה, ולכן לא פלא שמערכות משפטיות נוטות שלא לקבוע חובות עשה. מסיבה זו רוב ככל המשפטנים יאמרו שאין בחוק חובות עשה שדומות למצוות העשה ההלכתיות. כאן ראינו שבכל זאת ניתן אולי למצוא איים משפטיים של חובות עשה, כדוגמת המשפט המינהלי, או לפחות חלקים ממנו.

שאלת הרף האובייקטיבי בין החיובי לשלילי

ראינו למעלה שמערכות משפטיות אינן נוטות להשתמש בכלי של מצוות עשה, ובוודאי בחוקים ללא סנקציה בצידם, ואף הצענו ארבעה הסברים אפשריים לכך. באפשרות ד שם, הזכרנו את הבעייתיות המובנית בעצם ההבחנה התיאורטית שלנו בין לאו לעשה, כביטוי להבחנה בין מצבים רצויים, או חיוביים, לבין מצבים שאינם רצויים, כלומר שליליים. נקדים ונאמר שכאשר אנחנו מדברים כאן על 'מצבים', הדבר אמור גם על פעולות. לפעמים התורה מצווה עלינו לבצע פעולה כלשהי, ולפעמים היא מצווה להימצא במצב כלשהו. מבחינתנו שני ההקשרים הללו מכונים 'מצב חיובי'. במקרים אלו התורה מצביעה על מה שהיא כן רוצה. לעומת זאת, בלאו היא מצביעה על מה שהיא לא רוצה, מצב או פעולה. בהמשך דברינו לא נבחין בין שני ההקשרים הללו, ונדבר על מצבים חיוביים ושליליים, כאשר הכוונה היא גם לפעולות חיוביות או שליליות.

ראשית, ברמה הלוגית נראה לכאורה שכל ציווי על מצב רצוי גם מזהיר מכללא מפני מצב שאינו רצוי. כשאני אומר שיש איסור לרצוח אמרתי בזה שיש חובה שלא לרצוח. בשאלה זו טיפלנו בחלק השני, וראינו שם שהדבר נוגע ללוגיקה אינטואיציוניסטית שמונחת בבסיס התפיסה ההלכתית (דיברנו שם על ההבחנה בין 'מקלי' ל'גזרי'). עמדנו גם על הבחנות מעשיות שנגזרות מכך, שמצביעות על העובדה שהזהות הזו אינה הכרחית. לא נחזור לכל זה כאן.

כאן נבחן את ההבחנה הזו מזווית שונה. ראינו בסוף הפרק החמישי שהבחנה הקטגורית בין לאו לעשה מניחה את קיומו של רף נורמטיבי שמבחין בין מצב חיובי לבין מצב שלילי. כאשר התורה רוצה לאסור מצב שלילי היא משתמשת בכלי של מצוות לא-תעשה, או איסור. וכשהיא רוצה לצוות על מצב חיובי היא משתמשת בכלי של מצוות עשה. בסוף הפרק החמישי, ראינו בדברי המהר״ל שמצוות העשה עניינן הוא הוצאה של השלימות של האדם מהכוח אל הפועל. מצוות לא-תעשה הן איסורים על הידרדרות לעומת המצב הנורמטיבי הסביר. אבל מצוות עשה הן שיפורו של המצב הסביר עצמו (ולא רק שמירה עליו).

לאור דברינו כאן היה מקום להסביר את ההבחנה בין ההלכה לחוק כך: החוק אולי מוכן להכיר בקיומו של רף נורמטיבי אובייקטיבי, אך הוא אינו רואה את תפקידו כתביעה להתעלות אל מעבר לו. החוק אמור למנוע הידרדרות למצב שלילי, או פגיעה בסדר הקיים, ולא לוודא התעלות אל מעבר לו. את זה יכולה לתבוע מערכת דתית אך לא מערכת משפטית.

אך כאן ברצוננו לבחון שאלה יסודית יותר. מהו הקריטריון שמבחין בין שני סוגי המצבים הללו? מה קובע את רף הנורמטיבי הזה? חשוב להבין שהשאלה הזו אינה עוסקת בנו. לנו יש קריטריון ברור: נוסח הציווי של התורה, וההגדרה הקטגוריאלית של המצווה (כעשה או כלאו) שנגזרת ממנו, מגדירים לנו היטב ובאופן חד משמעי מתי מדובר באזהרה מפני מצב שלילי ומתי במצווה על הימצאות במצב חיובי. השאלה בה אנחנו עוסקים כאן היא ביחס לתורה עצמה. מה פירוש מצב חיובי או שלילי? כיצד התורה עצמה מחליטה מתי להתייחס לציווי כלשהו כאזהרה מפני מצב שלילי ולכתוב אותו כלאו, ומתי להתייחס אליו הציווי להגיע למצב חיובי, ולכתוב אותו כמצוות עשה? ובעצם, מהו בכלל ההבדל בין שני סוגי המצבים/פעולות הללו? האם ניתן להגדיר באופן חד הבחנה בין הימצאות במצב חיובי לבין הימנעות ממצב שלילי. בשורה התחתונה אנחנו מצווים לשפר את המצב ולא לדרדר אותו, כלומר להיות במגמה מעלה.

כדי להבין את הקושי, עלינו לעמוד על נקודה נוספת. לא מדובר כאן על מצב שנבחן בכלים סטטיסטיים. כלומר ניתן היה לקחת את האדם הסביר כמדד לאותו רף שמבחין בין החיובי לשלילי. הטבה ביחס למצבו של האדם הסביר היא מצב חיובי (והחובה לעשות זאת היא מצוות עשה), והרעה ביחס למצבו של האדם הסביר היא מצב שלילי (והחובה שלא לעשות זאת היא לאו).

אבל ציוויי התורה אינם בנויים על רקע סטטיסטי, ולא משתנים לפי שינויי הנסיבות. מדובר על אדם סביר במובן הנורמטיבי שאותו מגדירה התורה. כלומר ישנו איזשהו אדם סביר תיאורטי, שהוא הראוי להיקרא 'סביר' בעיני התורה (במינוח מבודח יש המכנים זאת "סביר לפי מידת נעליו של הצ'נסלור"). בית המשפט סופג ביקורות רבות ביחס לשאלה כיצד ניתן להגדיר את האדם הסביר (מלבד התבוננות המראה), אך דומה כי רוב ככל המשפטנים מסכימים שהאדם הסביר אינו נקבע על פי מדד סטטיסטי (כלומר לפי מדדים עובדתיים: מהו האדם הממוצע ברחוב). אדם סביר פירושו שאדם שנוהג על פי נורמות סבירות מבחינה משפטית או אתית, גם אם הוא דמות נדירה למדיי במחוזותינו.[103]

---

[103] דוגמא בולטת מאד, עד כדי קונטרוברסליות, לנקודה זו, מצויה בכמה פסקי דין בהם מגיעים למסקנה שאפילו תגובה אינסטינקטיבית יכולה להיחשב כבלתי סבירה. ניתן לומר כי זהו אינסטינקט בלתי סביר של האדם הסביר. נביא כאן ציטוט מ**ויקיפדיה** בערך 'האדם הסביר' (ראה שם את המקורות):

> ***כשפונים למקרים בהם מוטלת אחריות פלילית על בסיס רשלנות משתנה לחלוטין דמותו של האדם הסביר- תכונותיו מוכתבות ע"פ הסטנדרטים שבית המשפט רוצה לאכוף- דוגמה לכך היא אדם שהשאיר מקרר נטוש בחצרו אשר גרם לשתי פעוטות לקפח את חייהן הואשם בגרימת מוות ברשלנות על אף ש"שורה ארוכה של אנשים ונשים סבירים ושומרי חוק לא היה צופה מראש שילדים ישחקו במקרר נטוש וימצאו את מותם". ואכן לאחר פסיקת בית המשפט חוקק חוק האוסר על נטישת מקרר בלא לעקור את דלתו. דוגמה זו מראה בבירור שבית המשפט הכתיב סטנדרט שמייצג לדעתו את האדם הסביר ולאחר מכן סטנדרט זה אכן חוקק.***
>
> ***פסק דין נוסף (העוסק בדין האזרחי, להבדיל מהמשפט הפלילי ממנו נתנו הדוגמאות עד כה) הוא פסק דין בו עסק בית המשפט העליון בערעור על תביעת פיצויים שהגישה נוסעת ברכב נגד נהג הרכב מכיוון שבעת הנהיגה נתקל הנהג בכלב שירד לפתע לכביש ובכדי למנוע פגיעה בכלב- הסיט הנתבע את מכונית ועלה על אי תנועה וכתוצאה מכך נפגעה התובעת. בית המשפט קבע כי הסתת המכונית היא "פעולה אינסטנקטיבית" אך למרות זאת פסק כי הנתבע היה רשלן משום ש"גם בתנאי דחק חייב נהג לפעול באותו אופן בו שבו נהג סביר היה נוהג במקומו... יש ותגובה אינסטנקטיבית היא סבירה בנסיבות המקרה, ויש ותגובה***

אם כן, כיצד אנחנו קובעים מיהו האדם הסביר? ולענייננו, כיצד ניתן לקבוע את הרף הנייטרלי של המצב הסביר, שביחס אליו נמדדים כל המצבים האחרים (מעליו אלו מצבים חיוביים ומתחתיו אלו מצבים שליליים)? האם יש מדד אובייקטיבי כזה שאינו מבוסס על סטטיסטיקה של המצב בפועל?

יש מקום לסברא שמערכות משפטיות אינן מקבלות את ההבחנה בין לאו לעשה בגלל שלדעתן אין רף אובייקטיבי כזה. מכלול המצבים הוא רצף כלשהו, שהולך מערכים נמוכים לגבוהים. בין כל שני מצבים ניתן אולי להשוות, ולקבוע מיהו הטוב יותר ומי פחות טוב. אך לא ניתן לקבוע הבחנה קטגורית בין מצבים חיוביים ושליליים, ולכן אין מקום להבחנה נורמטיבית קטגורית בין לאוין לעשין.

מכאן, שכל מצווה, עשה או לאו, מתפרשת כהוראת העדפה של מצב אחד על פני היפוכו. לדוגמא, המצווה לא לרצוח מורה לנו שכשאדם נרצח זהו מצב פחות טוב ממצב בו הוא לא נרצח, ומצווה עלינו להימצא במצב המועדף. אך גם המצווה לתת צדקה אינה אלא קביעה שהמצב בו ניתנת צדקה עדיף על מצב בו היא לא ניתנת, והוראה להימצא במצב העדיף.

בתמונה זו כל מצווה היא השוואה בין מצב עדיף לבין מצב שהוא רצוי פחות, ואין כאן הבדל מהותי בין לאו לעשה. הבחנה קטגורית בין לאוין לעשין מניחה את קיומו של רף אובייקטיבי, שמאפשר לנו למדוד את ערכו של מצב בודד, ולא רק להשוות בין שני מצבים שונים. כאשר מודדים מצב בודד ביחס לרף הזה, אזי אם ערכו גבוה ממנו הוא מוגדר כמצב חיובי, ואם ערכו נמוך מזה של הרף הוא מוגדר כמצב שלילי. כלומר הבחנה קטגורית בין לאו לעשה דורשת את קיומו של רף ניטרליות אובייקטיבי (מצב ה-0 בין החיובי לשלילי). כאן הצענו שמערכות משפטיות אינן מקבלות את ההבחנה בין לאו לעשה מפני שהן אינן מוכנות להכיר ברף נייטרלי אובייקטיבי שכזה.

אינסטקטיבית אינה סבירה בנסיבות המקרה". כלומר, ישנן תגובות שעל אף שהן אינסטקטביות אל לו לאדם הסביר לעשותן.

בעקבות הבעיתיות שבמושג זה צוטט נשיא בית המשפט העליון אהרון ברק כמי שחיווה פעם את דעתו ש"הגיע הזמן להרוג את האדם הסביר".

מאידך, אותה בעייה עצמה קיימת גם ביחס לאדם הסביר, ושם כל המערכות המשפטיות כן מרשות לעצמן לקבוע את דמותו ולהכריע בשאלות משפטיות שונות על פי קביעות אלו.

יתר על כן, דומה כי ישנה אינטואיציה אוניברסלית פשוטה שרציחה היא פעולה שלילית, ולא שאי רציחה היא פעולה חיובית. לעומת זאת, מתן צדקה היא פעולה חיובית, בעוד שאי מתן צדקה אינו בהכרח פעולה שלילית (בודאי כשאין לי כסף, או שנתתי למישהו אחר)[104]. אינטואיציות אלו מורות לנו על קיומו של רף ניטרליות אובייקטיבי (אם כי לא מגדירות אותו).

מכאן ניתן להסיק שהאיסור לרצוח הוא חובה גמורה, ומי שרוצח חייב בעונש. לעומת זאת, החובה לתת צדקה היא חובה שאינה גמורה, ולכן מי שאינו עושה אותה לא חייב בעונש, אבל מי שעושה אותה מגיע לו שכר (או הכרת תודה חברתית). זוהי ההבחנה בין לאו לעשה.

כאמור, האינטואיציות הללו קיימות גם מחוץ לחשיבה התורנית-הלכתית. הן מחביאות מאחוריהן את ההבחנה בין חובות בסיסיות, שמתחת להן אין לרדת, לבין חובות נעלות יותר, שאנחנו מוכנים לקבל גם את מי שלא מבצע אותן. במובן זה יש כאן בהחלט רף אובייקטיבי כלשהו, בדומה לאדם הסביר. מצב בו אדם לא רוצח ולא נותן צדקה הוא מצב של אדם סביר נורמטיבית, ולכן רציחה היא הידרדרות, כלומר לאו, ומתן צדקה הוא התעלות, כלומר מצוות עשה.

אמנם בדרך כלל אנחנו נוטים לחשוב שכל מה שאינו אלמנטרי כלל אינו חובה. ראינו דוגמאות לכך למעלה, כאשר עסקנו בהטבות מס למפעלים שמתמקמים בפריפריה. אין חובה לעשות זאת, והתמריצים הם גמול לעשיית מעשה שאינו מחוייב. אך מצוות עשה הן מצוות מחוייבות לכל דבר, ולכן מה שאנחנו מחפשים כאן הוא פעולות שהחוק מחייב לעשות, ובכל זאת הן לא אלמנטריות, ובמובן זה הן תהיינה מצוות עשה ולא לאוין.

---

[104] זהו המושג הקנטיאני של 'חובות לא מושלמות', שמי שעושה אותן הוא מוסרי, אבל מי שלא עושה אותן בנסיבות מסויימות (ולא תמיד) אינו בהכרח אדם בלתי מוסרי. אלו הן חובות שתלויות בנסיבות ובכוונות ובנמען, ולכן הן אינן מוחלטות. רבים קושרים את ההבחנה הקאנטיאנית הזו להבחנה בין חובות עשה ולא-תעשה, ועל כך נעיר להלן.

ההבחנה הזו מוליכה אותנו לדיון קצר על היחס המורכב בין זכויות לחובות.

על חובות וזכויות

על הנושא של היחס בין חובות לזכויות נכתבה ספרות יוריספרודנטית ואתית ענפה. כאן לא נוכל אפילו לגעת בו, אלא במידה שתידרש לנו כדי להציג את זווית מסויימת לגבי הנושא שלנו

הדיון היסודי בנושא של חובות וזכויות נערך על ידי הוגה משפטי אמריקאי בשם הופלד, שבנה טבלא של יחס בין זכויות לחובות. מו כל זכות יסודית ישנה חובה על הזולת. אם לראובן יש זכות, אזי לכל שאר האזרחים יש חובה שלא לפגוע בזכות הזו. היעדר זכות פירושו חופש. כאשר לראובן אין זכות, לשמעון יש חופש לעשות משהו שפוגע בו, שכן אין לראובן את הזכות שהדבר לא ייעשה. התמונה הזו מכונה בתורת המשפט 'טבלת הופלד'.

אם כן, החובות שלי כלפי הזולת נגזרות מזכויות שיש לזולת ביחס אליי.[105] ההנחה שלנו כאן היא שהמושג היסודי יותר הוא הזכות, והחובה היא נגזרת שלו. אם לראובן יש זכות אזי היא מקימה חובה על שמעון שלא לפגוע בזכות הזו של ראובן.

אם כן, אנחנו מבינים כיצד נוצרות החובות. הן תוצאה של זכויות של הזולת. אך כיצד נוצרות הזכויות? מה קובע שלראובן יש זכות כלשהי ביחס למישהו אחר? אם מדובר בזכות חוזית זוהי תוצאה של החוזה עצמו. אך אם מדובר בזכות טבעית או משפטית כללית, אזי השורש שלה הוא ההכרה של החברה בכך שלכל אדם עומדת זכות כזו.

כיצד החברה מחליטה אילו זכויות עומדות לכל אדם באשר הוא אדם, או לכל אזרח באשר הוא אזרח? ישנו רף שקובע שמכאן והלאה זוהי פגיעה יסודית בדמות האדם (יש שיאמרו צלם אלוקים), ואת זה החברה לא מוכנה לאפשר.

---

[105] או רק ביחס אליי, כתוצאה מחוזה בינינו (זה מכונה זכות in persona), או שהזכות היא גם ביחס לכל שאר העולם, שכן מדובר בזכות שנוצרה על ידי החוק או בזכות טבעית. לדוגמא, הזכות הקניינית שנוצרת על ידי פעולת הקנייה שמגדיר החוק, מחייבת את כל שאר העולם לא לפגוע בקנייניי. לעומת זאת, הזכות שלי לקבל ממך כסף על עבודתי היא תוצאה של חוזה בינינו, והיא קיימת רק ביחס אליך.

לכן החוק קובע חובה לשמור על הזכויות הללו. לעומת זאת, ישנן זכויות שבהן החוק אינו מכיר, ולכן הוא אינו מקים כנגדן חובות מקבילות. לדוגמא, החוק אינו מכיר בזכות שיש לכל אדם שהאחרים יתנו לו ממון סתם כך, אפילו אם הוא עני. ממילא אין חובה משפטית לעשות זאת. לעומת זאת, הזכות של אדם לחיות היא זכות יסודית, ואין מערכת משפטית שלא מקימה חובה כנגדה (לא לרצוח).

אם כן, גם מערכות משפטיות מקבלות את קיומו של רף אובייקטיבי כלשהו, שממנו והלאה ישנן זכויות, וכנגדן גם חובות. מתחת אליו אין זכויות ולכן גם לא חובות.

אם נתרגם את הדברים לשפה של מצוות עשה ולאוין, ניתן אולי להציע שמצוות לא-תעשה הן איסורים לפגוע בזכות יסודית של הזולת. הפגיעה יכולה להיעשות על ידי מעשה או מחדל (אם כי בדרך כלל זה נעשה במעשה). אלא שהצד השני של המטבע הוא מעשים שמצויים מעל הרף, ולכן אין לאף אחד זכות ביחס אליהם, וממילא גם לא חובה על האחרים כלפיו. ומכאן שבתמונה כזו של חובות וזכויות, על אף שקיים רף מינימלי עדיין אין מקום לנורמות מהטיפוס של מצוות עשה. מעשים שנותנים לאדם משהו שאין לו זכות לגביו אינם חובה, ולכן הם לכל היותר מעשים שלפנים משורת הדין, אך לא מצוות עשה.

חובות שלא מכוח זכויות: מצוות עשה

מה תהייה מצוות עשה בתמונה הזו? דומה כי התשובה המתבקשת היא שאלו יהיו חובות שאין כנגדן זכויות. אם יש לשמעון חובה כלפי ראובן, זאת על אף שלראובן אין זכות ביחס אליו בעניין זה, ניתן אולי להגדיר את החובה הזו כמצוות עשה. אמנם לפי טבלת הופלד לא ייתכן מצב כזה. רק קיומה של זכות מקימה חובה על הזולת. אך כעת נראה שהדבר אינו הכרחי.

לדוגמא, ראינו למעלה את חובת ההצלה. ראינו שהמתנגדים להכללתה בחוק טענו שזו אמנם נורמה ראויה, אך אי לכלול אותה בחוק המחייב. זה נשאר לספרי האתית.

ומה סוברים המצדדים בחוק הזה? ייתכן שלדעתם זוהי מצוות עשה, ולשיטתם יש מקום לכלול בחוק גם מצוות עשה. נסביר זאת יותר. אם נניח שראובן טובע בנהר. המתנגדים טוענים שאין לראובן זכות ששמעון יציל אותו (יש לו זכות ששמעון לא יטביע אותו, אך לא זכות להיות ניצול על ידו). רק אם יש ביניהם זיקה כלשהי (כפי שראינו למעלה: קירבת משפחה, מקצוע – שמעון הוא מציל, או חוזה), יש מקום להקים חובת הצלה על שמעון.

מאידך, ההלכה, בפסוק "לא תעמוד על דם רעך", מצווה על שמעון להציל את ראובן. יש מקום להעביר חובה כזו לחוק, ולהגדיר אותה כמצוות עשה. לראובן אמנם אין זכות להיות ניצול על ידי שמעון, אבל לשמעון יש חובה להציל אותו. זוהי חובה שאינה נגזרת מכוח זכות שכנגדה, ולכן היא מוגדרת כמצוות עשה.

אחת האינדיקציות למושג הזכות הוא היכולת לוותר. אם יש עליי כשופט חובה לענוש את שמעון, שמעון אינו יכול לוותר, או למחול על החובה הזו. הסיבה לכך היא שאין לשמעון זכות להיענש. זוהי חובה עליי, אך היא אינה נגזרת מזכות שלו כלפיי. ביחס לחובת ההצלה ייתכן שזו תהיה האינדיקציה: אם נתפוס שראובן יכול למחול לשמעון על הצלתו, וזה יבטל את החובה שמוטלת על שמעון, אזי מדובר כאן בזכות שיש לראובן. לעומת זאת, אם נבין שהחובה שמוטלת על שמעון אינה תוצאה של זכות של ראובן אלא חובה עצמאית עליו, אזי אין לראובן כל מעמד ביחס אליה (כמו ביחס לחובת הענישה שמוטלת על השופט). גם אם ראובן ימחל לשמעון, ואולי אפילו אם ראובן יבקש ממנו שלא להציל אותו (לדוגמא, אם הוא החליט להתאבד), שמעון עדיין חייב להצילו. זוהי חובה שלא מכוח זכות. לפי הגישה הזו יש מקום לתפיסה שיש חובה להציל מתאבדים, על אף שאין ברצונם להינצל.

ניתן לומר זאת כך: אדם יכול למחול על יתרת זכות שיש לו, אבל לא על יתרת חובה, או על יתרת זכות של זולתו. אדם לא יכול לבוא לבנק ולומר שהוא נותן להם במתנה את היתרה השלילית שבחשבונו. ובודאי שהוא אינו יכול לתת להם במתנה את היתרה בחשבון של זולתו.

ראינו אפשרות להגדיר חובה ללא זכות. אך באיזה מובן מדובר כאן על מצוות עשה? מה הקשר בין ההבחנה הזו לבין ההבחנה בין מצוות עשה ולאו?

אם ההצלה היתה חובה מכוח זכות, אזי מי שלא קיים את חובתו זו פגע בזכותו של חברו. הוא יצר מצב שלילי, מישהו ניזק, או זכותו נפגעה. זוהי עבירת לאו, ומגיע עליה עונש. לפי גישה זו, ההוראה להציל היא מצוות לא-תעשה. לעומת זאת, לפי התפיסה שהצלה אינה חובה מכוח זכות אלא חובה עצמאית, אזי אם אני מועל בחובתי להציל את הזולת שטובע בנהר, לא פגעתי בזכויותיו. לכן לא יצרתי כאן מצב שלילי. מצב שלילי הוא מצב שמתחת לסטנדרט שמוגדר על ידי הזכויות. החברה אינה רואה בזכות להיות ניצול סטנדרט מינימלי שפגיעה בו היא פגיעה בזכות, ולכן אי הצלה אינה מצב שלילי. מאידך, מכיון שבכל זאת ישנה חובה שמוטלת על שמעון להציל, הרי שעדיין אם הוא לא קיים את החובה הזו יש כאן עבירה. זוהי עבירה של אי התעלות למצב חיובי שמעבר לסטנדרט. הוא לא נתן לראובן משהו שהוא מעבר לזכויותיו היסודיות.

לפי גישה זו, כאשר אני רואה אדם טובע ולא מציל אותו, ישנה עליי תביעה, אך זוהי תביעה מדוע לא התעליתי והצלתי אותו על אף שאין לו זכות כלפיי. לכן זוהי מצוות עשה, שכן חוק כזה מורה לנו על התקדמות למצב חיובי ביחס לרף הנייטרלי (=האדם הסביר). ואכן כאן, כמו גם בהלכה, מצוות עשה דומה לציווי מוסרי, אלא שמסיבות שונות במקרה זה החוק החליט לחייב את האזרחים לבצע זאת, ולהכניס את החובה הזו לספר החוקים.

אם כן, חובות כלפי הזולת שאינן מכוח זכויות יכולות להתפרש כסוג של מצוות עשה משפטיות, והויכוח עליהן הוא בעצם ויכוח האם ראוי לכלול מצוות עשה במערכת משפטית, או להותיר אותן כחובות אתיות לפנים משורת הדין.

ובאמת בדרך כלל חובות מהסוג הזה הן חובות על עשייה (הצלה) ולא על חדילה. כפי שראינו גם בהלכה, בדרך כלל הגעה למצב רצוי נעשית על ידי מעשה, ולא על ידי מחדל. לעומת זאת, אי הידרדרות למצב שלילי בדרך כלל נעשית במחדל ולא במעשה. אך כפי שראינו בהלכה, גם בחוק יש חריגים.

בעניין ההצלה, בהלכה הציווי "לא תעמוד על דם רעך" מוגדר כלאו, על אף שהוא מחייב אותנו לעשות מעשה הצלה. אך בחוק ניתן להגדיר זאת כמצוות עשה רגילה: אתה מחוייב להציל, ולא שאסור לך שלא להציל.

נעיר עוד כי האינטואיציה של הופלד ככל הנראה היתה שאין מקום לחובה שאין כנגדה זכות, ובמונחים שלנו טענתו היא שאין במערכת משפטית מקום לחוקים שהם מצוות עשה.

הערה: כיווניות של חובות

ראינו שישנן נורמות שהן חובות שלא נגזרות מכוח זכויות של הזולת. הבאנו לכך דוגמא את חובת ההצלה (לפי אחת הגישות). נציין כי יש המסבירים את קיומן של חובות אלה באופן שונה. טענתם היא שהחובה להציל אינה חובה כיוונית (directional), כלומר היא אינה פונה כלפי הטובע אלא כלפי החברה. זוהי גם הסיבה לכך שיש הסוברים שהטובע אינו יכול למחול או לוותר עליה (ולכן יש חובה להציל מתאבד, לפי גישות אלו).

לפי הסבר זה, חובה שאינה נגזרת מזכות אינה כיוונית. זו אינה חובה כלפי הטובע, ולכן היא אינה נמגזרת מזכות של הטובע. לטובע אין זכות להיות ניצול, ולכן גם לא נוצרת חובה נגדית להציל אותו. החובה להציל אותו היא כלפי החברה ולא כלפיו. ולפיכך, ייתכן שלא מדובר כאן במצוות עשה במובנה הרגיל, שכן מי שאינו מציל כן פוגע ברף המינימלי, ולכן יש כאן עבירת לאו. אלא שהרף אינו זכויותיו של הטובע אלא רמת המוסר של האדם בחברה.

הצעתנו לסווג את החובה להציל (לפי הגישה שהיא אינה מלווה בזכות של הטובע להיות ניצול) כמצוות עשה, מבוססת על תפיסה שהחובה להציל היא חובה כיוונית (כלפי הטובע). אלא שזה לא בהכרח אומר שלטובע יש זכות כנגדה. הדבר דורש ליבון נוסף, ואין כאן המקום לכך.

חובות שאינן מושלמות: בחזרה להבחנה הקאנטיאנית[106]

קאנט קבע את קיומו של עיקרון מוסרי עליון, שמכונה אצלו 'צו קטגורי' (Categorial Imperative). מהחוק המוסרי העליון הזה נגזרות חובות מוסריות ספציפיות. החובות האלו נחלקות אליבא דקאנט לשני סוגים:

- חובות מושלמות, או שלמות: חובות אלו חלות על כולם וביחס לכולם. לדוגמא: ישנה חובה ביחס לעצמי – שלא להתאבד, או ביחס לזולתי – לא להבטיח הבטחות שווא.
- חובות בלתי מושלמות, או בלתי שלמות: גם החובות האלו חלות על כל אדם, אך לא ביחס לכל אחד ולא בכל הנסיבות. לדוגמא: ישנה חובה כזו ביחס לעצמי – לפתח כישורים אישיים, וביחס לזולתי – חובה לעזור לזולת.

קאנט מוצא לנכון לזהות בין החלוקה חובות מושלמות – לא מושלמות, לבין החלוקה עשה – לאו. החובות המושלמות הן בגדר עבירות לא-תעשה, והעבירה עליהן היא על ידי מעשה. לעומת זאת, החובות הלא מושלמות הן מצוות עשה, ועוברים עליהן במחדל. ניתן לראות זאת גם בדוגמאות שהובאו למעלה.

מדוע באמת ישנה זהות בין חובות מושלמות לבין מצוות לא-תעשה, ובין חובות לא מושלמות לבין מצוות עשה? האם לא תיתכן חובת עשה מושלמת או חובת לא-תעשה שאינה מושלמת? לפי קאנט – לא. מסתבר שהאינטואיציה שלו דומה למה שתיארנו למעלה. חובות מושלמות הן חובות שחלות עלינו ללא תנאי בכל מצב וכלפי כל אדם. כלומר אלו חובות לשמור על הרף המינימלי, ולא לפגוע בו וליצור מצב שלילי (שהוא מתחת לרף הזה). לכן אלו הן חובות מוחלטות ללא סייג, וממילא ברור שחובות אלו יוגדרו כחובות לא-תעשה. כפי שראינו, נורמת לא-תעשה עניינה הוא שמירה מפני הידרדרות ביחס לרף כלשהו. לא להיכנס למצב שלילי. לעומת זאת, חובות לא מושלמות

---

[106] ראה על כך אצל אלעזר וינריב, **בעיות בפילוסופיה של המוסר**, האוניברסיטה הפתוחה 2008, בעיקר בכרך ב שעוסק בזכויות וחובות.

הן חובות שלא מחייבות תמיד, שכן מדובר במעלה מוסרית גבוהה, מעבר לרף האלמנטרי שמתואר על ידי החובות המושלמות. משמעות הדבר היא שחובות אלו הם ציוויים שמורים לנו להימצא במצבים חיוביים (מעל הרף). מסיבה זו עצמה, אלו עדיין חובות, אך הן בעוצמה חלשה יותר. לכן הן מקבילות למצוות עשה.

כאנקדוטה, מעניין לציין שבמקרה של התנגשות בין חובות משני הסוגים הללו, קאנט קובע בצורה ברורה וקטגורית שחובה מושלמת לעולם גוברת על חובה שאינה מושלמת. כפי שראינו למעלה, בהלכה הכלל בהתנגשות כזו הוא 'עשה דוחה לא-תעשה', כלומר המצב הוא הפוך.

חשוב לציין שקאנט לא עסק במשפט, ובוודאי שלא בהלכה, אלא במוסר (דבריו הובאו כאן רק כהדגמה להבחנה שלנו). והנה, גם בהלכה, כאשר אנחנו עוסקים בעבירות מוסריות, הן גוברות על מצוות עשה (ראה את הדיון הקצר שלנו על 'מצווה הבאה בעבירה'). לכן הניגוד מול משנתו של קאנט אינו כה חד.

מבט נוסף על המשפט המינהלי

הזכרנו למעלה שבמצבים קיצוניים ישנו מעבר ממשפט מינהלי למשפט פלילי. כלומר פקיד או נבחר שחורג באופן קיצוני מסמכותו, יכול להישפט במשפט פלילי ולהיענש על כך. מהו הקו שתוחם בין עבירת מינהלית לעבירה מינהלית שנחשבת כעבירה פלילית?

מסתבר שזהו אותו רף נייטרלי של סבירות שהוגדר למעלה. הצענו למעלה שעבירות מינהליות רגילות הן בגדר של מצוות עשה. אלו הוראות שמכוונות אותנו למצבים חיוביים, ולכן מעבר עליהן אינו גורר עונש. לעומת זאת, כאשר הפעולה שנעשתה היתה חריגה, כך שאנחנו מתייחסים אליה כמצב שלילי, ולא רק היעדר של מצב מינהלי נאות, או אז אנחנו מתייחסים לכך כעבירת לאו, ולכן יש עליה עונש. אם כן, הרף הסביר שהוגדר למעלה הוא שחוצץ גם בין עבירות מנהליות לעבירות פליליות. גם כאן הוא קובע את קו הגבול בין מצוות עשה לבין לאוין.

נוזיק על הרף הנייטרלי[107]

ראינו למעלה שהבעייתיות הפילוסופית היסודית בהבחנה בין לאו לעשה היא שאלת האובייקטיביות של הרף שמבחין בין מצבים/פעולות חיוביים לשליליים. כבר הערנו שישנן אינטואיציות שמורות על קיומו של רף כזה, גם מחוץ להקשר ההלכתי. כאן נראה דיונים שנוגעים ברף דומה, מזווית מעט שונה.

המשפטן היהודי-אמריקאי, רוברט נוזיק, עסק בשאלת הרף המשפטי-נורמטיבי האובייקטיבי, שקרוי אצלו קו בסיס (baseline), או סטטוס קוו, מזווית שונה. נביא כאן את דבריו כהדגמה נוספת לכך שגם בעולם המשפטי מכירים לפעמים בקיומו של רף כזה, ולכן הדחייה של נורמות עשה במערכות משפטיות אינה יכולה להיות מוחלטת.

ישנו דמיון מטריד בין המבנה הלוגי של הצעה, או פיתוי, לבין המבנה הלוגי של איום, או סחיטה. בשני המקרים פונה ראובן לשמעון ואומר לו: אם תעשה X אעשה A, ואם לא תעשה X לא אעשה A. בהקשרים מסויימים הדבר מתפרש כאיום (אם תצביע נגד עמדתי אכה אותך), או אפילו סחיטה (אם לא תשלם לי לא אחזיר את בנך), ובהקשרים אחרים זה מתפרש כהצעה (אם תשלם לי סכום מסויים אתן לך את הספר, או אעשה איתך עיסקה), או פיתוי (אם תתנהג יפה תקבל סוכריה).

הדיון של נוזיק, והספרות שנכתבה בעקבותיו, עוסק בשאלת הקריטריון: מתי אנחנו מתייחסים לפנייה כזו כאיום או סחיטה, ומתי כהצעה או פיתוי. קו מרכזי בדיון הוא שאלת קיומו של סטטוס קוו, רף שמבחין בין מצבים שליליים וחיוביים. אם הפעולה A שאותה יעשה הפונה היא שלילית – אזי

---

[107] ראה: Nozick, Robert (1969). 'Coercion', In **Philosophy, Science, and Method: Essays in Honor of Ernest Nagel**. Edited by Sidney Morgenbesser, Patrick Suppes, and Morton White. (New York: St. Martin's Press): pp. 440-472.
ניתן לראות על כך גם ב-SEP, של אוניברסיטת סטנפורד:
/http://plato.stanford.edu/entries/coercion

זהו איום, ואם היא חיובית – זהו פיתוי או הצעה. קו הבסיס הזה יכול להיות סטטיסטי – כלומר מצב של אדם סביר, או אדם רגיל ברחוב, או נורמטיבי – מצב שאינו פוגע בזכויות של האדם הסביר. יש שתולים זאת באופי הפעולה X אותה נדרש האחר לבצע (האם היא טובה או רעה בעיניו וכדו'). דיונים אלו מניחים גם הם את קיומו של רף אובייקטיבי כלשהו, שמעליו המצב הוא חיובי ומתחתיו הוא שלילי. כפי שכבר הזכרנו, הרף הזה יכול להיות סטטיסטי (כלומר לפי מצבו של האדם הממוצע) או נורמטיבי (מצבו של אדם אידיאלי כלשהו).

באסכולה המשפטית בת זמננו שמכונה 'משפט וכלכלה' (זוהי אסכולה שמסבירה את הוראות החוק והפרשנויות הראויות לו במונחי תועלת והפסד), ישנה נטייה לראות בשיקולים אלו כשל קוגניטיבי, שכן היא אינה רואה שום מצב כרף או קו בסיס אובייקטיבי. אך גם בעולם המשפטי בן זמננו אנו מוצאים גישות משפטיות אחרות שמקבלות את האינטואיציה הזו. זוהי דוגמא נוספת לקיומו של קו בסיס, כמו זה שטענו לטובתו בהבחנה שלנו בין מצבים חיוביים ושליליים, שהיא הבסיס להבחנה בין עשה ללאו.

קונפליקטים משפטיים

עד כאן עסקנו בשאלה האם קיימות במשפט הכללי נורמות עשה, או שכולו מורכב ממצוות לא-תעשה. אך כפי שראינו למעלה, בשורה התחתונה זוהי רק אינדיקציה לקיומה של לוגיקה דאונטית שונה, ולא תופעה שיש לה חשיבות מצד עצמה. מה שיותר חשוב ברמה המהותית הוא היעדר התלות בין הנורמות, עשין או לאוין. היעדר התלות בין חוקים שונים, משקף לוגיקה מפוצלת בין שני מישורי דיון, כפי שראינו בהקשר ההלכתי, עם מודאליות מפוצלת (עולמות מושלמים עבור כל נורמה לחוד). דבר שמאפשר טיפול לוגי בקונפליקטים, ובשאר הפרדוכסים שמופיעים בלוגיקה הדאונטית הסטנדרטית.

אם כן, גם אם בהקשר המשפטי יש רק חובות לאו ואין מצוות עשה (דבר שכשלעצמו אינו לגמרי ברור, כפי שראינו למעלה), עדיין עשויים להופיע בו

קונפליקטים. קונפליקט הוא מצב שבו שתי נורמות מנוגדות מוטלות על אותו מצב, והמחוקק, או הפרשן המשפטי (השופט), צריך לקבוע כיצד עלינו לנהוג במצב כזה. ראינו שההתנגשות הזו יכולה להופיע גם בין שתי חובות לא-תעשה, כלומר שעל אותו מעשה A קיימות בחוק שתי נורמות, האחת אוסרת אותו : $F^1_L(A)$, והשנייה אוסרת את היפוכו : $F^2_L(\neg A)$. לדוגמא, החוק אוסר לרצוח, ומאידך הוא מחייב חייל לציית לפקודה (כפי שראינו למעלה, ניתן לראות גם את החובה הזו כחובת לאו, שאוסרת אי ציות).

אם כן, גם כאן עלינו להפריד בין המישורים, על אף שהדיון הוא רק בין אופרטורים מסוג F (איסור). הטענה היא שהסתירה קיימת במישור הנורמטיבי, כלומר זוהי סתירה בין שתי נורמות תיאורטיות, אך במישור הפרקטי היא נעלמת, שכן קיימים כללי יישום שגוזרים ממכלול הנורמות הרלוונטיות את החובות הדאונטיות המוטלות עלינו במצב כזה במישור המעשי. כללי יישום אלו נקבעים בחלקם בחוק עצמו, וחלק אחר שלהם נקבע בבתי המשפט על ידי תקדימים, או בשיקול דעת של השופט היושב על המדוכה הזו.

אם כן, המהלך הוא מקביל לגמרי למה שראינו בהקשר המוסרי וההלכתי. לעניין זה, לא נראה שההקשר המשפטי הוא שונה משני ההקשרים אותם בחנו עד כה.

סיכום והשלכות

על הלוגיקה הדאונטית של ההלכה, האתיקה והמשפט

סיכום הדברים ממעוף הציפור

במהלך דברינו בספר, עמדנו על התופעה ההלכתית הייחודית, שמנתקת בין המישור הביצועי למישור הנורמטיבי התיאורטי. האינדיקציה המובהקת ביותר לניתוק הזה היתה הגדרת מצוות עשה ולא-תעשה. האינטואיציה הפשוטה קושרת את ההבחנה בין שני סוגי הנורמות הללו להבחנה בין שני סוגי פעילות: מעשה ומחדל. אך כפי שראינו ההבחנות הללו אינן חופפות. במישור הנורמטיבי ההבחנה בין עשה ולא-תעשה אינה מקבילה להבחנה הביצועית בין עשייה למחדל.

מכאן הגענו למסקנה שיש לנסח כללים שונים עבור שני המישורים, הנורמטיבי והפרקטי. במישור הנורמטיבי אין קשר בין הנורמות, מסוגים שונים וגם מאותו סוג, ולכן אין אפשרות לתת להן פשר מודאלי משותף (יש מודאליות מפוצלת – עולמות מושלמים שונים עבור כל נורמה). לכן גם הקשרים הלוגיים שמקובלים בלוגיקה הדאונטית אינם תקפים לגבי המישור הנורמטיבי, לפחות לא בצורתם בפשוטה. הראינו שכדי לתאר את הלוגיקה של המישור הזה יש לבנות לוגיקה שהיא תלויית סיטואציות.

לעומת זאת, הלוגיקה של המישור הפרקטי היא הלוגיקה הדאונטית הסטנדרטית. שם נשמרים הקשרים הלוגיים, וכמובן גם הפשר המודאלי הסטנדרטי.

ראינו שהקשר בין המישורים אינו שייך לספירה הלוגית, שכן אין אפשרות לנסח קשרים לוגיים בין האופרטורים של שני המישורים הללו. ראינו שהקשר בין המישורים נשלט על ידי כללי יישום, שהם ספציפיים למערכות הנדונות. סקרנו בהרחבה את כללי היישום של ההקשר ההלכתי, ובחנו האם

הם בעלי אופי דובלטי, טריפלטי או אחר. ראינו שכללי היישום ההלכתיים הדובלטיים הם סגורים, אבל לא בהכרח אמינים. כלומר מצב קונפליקט ואלי בו מעורבות יותר משתי נורמות אינו נפתר באופן הנכון על ידי יישומים חוזרים ונשנים של הכללים הדובלטיים.

לאחר מכן עברנו לבחון את המשמעות של התמונה הזו בכמה מישורים. ראינו שהיא מסלקת כמה וכמה קשיים לוגיים בלוגיקה הדאונטית הסטנדרטית, הן ביחס לאתיקה והן ביחס להלכה ולמשפט. לדוגמא, היא מאפשרת לטפל באופן עקבי בקונפליקטים, היא מונעת את פרדוכס צ׳יזהולם ועוד.

האם יש בכלל לוגיקה דאונטית אפקטיבית?

משמעות הדברים היא שכל הניתוח שהצגנו באופן מפורט ביחס להלכה, הוא רלוונטי גם לכל הקשר נורמטיבי אחר, ובלבד שהוא מורכב דיו כדי להכיל קונפליקטים (אחרת די לנו בלוגיקה הדאונטית הסטנדרטית). בפרט הדברים אמורים ביחסל אתיקה ולמשפט.

במידה רבה, הספר הזה טוען שהתחום הקרוי ׳לוגיקה דאונטית׳ לא באמת קיים. הקשרים הלוגיים שקובעת הלוגיקה הדאונטית הסטנדרטית רלוונטיים רק בשני סוגים של דיון:

- ביחס למישור המעשי. כפי שראינו לאחר הפעלת כללי היישום נוצרות הנחיות דאונטיות, ואלו אכן כפופות ללוגיקה הדאונטית.
  אלא שבהקשר הזה אין משמעות רבה ללוגיקה, שכן הבעיות והקונפליקטים נמצאים במישור הנורמטיבי-תיאורטי, ושם הלוגיקה היא לא רלוונטית.
- ביחס למישור הנורמטיבי, אבל רק ביחס למערכות פשוטות מאד, שהן בעצם תיאורטיות לגמרי. מדובר במערכת נורמטיבית שלא מופיעים בה קונפליקטים, שאין בה נורמות CTD, וממילא לא מתעוררות בה שום בעיות מהותיות. לכן גם אין חשיבות רבה ללוגיקה הזו.

אם כן, שום מערכת מעשית אינה מתוארת על ידי לוגיקה דאונטית יעילה באופן הולם. מערכות אמיתיות דורשות תיאור מורכב יותר, שבו קשה, אם לא בלתי אפשרי, לקבוע כללים לוגיים קשיחים ואוניברסליים.

היחס בין התחומים הנורמטיביים השונים

ישנו דמיון מסויים בין ההלכה לבין האתיקה, במובן זה שבשני ההקשרים יש מצוות עשה ולאוין. לעומת זאת, ברוב ענפיו של העולם המשפטי ספק רב אם ניתן לדבר על מצוות עשה. די ברור שכמעט כל החוקים ביסודם הם קביעת עבירות לא-תעשה, והסנקציות שבצידן. אך בשלושת התחומים המבנה הלוגי הבסיסי הוא דומה: יש שני מישורי דיו – נורמטיבי ומעשי. המעשי כפוף ללוגיקה הדאונטית, והנורמטיבי לא. יש כללי יישום שמעבירים אותנו מהנורמטיבי לפרקטי, והם כמובן שונים ממערכת למערכת.

מה קורה במצב בו אדם מחוייב לכמה מערכות נורמטיביות (הלכתית, משפטית, או אתית) גם יחד? במצב כזה, לכאורה עליו להגדיר מערכת רחבה יותר של כללי יישום, שמעבירים אותו מהמישור הנורמטיבי הכללי (שמכיל 5 סוגי אופרטורים:[108] $(O_E,F_E\ ;\ O_T,F_T\ ;\ F_L)$ למישור המעשי שמכיל רק אופרטור אחד (F_D, או O_D). רוב ככל בעיות הדת והמדינה, המוסר והמדינה, או הדת והמוסר, נוגעות לכללי היישום הללו (שקובעים, בין היתר, מי מהמערכות גוברת על חברותיה, ובאלו נסיבות). דיון מפורט ומקורות לגבי מצב של מחוייבות למערכות נורמטיביות מקבילות (פולי נורמטיביות), ניתן למצוא בספר **אנוש כחציר**.[109] גם זה נושא שדורש ניתוח לוגי, וקווים ראשוניים שלו מוצגים שם.

---

[108] כאמור, בהקשר המשפטי יש רק אופרטור מסוג F.
נעיר כי כל סוג כזה עשוי להכיל נורמות רבות, כפי שראינו בהקשר ההלכתי (שם ייצגנו זאת באמצעות אינדקס עילי, כגון: $(O^1{}_T(P))$.

[109] מיכאל אברהם, **אנוש כחציר**, הוצאת תם וספריית בית-אל, ירושלים תשסח.

www.ingramcontent.com/pod-product-compliance
Lightning Source LLC
Chambersburg PA
CBHW070448100426
42812CB00004B/1238

* 9 7 8 1 8 4 8 9 0 0 1 8 9 *